つなげる・つながる

―子ども理解と教育実践―

まえがき

私は小学校教員を退職後、今、大学で非常勤講師をしています。教師を目指して教員免許を取得しようと学んでいる学生さんたちに「生徒指導論」などの講義を行っています。

その中で、【自己肯定感と子ども】という授業を行います。すると、「子どもたちに自己肯定感を持たせることが大切であることは分かる」「しかし、自分自身の自己肯定感は低い」「そんな私が教師として子どもたちに向き合っていけるのだろうか」「自信がない」…というような感想が少なからず出されます。

私は、学生さんへの返信コメントで次のように書きました。

「教師（教師に限らないかもしれませんが）は、自分の自己肯定感が高く、楽天的な性格の方がいいのかも知れません。しかし、私の実感としては、教師という仕事は、日々そんなに『上手く』いくような仕事ではないと痛感しています。授業もそうですし、生徒との関わりでも、保護者との関係でもそうです。同僚の先生や管理職との関係もそうです。ですから、そんなに楽天的ではいられないと思っています。（あくまで私見です）

しかし、なかなか上手くはいかないけれど、日常の出来事の中に【小さな喜び】をいくつも感じられる仕事だと思います。（特に、生徒との人間的な関わりの中で感じることが多い）自分の力のなさに悩むことは多いけれど、この【小さな喜び】の少しずつの積み重ねが自分を支え、自分を成長させてくれるエネルギーとなります。私自身も自己肯定感が高い方ではないと思いますが、一方で、この【小さな喜び】を感じ、エネルギーにできてきた自分が確実に存在しています。

生徒の「自己肯定感を育む」ことの重要性は言うまでもありません。しかし、私はあえて、「自己肯定感を育む手助け」と言いました。教師に「育む」などという大それたことはできないと思うのです。自己肯定感はやはりその本人が自分自身で育んでいくものだと考えます。○○さんのように、新しく知ったことに衝撃を受け、自己を見つめ直す姿勢がある人こそが、『手助け』できる人だと思います。」

本書では、私の教員生活での【小さな喜び】（それは失敗も含んでいますが）の積み重ねの一部を切り取った様々な記録をまとめました。

以前、私は、組合の教研で、今の学校職場を「3K」であると話しました。「3K」とは、「競争」・「きつい」・「窮屈」という3つのKです。「競争」は、全国一斉学力テストをはじめ、日々の教育が他の人と比較し競うことが強いられているからです。子どもも親も教員も競争の渦の中に投げ込まれています。「きつい」は、長時間過密労働のことです。教員の精神的理由による病気休職者が他の業種に比べて異常に多い、心ならずも早期に退職者する教員が多いからです。「窮屈」は、学習指導要領の縛り、教職員の人事「評価」、教員免許更新制度、主幹制度、教科「道徳」の押しつけ…など、教員の【教える自由・裁量権】が極端に狭められてきているからです。

しかし、そのような中でも、教師としての【小さな喜び】を見つけることはできるし、その先にこそ今の教育のあり方を根本的に変革していく道があると思っています。教員同士の協同、保護者の方たちとの共育、市民の方との共同へ開かれる道です。

本書に掲載した実践記録の初出一覧は、本の最後に示しました。主に、私がほぼ新任の時から所属し学ばせてもらっている、日本生活教育連盟（日生連）の機関誌『生活教育』に掲載してもらったものです。その日生連愛知サークルでは、ずっと月一回の例会を行ってきています。そこで、竹沢清さん・原田宏美さん・山田隆幸さんをはじめとする先輩方の実践や、私よりも若い人たちの実践を聞き、話し合い、私も何回も実践報告をしてきました。また、毎年開かれる全国集会では、全国の仲間の実践報告を聞き、大きな刺激を受けてきました。そこで語られる言葉の数々に学び、鍛えられてきました。私がそこで一番学んだことは、【子どもをどうとらえるか】ということです。【子ども理解】と言い換えてもいいかと思います。

その他、私が学んできた場としては、愛知民教連の学習会、あいち民研をはじめとする市民団体が主催する講演会やシンポ、職場での校内研究などがあります。また、教職員組合での教研や学習会、会議の中での仲間たちとの様々な話し合いや諸活動は、私の【軸】を作ってくれました。勤務地の春日井市で42回も継続している「春日井の教育を語る市民のつどい」の実行委員会に欠かさず加わり、市民の方々と共に「春日井の教育白書」やつどいの基調報告づくりに関わってきたことは私の大きな財産です。

また、ここ十年ほどは、山﨑隆夫さんや霜村三二さんとの交流の中で、子どもたちや授業への熱く深く繊細な思いを学ばせてもらい、自分の考えが少し固まってきたように思います。

本書の大まかな内容を紹介しておきます。

第一章の「子どもたちと共に歩む」の2つの実践記録は、「学校に行きたくない！」と心の叫びをもらしたみゆきさんや、人との関係を作るのが少し苦手な昌夫君に、私がどのように関わってきたかという記録です。

第二章の「学校づくり実践と子どもたち」に載せた児童会活動と卒業式改善の取り組みは、学校で子どもたちを主役にしたいという願いから進めていった学校づくりの記録です。一九九〇年代半ばの

「古い」実践ですが、その頃に何を考え、具体的にどのように学校づくりを行っていったのかが分かるものとして意味があると考えました。

第三章の「授業で大切にしたいこと〜「学校スタンダード」に抗う〜」は、現場教師の私が考える「学力論」です。最近学校で急速に広まっている授業の「スタンダード化」に対する考えと、それに対抗する私のささやかな授業実践を載せています。

第四章の「学級づくりの柱として〜学級通信と工作〜」は、私が学級づくりで自分の柱としてきた学級通信の取り組みと、手作りあそび工作について紹介しています。

第五章の「子どもたちと創る〜授業エトセトラ〜」は、授業の中でのエピソードをエッセイ風に短く書いたものを七つ載せました。ここにも私の「子ども観」や「授業観」が出ていると思います。

付録として載せた手作りあそび工作のプリント集は、愛知民教連ニュースなどで私が紹介してきたものです。もちろん私が考え出したものではありません。様々な本や教育集会の講座などで知り、クラスの子どもたちと共に楽しんできたものです。教室はもちろん、学校だけでなく、学童保育・子ども会など子どもが集まるところや、家庭で活用していただけるのではないかと思って掲載しました。

本書が、私のささやかな取り組みのどこかが、誰かの何かの参考になればこんなに嬉しいことはありません。

なお、本書に出てくる子どもの名前は、特に断っていない箇所も含めて仮名です。

二〇二一年三月

目次

第一章　子どもたちと共に歩む

学校に行きたくない！みゆきさんとの一学期

突然の大泣き

子どもたちが下靴を上靴に履き替える低学年昇降口（靴箱）で、泣き声が聞こえた。行ってみると、みゆきさんとお母さんと妹(二歳)がいた。泣いているのは、一年生のみゆきさんだった。「もう帰る！」「帰る！」と大泣きして、お母さんが何とか話しかけようとしても耳に入らない様子だった。5月16日（月）の朝、私には突然の出来事であった。

「どうしたの？」と私が訊いても、泣きじゃくるだけ。お母さんの手をぐいぐい引っ張って、帰ろうとする。泣いている様子、お母さんとのやりとりを見て、（今日は無理だな。）と思った。お母さんに「今日は、休ませましょう。無理してもいけないみたいだから。」と話し、とりあえずこの日は家に帰ってもらった。お母さんは「すみません。」を何度も繰り返していた。

その時の私には「突然」の出来事に感じたが、少し考えてみると兆候はあった。4月25日の朝も、泣いていて、体調不良ということで早引きしたことがあった。その後は、お母さんに送ってきてもらうことはあったが、登校していたので、私は正直あまり気にしていなかった。5月のゴールデンウィーク明けも、朝のうち少し涙ぐんでいることはあったが、ずっと学校で過ごしていた。

お母さんには、「ゆっくり休ませてあげてください。」と話した。「もしかしたら長くかかるかもしれませんが、学校は勉強もまだ大したことはしていませんし、大丈夫ですから。」

泣きじゃくるみゆきさんを見て、（これはちょっとすぐには難しいな。長引くかも…。）と感じた。

10日間のお休み

5月の欠席は、結局10日間になった。17日から30日まで、長い欠席になってしまった。この間、お母さんは連絡帳でみゆきさんの家での様子を毎日知らせてくれた。「申し訳ありません。」の文字が毎回のようにあった。私は、連絡帳に「みゆきさんへ…」で始まる簡単な手紙を毎日書いた。お母さんに返事を書くというよりも、みゆきさんに「手紙」を書いた方がいいなと何となく思っていた。最初の数日は、「あした、まってるからね！」ということを書いたが、休みが続くうちに、それではいけないような気がした。

お母さんとはいろいろ相談していたが、5月25日、初めて家でみゆきさんに会えた。5月28日はみゆきさんの7歳の誕生日。クラスの子が誕生日になると、写真を入れた誕生日カードをあげていた。それを渡すことを「口実」に、何とか会おうと思った。駅前に建っている高層マンションを訪ね、誕生日カードと「変身ウルトラマン」を手渡した。

1時間目だけの授業

休んでいるうちに、お母さんの連絡でも、食欲が出てきた、

「変身ウルトラマン」

体調が良くなってきている…など、徐々に落ち着いてきているようだった。お母さんに「お母さんと一緒に学校に行って、お母さんも一緒に授業を受けるから。」と話してみて、できそうだったら、それをやってみましょう！と話してあった。二歳の妹も一緒に連れてこないといけないし、家事もたまっていってしまう。お母さんにはかなりの負担になるが、まずはその方法しかないと思った。私には、過去にも2度そういう経験がある。「見通し」と言えるようなものではないが、《学校に来てくれさえすれば…》という気持ちだった。

教室の後ろに、みゆきさんの机・いすとお母さん用の机・いすと妹用のいすを並べた。毎朝、授業が始まる前までは泣いていたが、泣き方はだんだん落ち着いていった。

「1時間目だけでみゆきさんは帰ってしまう。何をやろう？」これを考えるのが私の日課になった。時間割表は無視して、違う教科をやり、あまり抵抗なくできそうなものを行っていった。授業そのものはいたって普段通りだが、クラスの子の名前を入れた問題にする、黒板に絵を描くなど、少し楽しく明るい雰囲気づくりを心がけた。そして、授業の途中で、作業の時間を作り、「はい、じゃあ、1班の子たち廊下に来て。」と班ごとに呼んで、いろいろなものを見せた。「進化ポケモン」、「どんぐりトトロ」、「ふたごのネコ」、「3Dのイルカ」や「たたきザル」や「消える小人」だ。これらの手作り工作などは、私の得意分野である。予想通り、みゆきさんの反応は良かった。他の子のように声に出して「すごーい！」とか「すげえー。」とか「えっー！」「何、これー。」とかは言わないが、「次、3班の子、おいで！」という声をかけると、だんだん自分からすっと席を立つようになってきたからである。

1時間目だけの出席・早退が続いたが、少しずつ2時間目までいられるようにもなっていった。

「親子ふれあい活動」・「お別れ会」・「ドッジボール大会」

そんな中、大きな転機になったのは、6月11日（土）だった。この日は、「親子ふれあい活動」＝土曜参観であった。一年生は、1・2時間目に親子で一緒に工作を作る。昨年までは、大きな紙袋で動物のお面づくりをしていたが、今年は「新聞紙フリスビー」と「3枚羽根のブーメラン」の2つを作って、その後体育館で飛ばして遊んだ。みゆきさんは、お父さんと一緒に作っていた。飛ばすのも楽しんでいた。

2時間目が終わり、みゆきさんが泣き始めた。「もう帰る。」の一点張り。20分放課（休み）は、何とかなだめようとするお父さん・お母さんの奮闘が続いた。お母さんの説得を聞き入れたわけは、この日の3・4時間目が、お父さんの転勤で山梨県へ転校していく謙信君の「お別れ会」だったからだ。お母さんやお父さんの「謙信君と最後のお別れだよ。お別れしなくてもいいの？」という言葉だった。やはり、大人との関係とはちがう、「友だち」とのことが大きな力を持つのだ。お別れ会でみゆきさんは家で作ってきたプレゼントを謙信君に渡していた。みゆきさんは、5月の中旬に休み始めてからこの日が初めて最後まで学校にいられた日となった。

6月14日（火）2時間目終了後に、ドッジボール大会があった。一年生3クラスの対抗（男女別）で行う。みゆきさんは、ボールが怖いということもあって、コートの中には入らなかったが、すぐ横で応援していた。この日も、ドッジボール大会が終わったところで帰ろうとしかけたが、1組が男女とも優勝して、「給食の時にみんなで、牛乳で『かんぱーい！』ってしようね！」ということがあったために、乾杯もし、給食も一緒に食べ、5時間目が終わる最後まで授業を受けて、学年下校でみんなと一緒に下校していった。

ここでも、クラスの子たちの「影響」が大きかったように思う。毎日大きな声で泣き、お母さんの手を引っ張って、帰ろうとするみゆきさんの事を見ているのに、（いや、見ているから？）休み時間になると「一緒に遊ぼう！」とみゆきさんに声をかけて外に連れ出したり話しかけたりする子どもたちの「寛容さ」にいつも感心させられた。

まだまだ「かたい」ところが…

給食を食べるようになって二日目（6月15日）、昨日は給食の欠席者分などを一緒に食べていたお母さんと妹のこのみちゃんが「給食の時だけ帰って、またすぐ学校に来るから。」とみゆきさんに話していた。お母さんとしては、お金も払っていないのに食べるのが心苦しかったのだろう。やらなくてはいけない家事があったのかもしれない。しかし、みゆきさんは、「帰っちゃダメ！」と言ってきかない。給食を食べているみゆきさんの横で、困ってしまっているお母さんとこのみちゃんがいた。自分は食べていながら、食べていないお母さんとこのみちゃんに家に帰っていいよと言わないみゆきさん。見かねて、私が「おかあさんとこのみちゃんは、何にも食べていないよ。おなかすいちゃうでしょ。かわいそうじゃない？またすぐに学校に来てくれるってお母さんは言ってるんだから、帰ってもいいよね。」と話した。しかし、みゆきさんは最後まで「いいよ。」とは言わなかった。みゆきさんの、まだまだ「かたい」部分に気づかされた瞬間だった。

出てくるようになった　みゆきさんだが…

10日間の欠席の後、出席状況は大きく変わっていった。6月中旬以降の欠席は、6月16日のみだった。前項に書いた給食時のエピソードの翌日である。6月15日の私はみゆきさんへの手紙で、「…でも、がんばりすぎて、すこしつかれていないかな？　だいじょうぶですか？」と書いている。みゆきさんの「かたい」部分を見て、かなり無理をしているのではと感じたからである。この手紙に「安心」したのか、お母さんから「昨日から、のどが痛いと言っていて、先生がお気づきのように、少し疲れぎみなので、今日はお休みして、様子をみてみます。」という連絡があった。二日間朝から最後まで学校にいて、みゆきさんも、お母さんも少し疲れが出たのであろう。何日かに一回は休みながらでいいかなと、私も考えていた。

6月21日・22日の二日間も、お母さんと玄関まで来たけれど、みゆきさんは泣いていて、「帰る！」と言い、早引きになってしまった。妹のこのみちゃんが水疱瘡にかかってしまい、お母さんが病院へ妹を連れていくために教室にいられないためだった。

一人で教室に残るのはまだまだ難しいのかなと思いつつ、みゆきさんには次のように手紙を書いた。

6／21（火）みゆきさんへ　　きょうは、ちょっとしか　きょうしつに　いられなかったね！きのう、いちにち　がんばりすぎたのかな？みゆきさんは、すこしずつ　いろんなことができるようになってきているよね！じぶんでも　わかっているよね！それを、また　すこしずつ　のばしていけばいいと、せんせいはおもいます。おかあさんが、いもうとの　このみちゃんがびょうきで、びょういんに　いかないといけないとき、おうちの　しごとがたまってしまって　たいへんなとき、おか

あさんが　つかれているとき、…などに、みゆきさんが　どうすればいいかを　かんがえてみるといいね！　みゆきさんは、おかあさんがいないときでも、きっと　ひとりで　できるちからをもっているとおもうよ！

6／22（水）みゆきさんへ　きょうも、きょうしつで　みんなといっしょに　べんきょうしたりできなくて、おかあさんと　かえったね。おうちでは、なにをしていましたか？きょう、1の1では「しんかポケモン」というのをつくりました。せんせいは、みゆきさんに、こうさくも、えのぐのぬりかたも、ひきざんのいみも、…いっぱい　おしえたいことがあります。みゆきさんが　きょうしつにいてくれないと、いろいろおしえられないのが、ざんねんです。みゆきさんは、どうおもっていますか？

私としては、何かの節目節目で、みゆきさん自身が「決定」していく場面ができればいいなあと考えていた。この日以降（6月23日から）、7月20日の1学期終業式まで、朝、少し涙ぐんだ目をしている時はあったが、みゆきさんは一日も休まなかった。病気だった子が回復していくように、だんだん元気を取り戻していった。

みゆきさんの変化は

今はまだ一学期が終わったところであり、二学期はどうなるか予想できない。二学期が始まったら、また「学校に行きたくない！」と大泣きするかもしれない。

しかし、出席簿の推移に見られるように、確実に変化していることもあるように思う。その理由を考えてみたい。

＊お母さん（お父さん）の「変化」

まず、お母さんの「変化」がある。もちろん、お母さんが最初何か問題があり、それが良くなったという意味ではない。むしろ、「離れるのが嫌だというのは、みゆきさんは、お母さんのことが好き過ぎるのかもしれません。母親として、すごいことかもしれませんよ。」（私がお母さんに話していたこと）とも思う。

話の中でも連絡帳でも、当初は、「申し訳ありません」を何度も何度も繰り返されていた。しかし、その連絡帳の文章にだんだん顔文字が出てきたり（6月24日以降）、みゆきさんの面白い面を伝えてくれたり…お母さんに少しずつ「余裕」が生まれてきたように思う。我が子が不登校になった時、親は「何でみんな普通にできているのに、自分の子だけが…」と疑問や不安や焦りの渦の中に投げ込まれ、悩み苦しむ。みゆきさんのお母さん（お父さん）もそうであった。でも、みゆきさんのお母さん(お父さん)は、みゆきさんの言動にとことんつき合い、《みゆきさんのために》と行動された。そんな中でみゆきさんを見つめ直すことをされていったのだと感じる。

＊みゆきさんの「変化」

みゆきさんには、とにかく時間が必要だったと思う。きっかけは、胃腸風邪であり、給食であったかもしれない。しかし、それはあくまでも「きっかけ」にすぎない。《給食が食べられない自分》

を意識してしまうと、他のこともどんどん気になってくる。算数の計算が少しだけ遅いのも、鍵盤ハーモニカが他の女の子のように上手には演奏できないことも、タイヤ跳びや縄跳びなどの運動がちょっとだけ苦手なことも、…。落ち込み、何か「全てができない自分」みたいに感じてしまった瞬間があったのかなと思う。

この点に関して、担任として後悔している。給食を残したときにみゆきさんへ言葉かけがきつかったのではないか、もっと早くにみゆきさんの変化に気づき、言葉かけや働きかけができていたら…。その思いから、私自身にも焦りはあったが、《強制はしない》・《無理はさせない》・みゆきさんの《やりたい・できそう・やろう》などの気持ちを耕していくつもりで考えていこう。そして、みゆきさんが《自分から》動き出すのをできるだけ待とう。という気持ちで取り組んできた。

※実際は、連絡帳の手紙の文に私の焦りが明らかににじみ出ている部分があるが…。

例　5／17「あした、まってるからね！」「あしたは、がっこうに　こられるといいね！」

6／7「みゆきさんへ　やっぱり、べんきょうするのがいやなのかなあ？　それとも、きとうせんせいが　いやなのかなあ?　みゆきさんが、どうして　がっこうに　いきたくないのか、そのわけを　ききたいなあ。それとも、じぶんでも　よくわからないのかな?」

みゆきさんの変化の基盤には、今までにない、自分でもコントロールできない感情をお母さんにぶつけることによって、結果としてお母さんに今までとちがった形で甘えることができたことがあったと思う。

その大きな基盤の上に、次のようなみゆきさんの変化が生まれていった。

①「授業」=学校でやることの再発見

一時は、何か「全てができない自分」みたいに感じてしまい、学校での全てのものを拒否していた段階から、少しずつ授業を受けていく中で、みゆきさんの心に学校でやることの再発見があったように思う。

縄跳びで言えば、友達が懸命に練習している姿を見、授業の中でどんどん課題をクリアしていく友達の姿に触れて、自分もできそうかな？と感じ、練習してみると確かに上達していく自分を感じていったと思う。

絵の具での色ぬりでは、初めての体験で面白そうという手応えを感じたようだ。自分の納得のいく作品にしたいとの欲が出てきたのかもしれない。私や周りからほめられたのも大きい。

その他の「工作」、「先生の話」、「授業」、「ゲーム」、「読み聞かせ」でも、今までとはちがう感覚で受け止めることができるようになっていったと思う。

そんな中、いい偶然？も味方してくれる。工作の「たねひこうき」をみんなで作った時のことだ。作るのは簡単である。説明しながらみんな一緒に完成させた。もちろん醍醐味は飛ばすこと。手から離すだけで、時には教室の前から一番後ろまで飛び、しかも「風の谷のナウシカ」に出てくる【メーヴェ】のような飛び方をする「たねひこうき」が私は好きだ。それぞれが自由に飛ばしてみた後、後ろのロッカーの上に立ち、一人ずつ「たねひこうき」を飛ばし、誰が一番遠くまで飛んだかを競う。「たねひこうき」はクルクル回ってしまい、なかなか真っ直ぐには飛んでくれない。中には墜落？する子もいる。一回目のチャンピオンは、翔太君だった。みんなの「もう一回やって！」の声に押された二回目。二回目でもうまく飛ぶ子は少ない。この時、なんとみゆきさんの「たねひこうき」がゆったりと風をつかみ、ふわふわと飛行距離を伸ばし、前の黒板の下にあった踏み台にコツンとぶつかったのだ。みゆきさんの少しビックリし、少し戸惑ったような表情がよかった。「やったねえ！」―こういう事もあるんだ。一番喜んでいたのは担任だったかもしれない。チャンピオンになったみゆきさんの首には、初めて金メダルがかけられた。6月17日（金）のことだった。

②クラスの子どもたちとの関係

6月の上旬、毎日すごい泣き方をするみゆきさんに、クラスの子たちはなかなか近づけない感じだった。最初は唯一、あんずちゃんだけが「遊びに行こ！」と声をかけていた。みゆきさんが落ち着いてきて、20分放課（休み）に鬼ごっこをしたりタイヤ跳びをするようになっていった。ななみちゃんや、ななこちゃん、まゆちゃんたちが誘っていた。休み時間にお母さんと離れて、友だちと遊ぶことができるようになったのは大きな変化だった。

違うクラスの子だが、近所の友だちが通っているし、いろいろ楽しい「工作」ができるというのをきっかけに、なかよし教室（放課後の学童）にも行くようになった。

7月中旬になると、ももちゃんやななみちゃんたちと「交換日記」を始めた。連絡帳での私とのやりとりを、自分で友だちに広げていったのだ。

③担任との距離

入学したての一年生の子にとって、学校＝担任である面が強い。給食の件を機に、担任である私のことが「こわく」、負担になっていたかもしれない。学校に再び出始め、「授業」を受け、特に、連絡帳での交流（＝「交換日記」）が続くうちに、個人的なつながりを感じ、担任との距離がみゆきさんの心の中で縮まっていったことが、みゆきさんが学校に来ることのハードルを徐々に下げていったと考えられる。

④自分の再発見＝出会い直し

みゆきさんが学校に通う（学校嫌いを乗り越える）ことの意味は、「全てができない自分」ではなく、自分でもやれるという自信を少しずつつけていくことにあると思う。自分の気持ちを見つめ直し、自分を再発見していった過程のように思う。

担任（私）の気持ちの変化

「給食指導」などへの後悔はあったが、当初は「母子分離不安」が原因であり、二歳の妹との関係で不安定になっているのでは？と「解釈」していただけだった。今になって思えば、その裏側には、「帰る！」と泣きじゃくるみゆきさん、「頑固」なみゆきさんを見て、《手を出せない》自分がいた。

連絡帳を通しての「交流」の中で、私自身もみゆきさんとの距離が徐々に縮まってきたように感じていた。

6月28日、お父さんが送ってきたにもかかわらず、みゆきさんが靴箱の所で大泣きしていた。お父さんもどうしていいか困り果てていた。その時、「先生と一緒に行こう。みゆきさんがどうしても嫌なら、すぐに迎えに来てもらおう。先生は無理はさせないから。今までだって、先生はみゆきさんに一回も無理にさせたことはないだろ。」と言い、手を引いて教室に入った。みゆきさんは、不思議なほど素直に手をひかれ、ついてきた。この時、少しだけ手を貸せたなあと感じた。

みゆきさんの再発見ができていったことも大きい。連絡帳の「手紙」で返事を書いてくれるようになってきたこと、そのいくつかの話、昨年の夏に一人で鹿児島のじいちゃんばあちゃんの所まで飛行機で行ったこと、給食係としての真面目な仕事ぶり、苦手なタイヤ跳びや鍵盤ハーモニカの練習に取り組む姿、絵の具塗りに集中するところ、工作を家に帰ってからも作って遊び楽しむところ、…。

自分の中に、みゆきさんのイメージとして、当初は「いつも自信がなさそう」「あまり笑わない」「ひ弱」などのイメージが確かにあった。しかし、みゆきさんの様々な事実を見る中で、「泣いてばかりいる」のではなく、楽しいと感じてくれているんだ、自信がないのはそうだが、目立たないところで何とかしようと努力する子なんだ、できた時・嬉しい時はあんな表情をするんだ、何とか変わろうともがいているんだ、…と変わっていった。みゆきさんに何とか手助けしたい、という気持ちが大きくなっていった。

お母さんの願い

毎朝お会いした時、また連絡帳で、お母さんはいつも「すみません」「申し訳ありません」と口癖のように繰り返されていた。この「すみません」「申し訳ありません」の裏には、担任に「助けてほしい」「何とかしてほしい」「解決の道を示してほしい」という切なる願いがあったにちがいない。

お母さんはとても賢明な方であった。連絡帳には、いつも「嬉しそうに」「楽しそうに」「喜んでやっています。」などの言葉が添えられていた。また、「楽しい授業」「工作」についても、度々触れられていた。私は、このお母さんの言葉に逆に励まされていた。

さらに、みゆきさんの家での様子を、特に学校でやることや私に対して、みゆきさんが前向きになってきたところを、のがさず「記録」して伝えてくださった。

・好きな男の子を意識しているみたいな表情なので、おもしろいですよ（笑）　７／１
・なわとびも、「先生が教えてくれたら、跳べる！(^o^)」と喜んでいます。　７／５
・先生との交換日記は楽しいみたいですよ。(^^)　７／13
・個人懇談会（７／６）で　ヒミツの話　※後掲資料「お母さんの手記」参照

このお母さんの姿勢が、みゆきさんにも私にも影響を与えていたのは間違いない。「様々な事に自信を持たせてくださって、本当にありがとうございます。自分の子どもの事になると、ついついダメ出しばかりで、ほめるのが下手で、叱りがちになるので、先生がいつも大事な事を私達親に教えてくださっているような気がして、ありがたく思います。」（６／19）などと書いてもらっていたが、実はお母さんにある意味で導かれていたのかもしれない。

みゆきさんがやる気を回復していく過程でも、お母さんの言葉かけが大きな後押しをしたに違いない。お母さんは、みゆきさんを励ましながら、同時に自分自身を励まし、見つめ、自らで道を開いていかれたのだと思う。

おわりに

九年前、やっぱり一年生を担任した時、奈々ちゃんという子がいた。この子も、ゴールデンウィーク明けから、学校に行きたくないと言って、一学期中お母さんと一緒に登校した。奈々ちゃんのお母さんは、一学期中ずっと教室の後ろにいて、授業を「参観」してみえた。

昨年の夏、高校一年生になった奈々ちゃんと会って、一緒に食事をした。友達のこと、部活のこと、少し「荒れて」いた頃のこと、バイトのこと、彼氏のこと、小学校一年生の時のこと…など、いろいろ話ができて、嬉しかった。（お母さんが都合が悪くて一緒でなかったことは残念だったが）その時、最近始めたデニーズでのバイトでもらった初めての給料で、私にはトトロのハンカチ、孫（一才四ヶ月）にはトトロのカップを買ってプレゼントしてくれた。

みゆきさんとも、何年後かに、この一学期の「事件」を笑って話せる日が来るといいなあと願っている。

【資料】

みゆきさんの　お母さんの手記　（一学期が終わる頃に書いていただいたもの）

「やったあ、小学生になれる！」と、強くあこがれ、「早くランドセル背負ってみたいなあ。」と、幼稚園の頃から、とても楽しみにしていました。入学後も、「学校、楽しいよ。」と元気に登校していましたが、給食が始まるのと同じ頃から、日に日に元気がなくなっていきました。もともと少食で、食べるペースも遅いほうなので、給食が苦手になったようでした。

ある日の夜から、「明日も給食あるのかなあ。」「どうしよう。」などと言い出して、いくら安心させても、なかなか寝付けない日が続きました。当然、朝の寝起きも悪く、授業中眠っていることがあり、先生にはご迷惑をおかけしたと思います。すみません。

そして遂に、「学校行きたくない！」とはっきり言い、大泣きし、ランドセルを背負わせようとすると、家中逃げ回り、主人も私も驚きました。あんなに楽しく明るく登校できていた姿を思い出すと、とてもショックでした。行きたくない理由を聞くと、キリがなく、私と離れるのが寂しいとか、体育が嫌だとか…。それでも、泣いている手を引いて、学校まで一緒に行きました。

でも、先生からのアドバイスを聞いてからは、主人も私も、気持ちが楽になり、無理に学校に行かせるのは、よくないと反省しました。

学校を休み始めてからの、家での様子は、次第に明るさを取り戻し、妹とのケンカは絶えないものの、一緒に遊んだり、自ら進んでお手伝いをしてくれたり、近所のお友達と、いつもと変わらぬ様子で遊んだりしていました。図書館へ行くと、「学校で先生が読んでくれた紙芝居がおもしろかった。」と、同じものを探してみたり、先生といっしょに作った工作の話など、学校での楽しい話を、たくさん話すようになりました。

そして、先生が美由紀に会いに来てくださったときには、自分が学校へ行っていないという罪悪感からなのでしょうか？「はずかしぃー。」と、少しはにかんだ笑顔で言っていたので、私は思わずおかしくて、笑ってしまいました。

学校へ行く提案をし続けて、やっと美由紀の方から、「お母さんと一緒なら、学校行けるかも…。」と言ってくれたときは、とてもうれしかったです。一緒に授業を受けていると、わがままや、嫌だという気持ちを、激しく私へぶつけてきました。逆に、私の方は、先生の授業があまりに楽しくて、すっかりはまってしまいました。(^_^)楽しい授業が受けられて、子どもたちがうらやましいです。先生の授業は、子どもたちを引きつけるパワーと、楽しさであふれていて、子どもたちも、よく集中できるんですね。子どもたちの大好きな工作は、バリエーション豊富で、びっくりです。特に、体育の授業でのなわとびは、分かり易く、ピンポイントで指導されるので、子どもたちはしっかりと自信を持って跳べ、実際たくさん跳ぶことができた喜びと、自信にみちあふれたあの目の輝きを見たときは、感動して涙が出そうでした。

本人の気持ちにも変化が起きたらしく、「先生が見ていてくれると、なわとびがいっぱい跳べる！」と言ったり、給食の献立にも興味をもって、見るようになりました。泣いてばかりで、不機嫌な表情の美由紀に対しても、クラスの子たちは、とてもあたたかく、優しく接してくれるので、ありがたい気持ちでいっぱいになります。そして、なにより、先生のすばらしい（決してお世辞とかではありませんよ。（笑））ご指導と、お力添えがなければ、ここまでの状態に、たどりつくことはできませんでした。いつもお忙しいのに、連絡帳で美由紀へメッセージを書いてくださったり、話を聞いてくださって、本当にありがとうございます。連絡帳を通して（本人は、勝手に交換日記と呼んでいます）、先生との距離が、ぐっと近くなったらしく、はずかしそうに照れながら、「先生と、結婚できるのかな〜」と言っていた事は、やきもちを焼くであろう主人（「大きくなったら、お父さんと結婚したい」と約束してくれた事を、いまだに喜んでいる）には、もちろんヒミツなんです。（笑）

生きづらさを抱えている昌夫君に寄り添って

〜個人的なつながりの中で居場所づくりを〜

昨年度、転勤したばかりの学校で小学校三年生を担任した。昌夫君は、二年生の時、学校でやる事のいろいろなものを「拒否」していた。相談機関で「アスペルガー」と言われたそうだ。昌夫君を担任し、私がどのような考えで、どのような働きかけをしてきたかを「記録ノート」や学級通信などの資料をもとに、昌夫君との出会いの記録として書いていく。

何かができるようになった、きちんとやることができた…などの現象だけではなく、昌夫君の抱えている「大きな課題」とは何か？ そこに迫るための働きかけとは？…などを、検討していただきたい。

※「昌夫」など、子どもの名前はすべて仮名です。

出会い０　始業式の前　４月２日

３月25日、Ｓ小へ転任・新任の打ち合わせ・顔合わせに行く。三年生担任を告げられる。三年生には「昌夫君」がいることを聞く。

４月２日。校長室で　私・Ｋ先生（同学年の先生）・教頭・校務主任（特別支援コーディネーター）の四人で、一時間近くの長い話。昌夫君について、昨年の様子・状況、親と学校とのやりとり…などを聞く。前年度のＳ小で、管理職が一番「困っていた」子なんだなと実感した。びっくりしたのは、前日の4月1日に三年一組のクラス名簿をもらい、書類分けなどいろいろな作業をすでに始めていたのに、話の終わり頃に、教頭が「担任は女の先生がいいのでは…」と言ったこと。昌夫君は、私が担任することを告げた。

《始業式の前の私の思い》
会ってみないと分からない。まず、そのままの昌夫君を見るようにしよう!

二年生の担任の記録から　（※引き継いだノート）

6月ぐらいから
いろいろなトラブルを起こすようになった。・クラスの友達・O君にしつこくちょっかいを出す。嫌なことはやらない。むしゃくしゃしている。

7月　子ども会の縄跳び大会
子ども会で縄跳び大会があり、彼は水筒を持って、一人で出かけた。電話があり、地域の役員さんから、すぐに来てほしいと連絡を受け、父親が行くと、トイレに閉じこもり、出てこなかったらしい。無理やり出したら、大声でふるえるように泣き叫び、父親がずっと後ろから抱えていた。しかし、おさまるのに時間がかかり、母親は彼がどうかなってしまったと思ったらしい。母親も、彼の行動に何かを感じたようだ。

（地域の役員の話）
いやいや来たと思ったら、持っていた水筒で周りの友達の頭を殴った（?）ので、地域の役員さんがきつく注意したら、怒って、トイレの中に閉じこもってしまった。トイレから出そうとしたら、役員さんの手をばりかくので、手に負えずに、親に連絡をした。目つきが変で、おかしかった。
7月〈無気力状態〉
7月　総合福祉センターのTさんのカウンセリングを受ける。
（その時の母親の話の内容）
・自分によく似ている性格の昌夫がいやである。自分の欠点も昌夫と同じで、自分の嫌な所を見るのが嫌だ。
・自分の子でありながら、あまりかわいいとは思えない。二面性があり、気持ち悪い。
・小さい頃は、とてもいい子であった。ある時（一年生）から方針をかえ、昌夫には大変厳しく接してきた。
　　　↓　愛情不足、自己否定、しめつけにより彼の心がパンクした。
10月　・10月に入り、立ち歩いたり、足を机の上にあげたりと行儀悪くなる。
・TTのS先生が横にいて、声をかけてもなかなかやらない。すぐにやめてしまう。漢字は、どんなに声かけをしても、鉛筆すら持たない。・宿題も全くやってこない。
11月7日　母親と面談
・田中ビネー式でIQ112ある。高い。しかし、他の検査（WISK）によると、社会性・感情面が2～4歳児と低い。感情のコントロールがうまくできない。IQの高さと社会性の低さとのアンバランスさが、問題であるし、今後の課題であると言われたらしい。・「アスペルガー」と言われた。
11月　・フードを頭からすっぽりとかぶっていたり、黄色のキャップ帽をとらない。

つめや服かみがひどく、いつも服がぬれていた。

12月　学校内の話し合い・体制

・学級にいることを主として考える。・昌夫君にスイッチが入り、暴れだしたら、クールダウンのため、保健室や相談室に行く。・それ以外にも相談室に行きたくなった時は、条件を付けて（10分とか、～したら）相談室に行かせる。

〈二学期の反省〉から

・彼の行動をできるだけ受け入れるように対応してきた。
・しかし、甘えが出てきて、我がまま放題になってきた。

＊彼がパニックになるのは、
①友達が彼に対して、口応えをしてくる時
②友達の物も、自分がほしくなると、自分の物にしたくなり、思うようにならない時
③教師が自分のみをみている時はうれしいが、他の児童への対応をしている時
④自分の思うようにならない時
⑤自分がしている行動を止められた時

1月27日　二、三歳の感情であった。特に、①に反応していた。
掃除の時間に、理由もなくT君に暴力をふるう。T君の頭を何度も床に押し付け、T君の鼻からは大量の鼻血が出ていた。その後、自分がT君を怪我させておいて、教室の遠くから、T君の様子を見て、笑っていたらしい。すぐに指導したが、ニヤニヤ笑って、反省はない。

1月28日　朝、三年生から、木の棒を昌夫が持って振り回していると聞き、外に出て、木の棒を

渡さないので、取り上げた。20分放課、O、H、A、Wと共に鬼ごっこに外に出た。そこで、Oが鬼で、タッチされた昌夫は逆ぎれをし、Oの頭を砂場の砂に押し付け、Oを砂だらけにする。指導されたので、むしゃくしゃしていた昌夫は、教室に入ってきたOを殴りだし、Oもカッとなりやすいため、二人が殴り合い、けんかになった。そこへ、U先生が通りかかり、止めに入った。

2月　下校時に、数人の児童に暴力をふるうので、自分の子が心配であるという苦情がきた。

2月　発表会（授業参観）後、昌夫が落ち着いてきた。

※この「記録」を読んで、常勤講師として担任をされ、昌夫君のことでかなりの「苦労」をされたのだろうなと思った。丁寧な記録だった。しかし、何となくだが、「違和感」を感じた。それは、昌夫君との間の【距離感】だったように思う。

出会い１　始業式　４月７日

式で担任発表。三年一組の子どもたちが並んでいる列の前に立って「よろしく」と挨拶。どの子が昌夫君かは分からなかった。始業式の後、教室へ向かった。番号順に名札を貼ってあったので、静かに座っている。席を離れて誰かと話している子がいた。私が教室の入り口に来たのが分かって、さっと席に着いた。昌夫君だった。二号車の前から二番目の席。銀ぶちのメガネをかけ、ひょろりと背の高い、繊細そうな感じ。そんなに「暗い」目はしていない。だが、明らかに私の様子をうかがい、警戒？　緊張？　している。

〔**資料**〕「学級通信　ひとなる」№１「鬼頭先生の正体？」次ページ

3の1
学級通信

ひとなる

4.7
No.1

今日から3の1がスタート

三年生になった君《きみ》たちへ

さあ、三年生になったぞ。
おめでとう　おめでとう
さあ、君《きみ》たち
どんな希望《きぼう》、持《も》ってる
どんな願《ねが》い、持《も》ってる

だれでも　みんな
すばらしい力を持《も》っているんだよ
その力が　大きく花開《ひら》くように
みんなで　力を合わせて　がんばっていこう

明るく、笑《わら》い声のいっぱいある学級《がっきゅう》
友達《ともだち》を大切《たいせつ》にし合う学級
スポーツやうたごえに燃《も》える学級
学習《がくしゅう》に　がんばる学級
ねばり強《づよ》く　努力《どりょく》する学級

さあ、今日《きょう》から、
みんなで　力を合わせて　がんばっていこう
さあ、三年一組の出発《しゅっぱつ》だ。

3の1の合言葉《あいことば》

ひとりは
みんなのために
みんなは
ひとりのために

先生は、上に書いたことばが大すきです。相手《あいて》の気持ちがわかり、みんなのことを考えて行動できる子。ひとりぼっちで泣いている子やみんなといっしょに遊べない子をほっておかないクラス。そして、やる気があって、みんなが　なかのよいクラス。そんなクラスをめざして、上のことばを3の1の合言葉にしたいと思います。

上条小の5年生の子たちが 考えた??!

⇓

みんなが考えた"鬼頭先生の正体"

その(1) かみのも
ハゲてはいないが、しらがは　そめたらしい。
その(2) 歌
先生は、歌の時に「もっと声を出して〜」と言うけど、先生の場合、声は　でかいけど、実は　オンチ?!
その(3) 毛
少し　クルクルで　かなり　ボサボサ
その(4) ジャンケン
給食の　おかわり　ジャンケンは　めちゃめちゃ弱い。でも、たまーに勝ってしまう。(子どもに　ゆずれ〜〜)
その(5) 話
話をしだすと、すごく長くなる
その(6) おどかす
よく急に「わぁっ!!」とおどかす。となりのクラスから苦情があったことも…
その(7) 悪知恵
よく悪知恵でおどろかされる。でも、先生は　おどろかすのは好きだが　おどろかされるのは　いやらしい
その(8) おにぎり
たまに、塩おにぎりを作ってくれる。案外おいしい!
その(9) 字
字は　とても　きれいである。特に　漢字が上手である。
その(10)ー机
教室の自分の机の上は　きたない
その(11) サッカー
サッカーをする時は　まじめ。子どもが相手なのに、ようしゃしない!
その(12) 服
服のセンスが　完全に　おっさんである
その(13)
すごい運動神経をしているが、そのあと息ぎれする
その(14) 英語
ALTの授業では　英語は通じているが、ほぼかたことだ

その(15) しゅ味?
ジブリの　キャラクターが好きで、特にトトロが好きで、どんぐりでトトロを作ったりする。すごい!
その(16) 恐い
ふだんは　やさしいが、おこると鬼になり、教室がシーンとなって、近寄りがたくなる
その(17) ゲーム
たまに、ゲームをしてくれる
その(18)ー頭
いろんなことを豊かに発想して、とても物知りである。
その(19)
先生は「あゆみ」を　きびしくつけているらしい
その(20) 体育
細かい所まで教えてくれるが、細かすぎて熱血先生に見える
その(21) スポーツ
先生は、高校生まで　野球をしていたらしい?守備は　ショートで、打順は1、2番?
その(22) 意外と金持ち?
先生は、昔に　いろいろ外国に行っている?
その(23) 授業
あくびをすると、「顔を洗ってこい!」と言われるけど、授業の教え方は　けっこう　いい。
その(24) 作文
先生のクラスになると大変。作文をたくさん書かされる。みんな(またかぁー)と思いながら書いている
その(25) 勉強
授業では　プリントを　たくさんくれる。よく分かるが、すごくたまって、生徒は大変!
その(26) 工作
サービスで　いろんなのを作らせてくれる
その(27) 買い物
よく東急ハンズで　買い物をする?
その(28)手紙
夏休みや冬休みに手紙が来る
その(29) 時間割
連絡帳に時間割を書いても、あまり時間割通りには　やらない
その(30) 教え方
教科書をあまり使わない
その(31) 先生の奥さん
先生の奥さんは　こわい?!そして、ぽっちゃりしている!

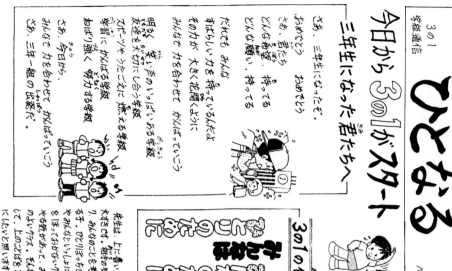

自己紹介では、五秒で描ける似顔絵「キトーマン」・ジャンケン・ゲーム・超能力「赤い玉の移動？」・紙工作「鳥飛行機」をやった。

一斉下校の時、運動場で、通学団の列に行く前に、昌夫君が私に近寄って来て、クイズを出した。「先生、クイズだよ。マッチ棒６本で、三角形を４つ　作れる？」

そのニコニコとした表情から、（今日の出会いは、昌夫君にとってまずまずの好印象だったんだな。私を試しにきた？人なつっこいところがある子なんだなあ。）と思った。

《始業式の日の出会いから》
＊　昌夫君との私との個人的な関係をつくろう！　（できれば、信頼関係を）
＊　無理をしないで、ゆっくりやっていこう！

出会い２　最初の「トラブル」４月８日

・　ジャンケンゲームや「台風」などのゲームをした。昌夫君は、ゲームに参加し、乗ってくるが、気分のむらがある。どうしても勝ち負けに執着してしまうようだ。ルールを守れず、自分の気分で騒ぎすぎたり、切り替えがすぐにできなかったりした。

・　ノートなどの配付物を配る。そこに、自分の名前を各自が書いていく。昌夫君は、自分の名前をなかなか書かない。「ここに、３－１○○○○○と書いてね。こっちにも…」と、見本を示す時、昌夫君のノートやファイルを使って、私が昌夫君の名前を書き、見本にしてみんなに見せた。

・　配付したプリントの、ホッチキスで綴じてある所を触ったりして、後ろの席の子に回さない。

ある種の「こだわり」かなあと思う。

・こう君との激しい「ケンカ」。教室から体育館への移動中のトラブル。こう君をなぐったり、髪の毛を強く引っ張ったりした。訊くと「こう君が無視した」という理由らしい。こう君は、少しはやり返したが、かなり我慢していたようだ。こう君は、一年生の時に同じクラスで「仲が良かった子」。二年生の「荒れた」最初の頃、「こう君と違うクラスにされたから、昌夫が落ち着かなくなった。」「クラス替えがおかしい」と、母親が学校・担任にかなり強く「抗議」した子である。いきなりの「ケンカ」相手がこう君だったことに驚いた。

出会い3　授業が始まる　4月9日〜

・朝の会が始まっても、席を離れ、誰かの席にいる。教室に来た私の顔を見ると、自分から席に着いた。

・授業には、なかなか集中できない。ノートは書かない。書けない？二年生の時、昌夫君についていたS先生の話だと、昌夫君はノートを開くこともなく、黒板の字なども全く写そうとしなかったそうだ。（昌夫君のペースを見極めよう　無理には書かせないでおこう）と思った。

・見ていて、「つらそう」だった。例えば、算数「時刻と時間」の学習では、時計の時刻が正確には読めない。「時間」も分からない。昌夫君にとって、《得意》なはずの算数でも…。イライラしているのが歴然である。しきりに爪を噛む。フラフラっと席を立つ時がある。「どうしたの？」と訊くと、何も言わず、自分の席に戻る。そういう時の表情は、とても険しい。人を寄せ付けない感じである。

・作文は一字も書こうとしない？　書けない？　鉛筆や消しゴムを触ったり作文用紙に落書きしたりする。
・ゲームをやると、すごく乗ってくる。
・授業は、（今までとはちょっと違うかも…）と感じてくれている様子。

遊び感覚の授業でスタート

国語　「すいせんのラッパ」　読み取りをクイズで

理科　春探しの散歩？草花をとってきて、ラミネートに春を閉じ込める。

体育　準備体操「キトーマン　ロボット」との対決。ジャングルジムでの鬼ごっこ。雲てい越え。

・昌夫君は、毎日、いろいろな事を私に話してくる。

《四月中旬・私の方針》

＊「アスペルガー」という「障がい」のことは、ほとんど気にしないでやっていこう。

＊昌夫君の興味のあることを見つける。

＊昌夫君にとって《楽しい》ことは、クラスの他の子にとっても《楽しい》ことのはず。遠慮や迷いを捨てて、どんどんやっていこう！（自分の「得意分野」を活かして）

※4月14日（火）昌夫君のお母さんと話す。昨年度の終わりから、新しい担任とできるだけすぐに話したいと、お母さんの強い要望があった。校務主任（特別支援コーディネーター）が同席。

二年生の時の様子、家庭でのようす、…などを一気に話された。不安がにじみ出ている。

私からは、始業式の日の昌夫君との出会い、その後の様子を話し、昌夫君はいいスタートを切っていること、昌夫君の気持ちを大切にしていこうと考えていること、長い目で見ていきましょう！と、安心してもらうように、お母さんに話した。

《お母さんと話して　私の思い》
お母さんの「不安感」が、ある意味で一番の「問題」なのでは…？お母さんが安定する（昌夫君のことを安心して、ゆったりと見ていけるようになる）ことを重視していきたい。

出会い4　工作　「立体ビル」　昌夫君が丁寧できれいに仕上げたことにビックリ！
※「おうちの方へのアンケート」　4月20日（月）
　お母さん「学校での様子を知らせてください」→「昌夫君ノート」を始める！

出会い5　「先生、宿題はアレにしよ。」　4月21日（火）

明日の連絡を私が黒板に書いていたら、昌夫君が近寄ってきて、「先生、宿題はアレにしよ」「何？アレって？」「アレ、アレ、作文だよ」私はびっくりした。昌夫君は作文が大の苦手なはず。今までは、なかなかやろうとしなかった。その昌夫君が、自分から作文を宿題にするように言ってきたのだ。この日、跳び箱で5段を跳べたこと、牛乳キャップごまを作ったことの2つも書きたいと思えることがあったからだ。

＊授業参観　4月23日（木）　①手拍子のゲーム　②リコーダー　③新出漢字の学習　④詩の読み
　授業参観後の学級懇談会で、昌夫君のお母さんは、申し訳なさそうに「去年はいろいろと昌夫が

みなさんにご迷惑をおかけしました。」と話された。

《5月・連休が明けて》
*昌夫君との関係はできつつある。しかも、順調である。このままもっと深めていきたい。
　※昌夫君は「頑張り過ぎて」いるのではないか？揺り戻しが来るかもしれない。
*授業をきちんと座って受けていることが大事なのではない。昌夫君の抱えている課題をつかんでいきたい。
　【とりあえずは…】　*友達との関係づくり
　*苦手なことにも少しずつチャレンジしていってほしい
　*「学力」

出会い6　春の遠足　東谷山フルーツパーク　5月1日

なかなか友達と遊べない。グループの子と一緒に遊びに行ったかと思うと、すぐに私の所へ戻って来ては、「○○があった」「これ、見て！」「舌が青いよ。すごい？（お菓子の色で）」

出会い7　企画係の行う学級レク　「どろけい」「リレー」「ドッジボール」など

ドッジボールでふざけて、他の子から苦情が出る。昌夫君が、ボールを持っている相手の子の前に出て行き、わざと当たったり、自分がボールを持つと、相手のコートにわざところがしたりするからである。別の日には、みんなでリレーやどろけいをやっていたが、昌夫君は外に行かず、昌夫君が一人だけ教室の隣にある相談室にいた。伸介君と二人で、相談室に隠れていたこともあった。

出会い8 「ひとなる」のクイズ

昌夫君は、迷路がとても得意である。クラスでやると、一番か二番でゴールする。また、「ひとなる」に載せたクイズに集中して取り組む。クイズも得意で、早く私の所に正解を告げに来ることに必死だった。しかし、できない（分からない）とすごくくやしがる。算数の「円と球」の学習に関して、コンパスを使ったクイズ・暗号などを通して、私との繋がりができていった。

《昌夫君の【プライド】》
＊ドッジボールで「ふざける」、リレーやどろけいを「やらない」というのは、「ふざけている」「やりたくない」のではなくて、投げたり受けたりするのが下手で、ドッジボールが苦手なことをみんなに知られたくない、足が遅いと言われたくないという彼の【プライド】の表れではないか。
＊昌夫君の特性?・自分を認めてほしい　・自分の話を聞いてほしい　・興味のあることには集中して取り組める　・いろんなことができるようになりたいと思っているなど、他の子と同じ。昌夫君のよい所・プラス面を伸ばしていくことが(認めてあげることが)一番大事なのではないか。

出会い9　校区探検のグループ

校区探検の準備・話し合いをしていた時、同じグループのT君とトラブルになった。T君の持っているバインダーが自分の机に少し出ていたことが気に入らず、そのバインダーを床に落としたりT君をたたいたりしたようだ。トラブった昌夫君は、話し合いに参加せず、「持ち物・分担」などのメモを書かない。私が話したことは、「一人でやることではない。昌夫君が話を聞いていなかったりメモを取ってなかったりして、グループでやれないことが出てくると昌夫君もみんなも困るだろ。」

《私の思い》
＊昌夫君に、「要求する」ことも、今後必要になってくる。どのようにしていけば…。
＊昌夫君自身が「やりたい」ことを見つけさせたい。今は、自分の周りの人が、自分をどのように思っているか…を「過剰に」気にしているのでは？
＊友達・クラスの集団の存在を意識させたい。みんなで（友達と）一緒に何かをすることの《心地よさ》をつかんでほしい。

6月2日　校区探検　グループみんなが気持ちよく行ってこられた。

出会い10　「Sリンピック」で、鉄棒の逆上がりをがんばる！

児童会主催の行事で「Sリンピック」があった。縦割り班みんなで協力して行う競技のほかに、三年生は個人種目として鉄棒の逆上がり（連続）と縄跳びがあった。昌夫君は、縄跳びが苦手。逆上がりは一回もできない。しかし、逆上がりの様子を見ていたら、失敗しても何度でも鉄棒を持ち、1分間の制限時間中、ずっとやろうとしていた。少し驚いたし、何か変化を実感した。

出会い11　「ひみつ」が好きな昌夫君

昌夫君は、人一倍?「秘密」が好きである。私の所に来て、いろいろな話題で《個人的に》話をした。また、私が教室に持ち込む物に対して興味津々で、私が何か持っていたりすると、「先生、それ何?」「見せてよー!」「さわっていい?」…などと熱心に話しかけてきた。

「色つきスライム」や「吹き矢」などは、みんなに見せた後に、昌夫君だけに「内緒で、今日だけ貸してあげる。明日、また持ってきてね。」と言って、一日貸してあげた。《先生から自分だけ特別に貸してもらえた》ということを、昌夫君はとても嬉しがっていた。

二学期の最初、9月3日には「秘密の手紙」（ブラックライトで文字が浮かび上がる）をあげた。これも、個人的なもので、昌夫君は喜んでいた。

出会い12　食欲が旺盛になった!　※「昌夫君ノート」6・23付

この頃、気づいたことであるが、昌夫君の給食の様子を見ていて、（昌夫君、食欲が出てきたなあ。）と思った。痩せすぎのように細い体つきで、運動が苦手、神経質そうな表情…という印象だった昌夫君が、班の子と楽しくふざけ合いながら給食を食べ、おかわりをする姿は、昌夫君の「意欲」の表れのようにも思った。

出会い13　《先生の通知表》

終業式の日に、クラスの全員につけてもらった《先生の通知表》で、昌夫君は、
教え方「とてもわかりやすかったです！」
授業以外「サービスがとてもよく、『ひとなる』では頭をつかい、とてもよかったです。」
と書いてくれた。

※アンケートにお母さんが書いてくれたこと　※「昌夫君ノート」　7・17付

やっと一学期が終わったばかりですが、鬼頭先生を信じるのみです。子どもが担任の先生を大好きになれるなんて事はすごい事だと思います。これからもよろしくお願いします。

《二学期の初め》
＊学校生活のペース・一学期のペースを早く取り戻す
＊もう一度、一からスタートするつもりで！
＊一学期に考えたことを、再度ステップを踏んでやっていこう！
＊運動会（9・20）の練習を慎重に進めていこう
　短距離走・おどり・台風の目　　どれも昌夫君にとっては困難が伴うかもしれない

出会い14　二学期の始業式の日

三の一の子どもたち全員に「どんな気持ちで今日の朝、学校に来たか？」を聞いてみた。昌夫君は、「①さあ、二学期だ！がんばるぞ！楽しみだな。ヤル気満々。」のところに手を挙げていた。

【お母さんから】

8月31日の日に、「夏休みも、今日でおしまいだね」と聞いたら、「学校の方が楽しいからいいもん」と言って、ビックリさせられました。夏休み中、昌夫は早起きで、毎朝一人で6時から6時半頃に起きていました。何をするのでもなく、TVを見ているようですが、何とこの早起きがいまだに続いております。

一学期の漢字ドリル・計算ドリルの全部を書き込みして、やり直してきた。自由研究も。昌夫君は、元気いっぱいのスタートがきれたようだ。

出会い15　少し心配していた運動会

三年生の種目は、「かけっこ」（徒競走）・音遊・競遊（台風の目）の三つである。走ること、リズムに乗って踊ること、両方とも大の苦手である昌夫君が、クラス内ではないところで、どのようにやってくれるか、少し心配していた。しかし、実際は、練習しているところを見ていると、「苦手」なことでも投げ出さなくなったように感じた。

《私の思い》
＊《担任である私を通して》ではない、友達との関係を作ってほしい
＊学習面での「自信」をつけさせたい

出会い16　友達と　※「昌夫君ノート」から

9・25（金）
＊昨日の下校後、田上君たちと一緒に、学校前の橋を渡ったところにある用水路で、魚とりをしたようですね。コイ、フナ、ハエ…など、たくさんの魚がとれたみたいですね。友達と一緒に外で遊べるのはいいですね！

9・30（水）
＊昨日、企画係の子が呼びかけて、昼放課に「こおりおに」をしていました。昌夫君もみんなと一緒に遊びを楽しんでいたそうです。
＊体育は、体育館でラケットベースボールを初めてやりました。まず、やわらかいボールのキャッチボールをしました。昌夫君にはちょっと苦手なものの一つです。ここで、少し気持ちが落ち込んだようです。次の、バッティング（ラケットで打つ）練習で、守備の役だった昌夫君とT君がケンカ？（トラブル）になりました。T君は、「昌夫君が先にやってきた。」昌夫君は、「T君が遊んでいて守備をやってないからやらせようとした。」引き離した後、話を聞き、ちゃんとやらないと…と話し

ました。昌夫君はその後少し壁にもたれかかり、何もしないふうだったので、「やらないとだめだ」と守備をさせました。
＊バッティングをする方になって、昌夫君は3球打ったうち、2球でするどいライナーを打ちました。「すごい！」とほめ、その後みんなに話す時にも「昌夫君のような、強い球が打てるといいなあ。」と例に出しました。そのあたりでは、もうすっかり気分がいつものように戻り、帰る時には、「先生、ぼくの球、どうだった?!」と、うれしそうな顔で聞きに来ました。

出会い17 「学力」？ ※「昌夫君ノート」から

10・2（金）
＊何かを目の前に置いて、それをよーく見て描くことをやったのですが、昌夫君はこれも粘り強く、細かい所までよく見て描いてくれていました。
10・6（火）
＊算数「あまりを考えて」という文章題をやっています。少し時間はかかりましたが、四問全部を一回目で正解していました。マルをつけてあげると、思わず「やったあ！」とつぶやいていました。表情も生き生きとしていました！
＊算数のTTのS先生に近寄って行って、「最近、計算が速くなったでしょう！」と話したそうです。S先生が「昌夫君、自信が出てきたんですねえ。」と言ってみえました。

昌夫君が描いた　コンパスの絵

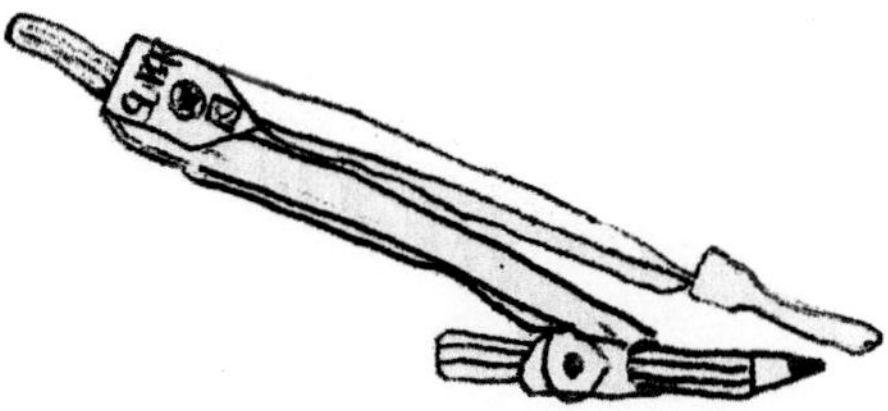

出会い18　成長？　10・7（水）　※「昌夫君ノート」10・7付から

＊今朝、朝放課の間に、こう君、ゆうき君と少しケンカしていたそうです。最初は、ふざけ合ってこう君とじゃれていたようですが、そのうちケンカ？になっていったようです。昌夫君がこう君の上に乗ったりしていたので、ゆうき君が止めようと、昌夫君の腕をつかんだので、今度はゆうき君とケンカ？になってしまったようです。

＊私が教室に行って、ケンカをしていたことを知り、三人を廊下に呼んで、事情やそれぞれの言い分を聞き取りしました。

＊今回、私が昌夫君について感心したのは、私が注意し叱った後のことです。叱られた時は、涙を流していた昌夫君、とても嫌そうな顔をしていた昌夫君ですが、「よし、これで終わり！気分を切り替えるぞ！」と三人に話して、教室に戻しました。しばらくは涙目のままでしたが、台風の話、私の伊勢湾台風の時の体験した話などをしている間に、気持ちをすっかり持ち直しました。一時間目の放課には、『風の谷のナウシカ』の乗り物の話（ガンシップ）を一緒にしました。《気持ちの切り替え》ができたところに、昌夫君の成長を感じました。

＊20分放課には、こう君と二人で、おはじきを指ではじいて穴に入れるサッカー（得点）ゲームを仲良くやっていました。

※ゆうき君とトラブルになり、廊下で事情を聞こうとした時、昌夫君は私の方を向こうとしなかった。こちらを向かせようと昌夫君の腕をつかんだら、昌夫君は激しく私の手を振り払った。ぎゅっと握った拳がかすかに震えていた。こういう時に昌夫君の体に触れてはいけないのだ。私を「拒否」した姿は、とても悲しそうに見えた。

《一年の半分を過ぎて、思っていること》
＊子どもが【生きる】というのは、いつも正しくて、間違いを犯さないで、「いい子」でいることではない。
＊自分の感情をコントロールできずに、投げ出したり、友達に手を出したり、意地悪をしたり、言い訳をして自分を正当化したり、…またその一方で、自分なりの喜びや嬉しさ、楽しさ、心地よさ、安心感を感じたり…。そういう混沌とした中で「生きて」いる。
＊昌夫君は、この半年間で確実に成長している。自分でも変わろうとし、自分でもその手ごたえを感じているはず。しかし、三年生であるのに、昌夫君自身が強く感じているであろう、自分への「不安感」を今とちがったものにしていきたい。そのためには、やはり、友達との《横の関係》がもっともっと広がっていくことが必要だと思う。

出会い19　友達の広がり

＊「昌夫君ノート」10・25のお母さんの文にもあるように、学校にいる間だけではなく、授業後にも公園などで遊ぶ昌夫君の姿があった。こう君などの特定の子だけと一緒にいるのではない。クラスの中の何人かと共に遊ぶ《変化》があるように思う。
＊これは、学校での昌夫君の「変化」（授業中の学習の様子でも、休み時間に遊ぶ様子でも）が、時間とともに自然にクラスの子たちに受け止められている証拠かなと思う。

出会い20　いくつかのトラブル　11月前半～

＊11月9日、通学班でトラブル

学校の校門を入ってすぐの所に自転車置き場がある。春日井駅から自転車に乗って通勤している私が、毎朝自転車を置く場所である。この日、昌夫君が自転車置き場で顔を伏せたまま、しゃがんでいた。初めてのことなので、「どうした？」と訊くが、何も答えない。一緒に昇降口まで歩き、校舎に入った。

同学年のK先生の話によると、登校途中の交差点で、同じ通学班の四年生と「ケンカ」をしていたようだ。登校の仕方を注意され、かっとなった昌夫君が何かを叫んで、自分の水筒を振り回していた。（K先生も自転車通勤。たまたまそこへ通りかかった）「水筒」と言っても、金属製の重い水筒なので、まともに当たったら怪我をするので、見ていて恐かったとK先生は言っていた。「やめなさい！」と止めに入ったK先生に、「クソババア！ウルセイ！」と言ったそうだ。

＊11月18日、　注意されたことに反発して

昌夫君が水筒のお茶を床にこぼし、「早くふかないと…」と女の子に言われたことに反発して、持っていた体操服袋を振り回し、近くにいた朱里さんの顔に当ててしまった。床は水びたしになったが、六～七人の子が雑巾でふいてくれた。昌夫君に「みんながふいているよ。昌夫君もふこうか？」と言うと、すぐにふき始めた。その後は、いつも通りの笑顔に戻った。

＊11月19日、放課後に運動場で遊んでいて、K君とトラブル

K君のお兄ちゃん（五年生）が職員室に抗議に来た。「昌夫が、Kのおでこの所に噛みついた。許せない。」私は所用でちょうどその時は不在だった。学校に帰って来て、職員室にいた先生から

その話を聞いた。K君の家に電話すると、お母さんは「目の近くを噛まれたというので、少しびっくりしましたが、大したことはありません。でも、お兄ちゃんが許せないと興奮していました。Kは、昌夫君の家に遊びに行きました。」と話してくれた。

※　この頃、昌夫君に何があったのか、よく分からなかった。いくつかのトラブルがあった。教室での昌夫君は、前とそんなにも変わっていなかったように思う。しかし、昌夫君を不安定にさせる何かがあったのだろう。

「昌夫君ノート」をやめる

＊12月のはじめ、ノートが1冊終わったこともあって、このノートをやめようと考えた。理由は、私自身が「昌夫君ノート」を続けることが「しんどいな」と感じたからである。

昌夫君のお母さんは、11月の上旬に、学校にある「心の相談室」の相談員さんに「学校では先生から良くなっていると言われるけど、家では昌夫は悪くなっている。」と言われたそうである。お母さんの不安が何らかの原因で大きくなっているため、「家では昌夫は悪くなっている」と感じていると思った。したがって、先に書いたいくつかのトラブルについて詳しくは書けない状態だった。また、今まで書いてきたことへの受け取りも、決して肯定的ではないと感じた。私自身の「言葉」に、説得力や内容がないと感じたからでもある。

ある保護者の方との思いのちがい

＊12月の初旬に「個人懇談会」があった。Aさんから「昌夫君と四年生も一緒のクラスになるのは不安です。」という話が出る。「かっとなって、K君に噛みついたそうですね。目の近くを噛むなんて、何があるか不安です。」「今年は鬼頭先生で、男の先生だから良かったけど…」

＊私は、正直言って、力が抜けてしまうように愕然とした。また、「怒り」も感じてしまった。昌夫君の成長・変化を喜んでくれないのか、男の先生で「力で」押さえているように思われていたのか、自分の子どもが他の親に「男の先生だからおとなしくしているが、女の先生になったらあの子は何をするか分からない」と思われていたら、親として悲しくないか、…等をぶつけてしまった。

出会い21　友達との関係

「昌夫君ノート」はやめたが、私と昌夫君との関係は特に変わることはなかった。
一方、子どもたちの中での昌夫君は、少しずつ変化していったように思う。

＊昌夫君にとっての、夏菜さんの存在

夏菜さんは、四月に静岡県から来た転校生であった。学年当初は、前の学校のこと・友達のことが大きく心の中にあって、今一つクラスに馴染めないでいた。しかし、二学期ぐらいからは、すっかりクラスになれ、男の子も含めて元気に遊べるようになっていった。賢く、周りの子に気遣いができ、正義感のとても強い子である。

昌夫君と夏菜さんは、通学班が近く、下校する時には一緒に歩いて帰っていた。11月の中旬ぐらいに、なぜか？昌夫君と夏菜さんが「両思い」であることが判明した。昌夫君は、ずっと前から夏菜さんのことが好きだったのだが。

そうなってからの昌夫君は、今まで以上に、いろんなことに頑張るようになっていったようだ。いじけたりするような気分のむらが歴然と減っていった。

＊こう君、駿平君、修吾君の存在

元気いっぱい、疲れ知らず、イタズラもするが、子どもらしい男の子である、こう君、駿平君、修吾君たちの存在も、昌夫君にとって大きかったように思う。「お父さんと、〇〇までサイクリングに行ったんだよ。」「お父さんと一緒に模型を作って、この前の日曜日に展示しに行ったんだよ。」…など、お父さんとのことが話題の中心だった昌夫君。学校から帰った後に、クラスの子たちと遊ぶことがだんだん多くなっていった。下校する時には、昌夫君から「今日は、小木田公園に三時半集合な！」というように、他の子に声をかけている姿を見かけるようになった。

昌夫君とはタイプが違う、こう君、駿平君、修吾君らと行動を共にできるようになって、その周りの男の子・女の子たちとも一緒に遊ぶようになった。こう君、駿平君、修吾君の「寛容さ」には感心させられることが多かった。

＊授業の中で　～特に、理科の学習で～

「電気を通すもの」「じしゃく」「ものの重さ」など、理科の学習は手書きの自主作成プリントで進めた。この学習は、楽しく、子どもたちにも大好評で、話し合いも盛り上がり、私自身が大変楽しかった。

昌夫君は、理科の学習が特に大好きだった。発言もよくした。工作が得意で、電気にも強く、作業が正確な昌夫君は、理科の時間輝いていた。できない子・分からない子に頼まれて教えている昌夫君は、嫌がらず、押しつけず、嫌味な事など言わず、とても優しいのである。「まさおー、これどうやってやるの？教えて！」と何人もの子に言われ、昌夫君は照れながらも嬉しそうにしていた。

理科を中心にした、授業（学習）の中での昌夫君の姿は、他の子が持っていた二年生の時のイメージを完全に払拭していったと思う。

＊二学期のお楽しみ会・学習発表会・三学期終わりの「お別れ会」

一学期のお楽しみ会では、「お笑い」グループに入った昌夫君であったが、練習も一緒にやれず、本番の時にも一人だけオルガンの横に隠れていて出なかった。しかし、二学期のお楽しみ会では、「手品」グループの一員として、マッチ棒を使った手品を恥ずかしそうだったが、みんなの前で行った。また、ミニ学習発表会では、「図工」グループに入り、サンゴを使ったオリジナルな作品を作り上げ、（夏菜さんにアシストしてもらって）自分の作品の工夫・苦労したところを発表した。三学期終わりの「お別れ会」でも、「手品」グループで、輪ゴムを使った手品をした。

このように、だんだんと他の子たちと一緒に活動することができるようになっていった。

出会い22　昌夫君と　お母さんからの手紙

【昌夫君の手紙】　修了式の日にくれたもの

ぼくが、一ばん楽しかったのは、キトーマンおにぎりです。ぼくは、まい日「キトーマンおにぎり作ってくれないかな？」と思っていました。そして、きとう先生のおかげで給食が楽しくなりました。それに、体育のじゅぎょうがものすごく楽しくなりました。そのわけは、いろいろなサービスがあって、ものすごく体育がすきになりました。一ばんすきな体育のサービスは、ターザンロープです。一ばん始めは、「こわっ」と思っていました。だけど、やれば楽しかったです。きとう先生、ほんとうにありがとうございました。

【お母さんの手紙】　学年末に皆さんにお願いしたアンケートに書かれていた文

・クラスの雰囲気は、最高級だったよ！と、子どもは言っています。授業のやり方も、プリントを使って、とても楽しく理解することができて、良かったと言っています。

二年生の時に、授業を受ける事が出来なかった頃とくらべると、子どもの変化も大変かわりました。明るくなって、毎日学校が終わると、公園に遊びに行きます。私も、下の妹と一緒に公園に行って見ていると、一緒にみんなと遊んでいる時もあれば、苦手な遊び（木登り・サッカー・ドッジ）

が始まると、スーと抜け出して、一人で自転車に乗っている事が多いです。本人は、それはそれでいいらしいのですが…。それでも毎日遊びに行っているので、本人は楽しいようです。
・この一年で成長する事ができて、私たち親も、鬼頭先生に出会えて、大変良かったと思います。
・友達もたくさん増えて、去年はこう君しか友達じゃないって言っていましたが、今ではあの子もこの子も仲いいよと言ってくれます。この事は、本当に良かったと思いますが、やはり二組のS・O君とS・M君とは合わないと言っています。それではいけないと思いますが、仲良くなる方法があればいいのですが…。なかなか難しいですね。
・先生には、この一年、大変にご迷惑とご苦労をかけてしまったと思っております。本当に先生には感謝の気持ちで一杯です。一年間、ありがとうございました。

＊修了式の日、最後に下校する時、「じゃあね、先生、バイバイ!」と、満面の笑顔で帰っていった。一年間を終えて、感慨深かったのは、担任だけだったように、あっさりした笑顔だった。
＊お母さんが、「友達もたくさん増えて、去年はこう君しか友達じゃないって言っていましたが、今ではあの子もこの子も仲いいよと言ってくれます。」と書いてくれたことが嬉しかった。
　お母さん自身にも、ある程度の気持ちの《余裕》が出てきたように感じた。しかし、本当には私と心を開いて語り合うような関係はできなかったのかもしれない。

昌夫君は、この一年で、確実に成長した。その変化・成長は、おうちの方の努力が大きいと思う。特に、お母さんの《安定》が大きいように思う。

学校では、私（担任）との個人的な《つながり》を土台にして、昌夫君が少しずつ自分の居場所を見つけ、心の安定を取り戻し、それによって（その過程で）自分自身の感情に振り回されるような状態から、心の中に友だちを取り込めるようになっていったのではないか。

学級づくりがうまくいったとはとても言えない。お母さんとも良好な関係が作れたわけではなかった。しかし、昌夫君の変化・成長する姿を、一年間見られたことは、私にとって喜びであった。

出会い　つけたし　妹の卒業式で

この記録の八年後、昌夫君の妹が小学校を卒業した。その学年は、私が一年生の時に担任していた学年だった（妹は担任しなかった）ので、卒業式に参加した。式後、昌夫君のお母さんが近寄って来て、「鬼頭先生、いらしてたんですね。昌夫が先生に会いたがっていたので、電話かけて知らせてもいいですか？」と言われた。すぐに昌夫君がやってきた。満面の笑顔であった。「工業高校に通っていて、真面目に勉強に取り組んでいる。成績もいい方。将来は、作ることが好きだから、自動車整備の仕事がやりたい」と一気に話してくれた。三年生で担任していた時とは違う《がっちりとした握手》ができたような気がした。

※この実践記録は、地域民主教育全国交流研究会二〇一七年度愛知集会での報告を加筆訂正した。

第二章　学校づくり実践と子どもたち

児童会活動・はじめの一歩

一　はじめに ―「こきつかってください」

一九九三年度の四月、今年度最初の企画集会委員会。（この委員会は、児童会役員6名と五・六年各学級からの10名で構成される。児童集会の企画・準備・運営をその仕事としている。）

初めて顔を合わせるので、自己紹介から始めた。まずは見本として私から始めた。

「**き**れい好きで、**と**ってもハンサム、**う**たが上手で、**ま**んがやアニメが好きです。**サ**ッカー部の顧問でもあり、**か**っかして短気なところがあり、**ず**るがしこくて子どもたちを驚かすのが得意な、鬼頭正和先生です。」

15名の企画集会委員のうち、ピンときた4～5名がニヤニヤしている。しっかり者の児童会長の古田敦美さんに「どういうふうに自己紹介するか、分かった?」と聞いたら、「自分のことを短く、いくつかにまとめて言えばいいんでしょ。」と自信たっぷりに答えた。古田さんはまだ分かっていない。仕掛けに気づいた子にそれを発表してもらってから、それぞれの自己紹介を考えてもらった。「企画集会委員会は、この学校の機関車的な役割をするところなんだから、こんな自己紹介ぐらい軽ーくこなさないとねえ。」とプレッシャーをかけながら。

次々と自己紹介がされていく中、昨年度も一年間企画集会委員会に所属していた高津宏子さんが発表した。

「**た**ったか、たったかよく走ります。**か**わいいな。**つ**ねひろさんと仲良しです。**ひ**ろーい心を持っています。**ロ**ールケーキが大好きです。一生懸命働きますので、**こ**きつかってください！」

この「こきつかってください！」という言葉の中に、私の指導した児童会活動の肯定面と問題点とが表れているように思う。（今思えば…であるが）

ここでは、児童集会を中心として、どのように児童会活動を行ってきたかを報告していきたいと思う。（本校は、学級数18、児童数570人の学級規模である。）

二　新しい集会づくり―楽しくなくちゃ！

①　前年度までの児童集会（45分集会）

四月―「一年生を迎える会」（各学年から一年生向けに出し物をして学校生活を紹介）
五月―「仲良しグループ顔合わせ会」（自己紹介・ゲーム・写真撮影）
七月―「星祭り」（七夕会＝笹飾りづくり・集会委員の七夕に関係した劇を見る）
二月―「豆まき集会」（放送で節分の話・集会委員の子が鬼になって豆まき）
三月―「六年生と遊ぶ会」（仲良しグループごとに運動場でゲーム）
三月―「卒業生を送る会」（卒業生向けに各学年の出し物・一年生のプレゼント渡し）

私がこの学校で二年間、児童集会を見てきて最も感じていたのは、《子どもたちの参加する場面が少ないなあ》という事であった。

②《全員が遊ぶ楽しさ》を！　―一九九二年四月「一年生と遊ぶ会」

私が担当する初めての児童集会である。児童集会の雰囲気・あり方を一新すること、企画集会委員会委員の子どもたちを前面に押し出して自信をつけさせること、の二つを自分としての重点目標として、三つのゲームをした。

ゲーム（1）は、「ビームショック」である。手間はかからず、簡単で、全員が楽しめる。司会者の紹介の声に合わせて、「ウルトラマン」が登場する。ウルトラマンのお面をかぶり、腹ばいになって両手両足をぴんとのばし、スケートボードの上に乗ってステージ脇からすべっての登場に、一年生をはじめ低学年の子は大騒ぎ。ウルトラマンの横には二人のバルタン星人が立った。話し合っている中で出てくる企画集会委員の子どもたちのアイデアは、先生たちの固い頭をはるかに越えており、全校の子どもたちが何を喜ぶかをつかんでいた。

ゲーム（2）は、「岩西っ子天才クイズ」だ。これまた扮装した博士が問題を出す。企画集会委員の子たちが個々に考えた問題を持ち寄り、全員で選んだり検討したりしてできた問題である。難問(？)もある。「第2問！アニメの問題だよ。みなさん『サザエさん』を知っていますね。そこで問題です。『サザエさん』に出てくるカツオ君とワカメちゃんのお母さんは、サザエさんである！」

ウッドブロックとトライアングルの音楽が鳴っている間が考える時間だ。司会者が「帽子をかぶってください！」と言うと、全校の子が一斉に赤の帽子か黄色の帽子をかぶる。真っ黒だった頭が、赤か黄にさっと変わる。見ていてなかなかきれいだ。博士が言う。「答えは、…ノー！」「サザエさんは、カツオ君たちのお母さんではなく、お姉さんです。だから、答えはノー！でした。」

答えが言われた瞬間から、ヤッタァ！という歓声やアーア！という落胆の声で、博士の後半の説明は聞き取れないほどである。出題は続く。学校に関する問題も多い。「第4問！学校にはトイレが何ヶ所かあります。さて、そこで問題です。この岩西小にあるトイレは、全部で14ヶ所である！」

この天才クイズは、○か×かの二者択一なので、考えてしまう高学年の子よりも、案外低学年の子の方が多く残ったりして面白い。ただ、欠点は、早い段階で間違えてしまった子たちがその後全く参加できなくなってしまうことだ。そこで、「生き返りができる問題」を4問目のあとに行い、復活できるようにした。これも子どもたちのアイデアだ。

「第9問！記憶力の問題です。三日前の月曜日の給食には、『焼きそば』が出た！」なかなか難しい問題です。「えーっ、そんなの覚えてないよー。」と言う子に混じって「オレ、これはバッチリ自信がある！」と言う子も。

やかましいほどワイワイ、ガヤガヤしながらも、博士が「答えは、…」と言った時の全校の子たちの集中力＝一瞬の静寂は、痛快である。十分に興奮し、最後まで残った「天才」の12人にさわやかな拍手をして、このゲームを終えた。

最後のゲーム（3）は、「ジャンケン・カード集め」だ。ドラえもんのキャラクターを描いた5種類×2＝10枚のカードを持ち、他学年の子とジャンケンをしていく。ジャンケンに勝つと、相手から自分のほしいカードがもらえる。代わりに自分のいらないカードを相手にあげ、自分の持っている10枚のカードが、全て同じキャラクターのカードになったら「上がり」である。体育館中全学年の子が入り乱れて、ジャンケンに熱中する。一番最初に10枚同じ種類のカードを持ってステージに上がってきたのは、何と年配のD先生だった。ゲーム後の優勝者インタビューで「スネオ君のカードを集めていたら、ジャンケンに負けても集まってきましたよ。これは、作戦勝ちです！」と誇らしげに（？）語っていたのが印象的だった。

教頭先生が終わりのお話の中で「先生は30年も先生をやっていますが、今日の集会ほど全校のみんなが楽しんでいた集会を初めて見ました。」と話してくれた。「ただ、もうちょっと静かにして、説明を聞く時は聞くという態度があると…」というつけ加えもあったが。企画集会委員の子たちは、いろんな先生たちからほめていただいたようで、多少の失敗はどこへやら、大満足であった。

③《作って遊ぶ・教え合う》—五月「仲良しグループで遊ぶ会」

二回目の児童集会は、手作り遊び集会とした。手作り遊び工作の良さは、私自身がこれまでの学級活動の中で十分に経験していた。特に、手作り遊び工作を生活科として取り組んだ時の手応えが残っていた。

一～六年の18名ほどで構成する「仲良しグループ」の中で作り方を教え合うことができ、作って楽しく遊べ、なおかつ【おみやげ】として家に持って帰れる—一石三鳥のもくろみの児童集会である。何よりも私自身の《感動》を、たくさんの子どもたちや先生方に共有してほしいという気持ちが強くあった。作って遊ぶ工作は、「ブーメラン」「たたきザル」「鳥飛行機」の三つだ。「たたきザル」の愛らしさ？や、自分の所に戻って来る「鳥飛行機」の可愛らしさは、なかなかのものである。

初めての手作り遊び集会であったが、子どもたちは苦労しながらも作って楽しんでいた。三つ作るには、時間が足りなかったが、高学年が低学年を教えることができる点が良かった。企画集会委員会の子どもたちは、裏方さんに徹していた。見本づくり、用紙の印刷・裁断、数量の確認、配布など、準備は結構大変だったが、「たたきザル」や「鳥飛行機」を嬉しそうに持ち帰る低学年の子を見て、（やって良かった）という思いがあったようだ。

④《思いっきり遊ぶ》――六月「岩西小オリエンテーリング」一一月「岩西小チャレンジゲーム大会」

三回目の児童集会は、「岩西小オリエンテーリング」を実施した。これは、企画集会委員会で次の企画を出し合っている中で、ある子がオリエンテーリングをやったら…と言ったことから始まった。最初は、校区にいくつかのポイントを設けて、それを回ってくる競争をするという案で検討したが、①ただ歩き回るだけではつまらないし、みんなから文句が出る、②晴れていれば暑いし、もし雨天ならできない、③競争だから急いだり走ったりするけど、一年生の子を一時間も連れ回すのはかわいそうだ、などの意見が出て、そのやり方では難しいという結論になった。

話し合いの結果、①梅雨どきでもあるので校舎内で行う、②単純に回るだけではなく、問題を解いたりゲームをしながら回る、③36も仲良しグループがあるので、できるだけ多くのポイントを用意しなければならない、④そのために、明日までに一人が三つ以上のゲーム（ポイントでやるといいこと）を考えてくることを課題とする、…などが決まっていった。

次の日の授業後の企画集会委員会では、それぞれが考えてきたゲーム案を出し合い、その中から実施が可能なものを選んでいった。結果的には21種目を実施した。

このような話し合いで、私が少し嬉しく感じたのは、企画集会委員会の特に六年生の子たちと一部の五年生に、何とか全校の子たちが楽しめる児童集会にしたい、それを自分たちの手で作りたいという気持ちが強く出てきたことだった。これは、一回目の大成功、二回目の小成功で自信を持ち始め、今度の児童集会も今までやったことのない新しい企画で絶対に成功させたいという気持ちがあったからだろう。この気持ちは予想以上に強いもので、この後の準備の時に発せられる担当教師の無理難題（明日までに〇〇をやってくること、など）を見事にこなしていってくれた。

(11)「豆《まめ》のひっこし」（はしで豆《まめ》をはさんでうつす）

おわんに豆《まめ》が30個《こ》入《はい》っている。その豆《まめ》をはしではさんで、もう一つのおわんにうつす。時間《じかん》は、30秒《びょう》。とちゅうで豆《まめ》をおとしたら、その豆はもとのおわんにかえす。

30秒《びょう》で（25個《こ》以上《いじょう》うつせた → 3点《てん》、15～24個《こ》 → 2点、6～14個 → 1点、0～5個 → 0点。

(12)「イントロクイズ」（曲《きょく》のはじめだけをきいて、その曲名《きょくめい》を当《あ》てる）

3問《もん》（3曲《きょく》）出る。曲名《きょくめい》（歌《うた》の題名《だいめい》）がわかったら、もらった紙《かみ》にこたえを書く。

（3問《もん》ともあっていた → 3点《てん》、2問 → 2点、1問 → 1点、ぜんぶちがっていた → 0点。

(13)「えんぴつつみ」（えんぴつを横《よこ》にして、何本《なんぼん》つみ上《あ》げられるか）

3本つんである

えんぴつを左《ひだり》の絵《え》のように、横《よこ》につみます。1本つみ上げたら、かならず手をはなす。時間《じかん》は、30秒《びょう》。

30秒《びょう》で（5本以上《いじょう》つめた → 3点、4本 → 2点、3本 → 1点、1～2本 → 0点。

(14)「投《な》げ入《い》れゲーム」（的《まと》の中に、ゴムボールを入《い》れる）

的《まと》は、バケツ。すこしはなれたところから、ゴムボールを投げて、うまくバケツに入れる。ボールは5つ。

5つのうち、（5つ入《はい》った → 3点、3～4つ → 2点、1～2つ → 1点、0こ → 0点。

(15)「空《あ》きかんボーリング」（10本の空《あ》きかんを何本《なんぼん》たおせれるか）

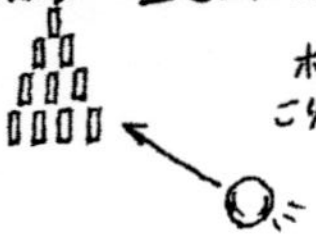

ボールは2回ころがす。1回目《かいめ》に7本たおしたら、2回目はのこりの3本をねらってころがす。2回の合計《ごうけい》が多《おお》いとよい。

（10本ぜんぶ → 3点、8～9本 → 2点、3～7本 → 1点、0～2本 → 0点。

(16)「一休《いっきゅう》さんの動物《どうぶつ》クイズ」（とんちクイズ）

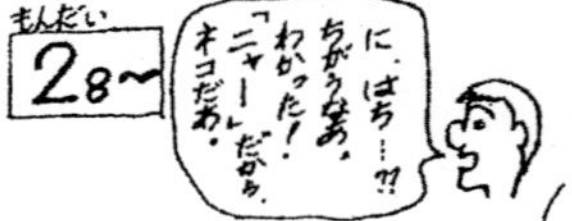

とんちクイズが3問《もん》出る。答《こた》えは、みんな動物《どうぶつ》の名まえ。答えは、もらった紙《かみ》に書く。時間は、1分30秒《びょう》。

（3問《もん》ともあっていた → 3点《てん》、2問 → 2点、1問 → 1点、0問 → 0点。

(17)「3《スリー》ヒントで何《なん》のお話《はなし》」（3つのヒントで、お話の題名《だいめい》を当《あ》てる）

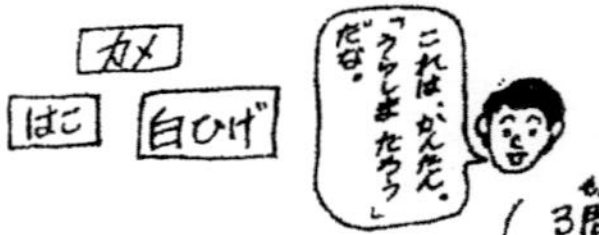

ヒントの3つのことばから、そのお話《はなし》の題《だい》を当てる。答えは、もらった紙に書く。もんだいは、3問出る。時間は、1分半《はん》。

（3問《もん》ともあっていた → 3点、2問 → 2点、1問 → 1点、0問 → 0点。

(18)「数字《すうじ》ビンゴ」（たて、横《よこ》、ななめのどれでも4つそろったらビンゴ）

ななめが4つそろったから、「ビンゴ！」

16のわくの中に、1～30の数字《すうじ》を自由《じゆう》に書き入れる。かかりの人が、数字を言ったら、赤えんぴつで○をつけていく。たてでも横でも、ななめでも、どこかが4つそろったら、大きな声《こえ》で「ビンゴ！」と言う。かかりの人は、15この数字をばらばらに言います。

「ビンゴ」が（3つできた → 3点《てん》、2つ → 2点、1つ → 1点、0こ → 0点。

(19)「ひみつの暗号《あんごう》」（暗号《あんごう》をとく）

「イナダイリワ」

わかるかな?!

↓答《こた》えは…

イナダイリワ
1 3 5 6 4 2 のじゅんによむと、

「イワナリダイ」

暗号《あんごう》が3問《もん》出る。それをうまくといてください。答えは、もらった紙《かみ》に書く。時間《じかん》は2分。

（3問《もん》ともとけた → 3点、2問 → 2点、1問 → 1点、0問 → 0点。

「岩西小《いわにししょう》チャレンジゲーム大会《たいかい》」ゲーム種目《しゅもく》

(1)「サルになりきって」(うんていのスピードきょうそう)

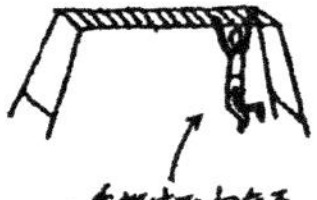

時間《じかん》は、30秒《びょう》。とちゅうで落《お》ちたら、そこでゲームは終わり。どんなわたりかたでもよい。

・手だけでわたる。
・1つぬかし、2つぬかし…でもよい。

30秒で
(おうふくできた ⟶ 3点《てん》
$\frac{3}{4}$いじょう ⟶ 2点
むこうまで行けた ⟶ 1点
むこうまで行けなかった ⟶ 0点

(2)「二人三脚《きゃく》30m走《メートルそう》」

2人組《くみ》をつくる。2人の足《あし》の内側《うちがわ》をひもでしばる。
「ヨーイ、ドン!」でスタート。30mを走《はし》る。
(15秒以内《びょういない》 ⟶ 3点《てん》、20秒以内 ⟶ 2点。
30秒以内 ⟶ 1点、30秒以上 ⟶ 0点。

(3)「竹馬名人《たけうまめいじん》」(竹馬《たけうま》に乗《の》って歩《ある》く)

時間《じかん》は、30秒《びょう》。30mのコースを歩《ある》く(走《はし》る)。

30秒で
(30m行けた ⟶ 3点、20m以上《いじょう》 ⟶ 2点。
10m以上 ⟶ 1点、10m以下 ⟶ 0点。

※ とちゅうで足《あし》を地面《じめん》についてしまっても、そこからまたはじめる。

(4)「とんでけポイ」(くつとばし)

(20m以上《いじょう》とばした ⟶ 3点《てん》、15m以上 ⟶ 2点。
10m以上 ⟶ 1点、10m以下 ⟶ 0点。
※ くつがとまったところ

(5)「ボールけり」(サッカーボールをけって、何《なん》mとばせるか)

(30m以上《いじょう》とばした ⟶ 3点《てん》、20m以上 ⟶ 2点。
10m以上 ⟶ 1点、10m以下 ⟶ 0点。
※ ボールがはじめてはずんだところ

(6)「あおげ あおげ」(風船《ふうせん》をうちわであおぎ、風船《ふうせん》をはこぶ)

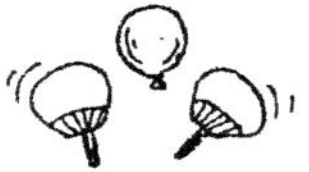

空中《くうちゅう》に投《な》げた風船《ふうせん》を、うちわであおいで、おとさないようにはこぶ。とちゅうでおちてしまったら、そこで終わり。うちわが風船にあたってしまっても終わり。うちわは、2まい。

(7m先《さき》のまとに入れた ⟶ 3点《てん》、5m以上《いじょう》 ⟶ 2点
2m以上 ⟶ 1点、2m以下 ⟶ 0点

(7)「輪投《わな》げでホイ」(輪投《わな》げ)

輪《わ》を5本投《な》げる。

(4本以上入った ⟶ 3点《てん》、2本以上 ⟶ 2点。
1本 ⟶ 1点、0本 ⟶ 0点。

(8)「かくれた言葉《ことば》をさがせ」

しめされた文字《もじ》をならべかえて、言葉《ことば》をつくる。1分30秒で終わり。

(3問ともできた ⟶ 3点《てん》、2問 ⟶ 2点
1問 ⟶ 1点、0問 ⟶ 0点

(9)「空《あ》き缶《かん》つみ」(空《あ》き缶《かん》を何個《なんこ》つみ上《あ》げられるか)

空《あ》き缶《かん》を1個《こ》ずつつんでいく。1個《こ》つんだら、手《て》をはなす。1回でもたおれてしまったら、そこで終わり。時間は、2分以内《いない》。

(10個以上《こいじょう》 ⟶ 3点、7〜9個 ⟶ 2点。
4〜6個 ⟶ 1点、3個以下 ⟶ 0点。

(10)「しりずもう」(勝《か》ち抜《ぬ》きしりずもう)

台《だい》の上に背中合《せなかあ》わせに立《た》つ。おしりをぶつけて、相手《あいて》を台からおし出す。

(3人勝《か》ちぬき ⟶ 3点、2人勝《か》ちぬき ⟶ 2点
1人勝ちぬき ⟶ 1点、1人目でまけ ⟶ 0点。

(29)「早口《はやくち》ことば」（早口《はやくち》ことばを まちがえずに、つまらずに言《い》えるか）

早口ことばの もんだいは、3つ出る。ゆっくりと言っては ダメ。まちがえずに、つまらずに 言えればよい。

（3つとも言《い》えた ⟶ 3点《てん》、　2つ言《い》えた ⟶ 2点、
　1つだけ言えた ⟶ 1点、　1つも言えなかった ⟶ 0点、

(30)「ジャンケン連続勝《れんぞくが》ち」（ジャンケンで何回《なんかい》つづけて勝《か》てたか）

かかりの手《て》と ジャンケンをします。連続《れんぞく》で（つづけて）何回《なんかい》 勝つことが できるかな？

（5回《かい》つづけて勝《か》った ⟶ 3点、　4回 ⟶ 2点、
　2回か3回 ⟶ 1点、　0回か1回 ⟶ 0点、

※ 負《ま》けてしまったら、そこで 終《お》わりだよ！

(31)「フリスビーで ねらえ」（フリスビーを投《な》げて、まとに当《あ》てる）

フリスビーで、まとの空《あ》きかんを ねらって 当《あ》てる。
投げるのは、3回。

（3本たおした ⟶ 3点、　2本 ⟶ 2点、
　1本 ⟶ 1点、　0本 ⟶ 0点、

チャレンジゲーム大会

——岩西小オリエンテーリング（２）——

１．日　時　１１月２８日（土）　８：３０〜９：４０
２．チャレンジゲーム大会のやり方
（１）スタートのしかた
○朝礼のたいけいに集合する
○もちものは、ゲームをやる場所，ルールなどを書いたプリント，得点表
○自分のやってみたいゲームの場所へ行く。
（２）回り方
○それぞれ自分で、プリントと得点表を持って回る。
○１番目のゲームをする。
○得点表に、得点を書きこんでもらう。
○２番目にするゲームは、また自分でえらんで、その場所へ行く。
（あとは、同じやり方で進んでいく）
○つぎの場所へいくときは、ぜったいにはしらない。
○できるだけまち時間の少ないゲームをえらぶようにする。
○まっている時はきちんとならび、じゅんじょよくまつ。
○９：４０になるまで、いくつゲームをしてもよい。
（３）ゲームの終了のしかた
○９：４０になったら、と中でもゲームをやめ、自分の教室にもどる。
○得点表は、たんにんの先生に出す。
（４）とく点の方法
○１つのゲームで、すべて３点〜０点のとく点がとれる。
○どうなったら何点とれるかは、プリントを見る。
○ぜんぶのポイントのとく点を合計して、その人のとく点とする。
（５）じゅんいの決め方
○合計とく点の多い子を１位とする。
（６）表しょう
○１〜１０位の子には、表しょうじょう・しょうひんをわたす。
３．得点表

岩西小チャレンジゲーム大会とく点表

＿＿年＿＿組　名前＿＿＿＿＿＿＿＿

ポイント																	計
点数《てんすう》																	

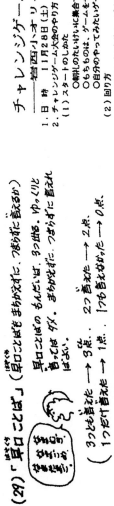

(20)「ごみ飛行機《ひこうき》」(広告《こうこく》の紙から、自分《じぶん》で紙飛行機《かみひこうき》を作《つく》り、とばす)

おいてある広告《こうこく》の紙《かみ》などを使《つか》って、自分《じぶん》でおって紙《かみ》飛行機《ひこうき》を作る。それをとばして、とおくまで飛ばすとよい。とばすのは、1回だけ。とまったところが、何《なん》mか?

(15m 以上《いじょう》 → 3点、　10m 以上 → 2点、
3m 以上 → 1点、　0～2m → 0点。)

(21)「しっかり ねらって」(ゴムボールで的当《まとあ》て)

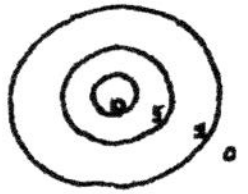

左《ひだり》のような的《まと》をめがけて、ゴムボールを投《な》げる。投《な》げるのは、2回だけ。2回の合計点《ごうけいてん》が多いとよい。

2回の合計点《ごうけいてん》が (15点《てん》以上《いじょう》 → 3点、10点以上 → 2点、
2点以上 → 1点、0点 → 0点。)

(22)「シルエットクイズ」(かげ絵当《えあ》て)

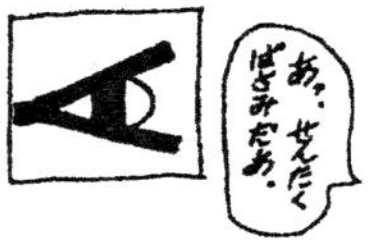

スクリーンにうつったかげを見て、何《なん》のかげかを当てる。3問出る。答えは、もらった紙に書く。

(3問あっていた → 3点、　2問 → 2点、
1問 → 1点、　0問 → 0点。)

(23)「新聞《しんぶん》のばし」(1まいの新聞紙《しんぶんし》をジグザグに切《き》って、何mのばせるか)

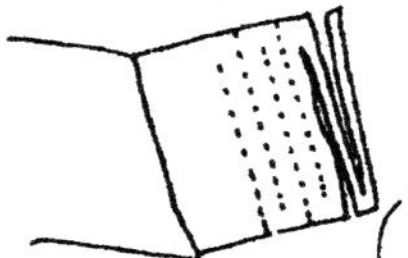

新聞紙《しんぶんし》を左《ひだり》の絵《え》のように手でジグザグに切っていく。とちゅうで切らないで、長くのばしたらよい。時間は、1分。

(長《なが》さが 5m《メートル》 以上《いじょう》 → 3点、　3m以上 → 2点、
2m以上 → 1点、　2mより下 → 0点。)

(24)「ニュークレラップ」(「プ」を、何秒《なんびょう》のばして言《い》うことができるか)

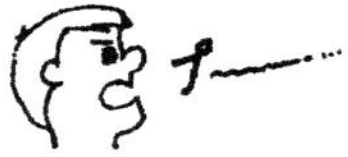

大きくいきをすいこんで、「ニュークレラップ」と言い、さいごの「プ」をずっとのばす。声がとちゅうでとぎれないようにする。かかりの人が時間をはかる。

(　以上 → 3点、　30秒以上 → 2点、
15秒以上 → 1点、　15秒より下 → 0点。)

(25)「トランプピラミッド」(トランプを三角《さんかく》に立《た》てて、何段《なんだん》つめるか)

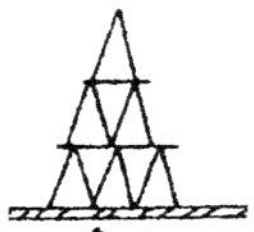

これで 3段《だん》つめたところ

トランプを左《ひだり》の絵のように、三角《さんかく》にしながらつみ上《あ》げていく。時間は、1分30秒《びょう》。

(3段《だん》までつめた → 3点、　2段まで → 2点、
1段だけ → 1点、　1段もダメ → 0点。)

(26)「ボールのタイヤ通《とお》し」(ボールを投《な》げて、タイヤをいくつ通せるか)

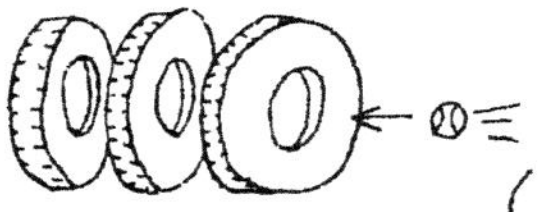

タイヤが左《ひだり》の絵《え》のように立《た》ててある。すこしはなれたところから、タイヤの中のあなを通すようにボールを投げる。投げれるのは、2回。

(3本通《とお》った → 3点、　2本通った → 2点、
1本通った → 1点、　通らなかった → 0点。)

(27)「30m《メートル》後《うし》ろ向《む》き走《そう》」(後《うし》ろ向《む》きで、30mを何秒《なんびょう》で走《はし》れるか)

後《うし》ろを向《む》いて、30m 走《はし》る。少《すこ》しは すすむ方《ほう》を見《み》てもよい。ころばないように気をつけて!

(10秒《びょう》以内《いない》で走れた → 3点、　15～10秒 → 2点、
30～15秒 → 1点、　30秒以上《いじょう》 → 0点。)

(28)「これは だれの声《こえ》」(テープから聞《き》こえる声《こえ》は、どの先生《せんせい》の声か当《あ》てる)

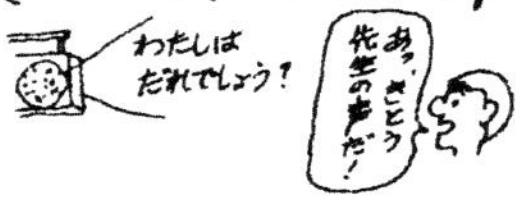

テープから、3人の先生の声が聞こえてきます。その声が、どの先生の声かを当てる。答えは もらった紙に書く。

(3人とも あっていた → 3点、　2人 あっていた → 2点、
1人だけ あっていた → 1点、　1人もあたらなかった → 0点。)

この「岩西小オリエンテーリング」もおおむね好評ではあったが、私としては必ずしも成功したとは言えない。それは、①準備が大幅に遅れたこと、②時間のかかるポイントがいくつかあって、そこでたくさんのグループが待つことになってしまった、③全員がやれるゲームが少なく、見ているだけの所がいくつかあった、④18人で一緒に回るので、移動が大変だった（迷子も多く出た）、⑤自分のやりたいゲームが選べなかった、⑥得点の基準がちょっと厳しいゲームがあった、…などの欠点があったからである。

これらの反省を活かす形で、秋に改良型の「岩西小チャレンジゲーム大会」を行うことになった。もう一度「岩西小オリエンテーリング」のようなものをやりたいという希望が各クラスから多く出されたことによる。

この「岩西小チャレンジゲーム大会」は、①ゲーム数を31に増やした、②二人組を作ってまわれる、③ポイントが自分で選べる、④得点を簡単・明快にした、⑤一つのゲーム時間を短くし、差を少なくした、⑥ゲームをする時間を増やした…などの改良・工夫をした。準備の大変さは相変わらずだったが、一度経験済みで企画集会委員の子たちが要領を分かっていたため、思ったほど手間取らなかった。

「岩西小チャレンジゲーム大会」は、大きな混乱もなく、全校の子どもたちがかなり満足した。やはり、自分でやれる、自分で選べる、得点も自分のものである、たくさんのゲームにチャレンジできた、…などがその要因だったように思う。企画集会委員の子どもたちは、自分の分担場所にいてそこに来る子たちにゲームをさせるのに精一杯で、集会全体を見ることは当然できない。しかし、同じクラスの子たちの「評価」が割といいことに充実感を持ったようだった。

⑤《遊びの広がりを！》――二月「仲良しグループで遊ぶ会」

「仲良しグループで遊ぶ会」を二月に実施した。これは、「仲良しグループ」ごとに自分たちがやる遊びを決め、割り当てられた場所でそれを行うものである。

この集会も若干の改良をした。①従来は運動場のみを使用し、それを36グループが分割して使っていたが、今回は『運動場と教室の両方を使用し、前半と後半で場所を変わる方式』とした。②ほとんどが「ハンカチ落とし」や「ドッジボール」などしかやらなかったのを打破するために、『おもしろゲームブック』を企画集会委員会で作成し配布した。③班長さんの事前指導をし、ゲーム指導や雰囲気づくりのコツを教えた、などである。

集会の前日には、運動場いっぱいに様々なラインが引かれ、ゲームに必要なものを準備する六年生の子たちの動きが目立った。また、集会後の学級レクや休み時間の遊びに新しい遊びが加わっていった。

⑥《楽しめる20分集会を！》――一〇月「岩西すごろくクイズ」

児童会・企画集会委員会の活動として、もう一つ「20分集会」がある。これは、業前の時間（8時30分〜8時50分）を使った小集会である。この年度に実施した20分集会をすべて列挙してみると、次のようになる。

(1)　5／8　仲良しグループの編成・自己紹介
(2)　6／11　美化委員会からの発表
(3)　6／25　保健委員会からの発表
(4)　7／16　陸上・水泳大会選手激励会

(5) 10／6　部活選手激励会
(6) 10／8　岩西すごろくクイズ
(7) 10／31　読書まつり（図書委員会）
(8) 11／12　合唱部の発表
(9) 2／22　バレーボール選手激励会

この中で企画集会委員会が全面的に責任を持って行ったのは、「岩西すごろくクイズ」である。これは、「一年生と遊ぶ会」の中の大好評だった「岩西っ子天才クイズ」の改良型のゲームである。①全校の児童が一斉に○か×の位置にわーっと移動するのでダイナミックである、②途中で失格にならず、最後まで全員が参加できる、③途中で逆転があり、クイズ王がはっきりと決まる…などの良い点があった。

⑦二年目（九三年度）の児童集会

次の二年目は、小さな改善を加えつつも、基本的には前年度の好評だった児童集会の内容を引き継ぐ形で実施していった。実施した児童集会は、以下のとおりである。

◎「一年生と遊ぶ会」（5／1）
四つのゲームを体育館で全校一緒に行った。「山びこ歌合戦」「いも虫ジャンケン＋もしもしかめよ」「進化ジャンケン」「仲間づくり＋○×天才クイズ」

◎「仲良しグループで遊ぶ会」（5／29）
運動場と割当教室で、前後半に室外・室内の遊びをした。（『おもしろゲームブックⅡ』作成）

◎「逆転オリエンテーリング」（6／19）

四つのゾーン・23のポイントでゲームをした。一・六年、二・五年、三・四年の小グループごとにポイントを回った。

◎「手づくり遊び集会」（11／12）

「紙トンボ」「新聞紙フリスビー」の二つを作った。手作りおもちゃを作ってから、仲良しグループでルールや得点を工夫して遊べる時間を確保した。

◎「岩西ミニ・オリンピック大会」（1／22）

運動場で、仲良しグループ対抗のミニ・オリンピック大会を実施した。「借り物競争」「障害物リレー」「宝さがし」の三種目

◎「卒業生を送る会」（3／11）

三　児童集会以外の活動は…

1　代表委員会での《話し合い》

各学級の学級委員・各委員会の委員長・児童会役員が参加する「代表委員会」は、およそ月に一回のペースで開かれている。児童会活動で難しく、本校でも前年度までなかなかやれなかったのが、《話し合い》である。担当として、「代表委員会」を中心に各クラスでの《話し合い》ができるようにしたいと考えていたが、やはり難しかった。

わずかにできたのは、

①「仲良しグループで遊ぶ会」の案を児童会としてA～D案の四つ示し、それを各クラスに持ち帰

り、その中から希望する集会の内容を選んでもらう形で《話し合い》をしてもらう。
・代表委員会に各クラスの意見を持ち寄る。
・D案(手作りおもちゃ)が圧倒的多数のクラスで支持を得る! 従って、第二回の児童集会は、「手作り遊び集会」に決まる。
・C案(仲良しグループ対抗のゲーム)が第二番目の人気だったので、次の児童集会は、C案を基本に考えていくことを決定する。
・企画集会委員会で用意していたのは、「ブーメラン」と「たたきザル」の二つだったが、六年二組から「紙飛行機」を作ったらどうかという提案が出され、代表委員会の話し合いで多くの賛成を得たので、それをつけ加えることになった。
②第五回代表委員会(7月7日)での「グリーンマーク集め」を始めることを決定。
③第八回代表委員会(11月9日)で、11月28日の児童集会の希望を一週間以内に各クラスで聞いてくる。
④第九回代表委員会(12月14日)で、一月の児童集会の希望を二学期末までに各クラスまとめてくる。
⑤第一〇回代表委員会(1月14日)で、「仲良しグループ」ごとに遊びを選んでやる児童集会に決定。

資料　児童会　提案プリント

5.「なかよしグループで遊ぶ会」について

1 日時　5月27日(水)　8:30〜9:30

2 内容の案《あん》

下の4つの案の中でよいものをクラスで決めてきて下さい。
(5月19日(火)まで)

児童会役員の三好・神戸・高津のだれかに知らせて下さい。

A案 去年までと同じように運動場を各グループに分け、
各グループでそれぞれ遊びを決めて遊ぶ。
例 だるまさんがころんだ,ころがしドッチ・・・・

B案 A案と同じように、各グループごとに遊ぶ。ただし場所を
教室と運動場とし前半と後半で場所を交代する。
※室内でのゲームもできる。

C案 企画集会委員会が中心になってなかよしグループ対抗の
ゲームをする。場所は運動場か体育館。

D案 なかよしグループで1〜6年生が助け合って遊べる
手作りおもちゃを作って遊ぶ。
例 ブーナラン,たたきザル,わりばしでっぽう…
のうちから、1つか2つを作って遊ぶ。

このように、各クラスの討議におろし、その結果を代表委員会で《話し合い》決定していくということは、児童集会の提案についてのことがほとんどで、その他の議題はほとんど取り上げられていない。これは、①児童会活動が、児童集会中心の活動になってしまっていた、②《話し合い》を促すような提案ができていない、③教育課程や学校週五日制の関係で、学活の時間が従来のように取れないし、自由に各学級で話し合いができる時間がとれない、…などの原因による。反省点である。

2　募金活動など

従来から取り組んでいた「緑の羽根募金」も継続として行ったが、新しいことにも取り組んだ。

①「グリーンマーク」集め開始

②「サハラ砂漠の難民に送る缶詰100万個」運動に参加

③「ケニアの子どもたちへの古い文房具を送る」活動に協力

④九三年度七月から、PTAのお母さん方の有志がボランティアでやってみえた「牛乳パックの回収」活動に協力。九四年二月から、校区の方にも児童会作成のちらしを配布して、協力を呼びかけた。収益金の使い道として、希望図書のリクエストをとり、回収によってもらえた図書券で本を購入した。

四　「こきつかってください！」の限界

「はじめに」で書いたように、企画集会委員＝高津宏子さんの言葉「こきつかってください！」は、ここにレポートしたような児童集会活動を企画集会委員として一年間やってきた実感からでてきたものだったのだろう。

私は、この「こきつかってください！」を聞いた時とても嬉しく思った。それは、まずいろいろ問題点やつらいことがあったにもかかわらず、立候補してまたこの同じ企画集会委員会に入ってくれたからである。ほかにも、松中祐紀さんの顔もある（この子は、後期児童会会長になった）。男子の坂本崇君も、児童会役員として今年もいてくれる。また、クラスで立候補したのに希望者が数人いて、ジャンケンで負けてしまい、企画集会委員になれず泣いてしまった花村沙織さんのことも考えた。

それに、「こきつかってください！」の言葉に、強い《やる気》が込められていたからである。昨年度の一年間、その前の年までとは大きく違う児童集会を一緒に作ってきたという自信と今後への決意が感じられた。昨年度の活動が、この子にとってかなりやりがいのある仕事だったことの証拠に思えた。

その一方、私自身がこの「こきつかってください！」の問題点を今は強く感じている。自分としては、《子どもたちを前面に立てて》《子どもたち自身の手で創り上げていく》児童会活動を！と考え、そういう気持ちでやってきたつもりであったが、決してそうはなっていなかったんだなあ…と感じさせられた。「つらい」ことがたくさんあり、鬼頭先生の指示に従って働いてきたという感覚を持っているのだろう。自分たちが主人公だとは考えてはいないのだ。

「はじめに」で、「この『こきつかってください！』という言葉の中に、私の指導した児童会活動の肯定面と問題点とが表れているように思う。」と書いた所以である。

高津さんは、卒業前の学校新聞に次のように書いた。

「『楽しくつらい集会づくり』

企画集会委員会とは、きびしくて楽しい委員会です。一分間で集会の案を出さなければならない時もあります。むし暑い体育館の中でのリハーサルや寒い運動場での司会。声がガラガラになるまでやりました。でも、この仕事が心に残るよい思い出でもあります。」

二年目も、基本的には一年目と同じようであったことをこの文は表している。

九二年度の卒業式三日前に「企画集会委員会・お別れ会」を児童会室で行った。ビンゴゲームや風船割りゲーム・クイズ・罰ゲームなどをして、大いに騒いだ。一年間ずっと裏方に徹してきた分を取り戻すように…。短い時間だったが、私も本当に楽しかった。

次の年（九三年度・児童会担当二年目）の終わりが近づいたころ、六年生が『企画集会委員会・お別れキャンプ』の計画案（呼びかけ）を書いて私の所に持って来た。それは、三月の春休み中に「春日井市少年自然の家」を利用して、企画集会委員会のメンバー全員で一泊二日のキャンプをやろうという計画案だった。

この計画は、企画集会委員・六年生の女子によるものだ。自分たちで話し合い、休みの日を利用して「春日井市少年自然の家」に下見に行き、料金を聞いてきたり利用する施設などを見てきたりして作ったそうだ。

この『企画集会委員会・お別れキャンプ』は、様々な事情で残念ながら実現できなかったが、企画集会委員会として『お別れキャンプ』をやろうという気持ちになっていてくれたことが嬉しかった。

五　おわりに

①学校五日制・教育課程との関連で

大河内清輝君いじめ自殺事件に関連して、「学校とは何か?」が今こそ問われている。やはり子どもたちが楽しく生き生きと活動する所でないと、子どもたちにも《ゆとり》のある場でないと、ということが改めて見直されている。

しかし一方では、九五年度から月二回の土曜休日となるのに伴って、市内のいくつかの学校では「授業時数の確保」という名目で「平日への上乗せ」や無理な「行事の精選」が強行されようとしている。春の遠足をなくしたり児童会行事が削られたりしている。

そんな中、本校では、①五日制本来の主旨である《ゆとり》を大切にしていこう、②標準時間数の確保に必ずしもこだわらない、③本校独自でも教育課程の見直し・精選をしていこう、④教科も大事だが、子どもの自主的な活動も大事にしていこう、というような大まかな確認が職員会でなされている。

それにもとづき、児童会活動については、「一時間単位の集会では、企画集会委員が準備して他の子が遊ぶ、という形態からなかなか抜け出せない」「委員はがんばるが、全校の自主的な活動とは言えない」という係の反省と、「もっと回って遊ぶ時間がほしかった」という子どもたちの声と二年間の児童集会の評価から、6時間だった枠が次年度より8時間へと増やされた。この時間を本当に有効に使っていかなければならない。

②職場づくり・学校づくりの観点から

どんな児童会活動が行われているかということが、その学校の雰囲気を大きく左右する面を持っていると思う。

児童集会などを心から楽しんでいる、興奮するぐらい熱中している子どもたちの姿があり、それを支えるためにがんばっている子どもたちの姿のある学校は、画一的に上から子どもたちを押さえ付け管理していく方向には向かいにくい。「子どもたちって、なかなかのもんだね」「子どもたちが生き生きしていることがやっぱり大切だね」などの《合意》が職員室の中でできていけば、学校は少しずつ変わっていく。

③新しい集会づくり

本校の児童会活動は、《子どもたちの手による》活動にはなっておらず、まだ子どもたちも教師も『学習』『体験』の段階であり、「はじめの一歩」を踏み出したばかりの段階である。

しかし、九四年度に私のあとを引き継いでくれた若いY先生と子どもたちは、2月18日に行った「冬祭り」を見事に成功させてくれた。これは、縦割りの班でそれぞれがお店を出し、全校で楽しもうというものである。「わたがし」「もぐらたたき」「ジャンボパチンコ」「巨大迷路」や「スライム作り」「ろうフラワー」「折り染め」など14のお店が校舎のいろいろな場所に開かれた。決して「きちんと」「きれいに」できたわけではないが、受け身で「遊ばせてもらった」のではなく、子どもたちが自分たちで企画し試行錯誤しながら分担準備していった。当日も時間枠の拡大により、二時間通しの集会だったので、以前の集会よりも満足度が高かった。今後の集会のあり方を示してくれたような気がした。

子どもたちが輝く卒業式をめざして

はじめに

卒業式をもう少し改善したい―これは、わたしの長い間の念願でした。新任で五・六年生を持ち上がりで担任し、初めて卒業生を送り出した時以来の思いです。

壇上にどんと掲げられた「国旗」、それに一礼してから式辞を述べる校長や来賓、式の流れの中で不自然な「国歌斉唱」、卒業生の別れの言葉が日の丸を背にした壇上の校長に向かったまま言われるという式場の形、卒業証書をもらう我が子の背中しか見えない親、…など、とにかく形式的で、誰が主人公の式なのかと疑問に思いました。

毎年二〜三月に行われる職場の年度末反省会では、必ずと言っていいほど卒業式の改善を意見として述べてきましたが、形式が大きく変わることはありませんでした。

三つ目の勤務校である西山小で、六年生を担任した年に隣のクラス（学年二学級）のN先生と相談して卒業式の改善を試みました。N先生は勉強熱心で、いい事であれば今までのやり方にこだわらず積極的に変えていこうという意欲を持った若い先生でした。

二人がお互いに、卒業式についての本を何冊か読み、どのように卒業式を改善したいかを話し合い、そして、二人で改善点を詰めていきました。

改善点の中心は、ステージ前にひな壇を作り、そこに卒業生を座らせ、体育館中央に置いた演台の所で卒業証書をもらうようにしよう、呼びかけも卒業生と親や在校生がきちっと向かい合って顔を見て言えるようにしよう、というものでした。そして、どのようにひな壇を組むか、演台までの「花道」をどのように作るか、式場の形をどうするか、などの細かい案をN先生が作成してくれました。その案を持って校長先生に相談に行きましたが、結果はだめでした。普段は「みんなに任せるから」とほとんど口出しをされず、割と自由に何でもやらせてくれる校長先生でしたが、この時の返事は「あんたたちの気持ちはよく分かるが、卒業式にはいろんな人がみえる。大きく変えることはできない。」「わしの眼の黒いうちは、そういう卒業式には変えれん。」というものでした。卒業式という「行事」を変えていくということの「壁」の厚さを思い知らされました。

現在の勤務校（岩成台西小学校）でも、他の学校と同じように「普通の」卒業式を行っていました。以前と同様に、毎年の年度末反省などの折には、「卒業式は対面式でやった方がよいのではないか。」という意見を出してはいましたが、賛成の声は聞かれず、なかなか議論にもならないのが実態でした。また、私自身が転任以来四年間はずっと低学年担任であったせいで、卒業式の具体的な案の作成には係われないでいました。

九四年度、六年生の学年主任だったY先生が、卒業式を対面式でやってみたいという考えを持たれ、卒業式の案を作成する段階で（校長先生や教務主任との話し合い、五・六年生担任での話し合い）そのことを提案されたが、賛成が得られず、結果的には「例年通りで」ということになってしまいました。

今までのやり方を変更するほどの積極的な理由があまりない、対面式で演台が中央にあると卒業証書の授与や式辞などを校長先生が保護者に背中を向けて行わなければならなくなる、日の丸の位置、準備の大変さ、…などがその理由だったようでした。

一　九五年三月の卒業式・改善のポイント

前の年は一年生の担任でしたが、九四年度は急に依頼されて六年生の学年主任をすることになりました。職員会で卒業式の改革が認められ、その後に行った保護者との懇談会の資料には、次のように書き、卒業式の持ち方について、変更のポイントを話して保護者の方に理解を求めました。

卒業式の持ち方について　《今年度の卒業式の変更点》

①式場づくり　（「式場図」を参照のこと）
　※卒業生を「卒業式」の主人公に！
　※卒業証書をもらう時の顔が見えるように（みんなの中心でもらう）
　※別れの言葉（呼びかけ・歌）は、在校生としっかり向かい合って
②男女混合名簿で行う
③呼びかけは、一人ひとりが自分の言葉で！

ポイント①＝対面式・フロア方式

改善の第一は、「対面式・フロア方式」にしたことです。だれが主人公の式なのか分からないような式場の形ではなく、仲間である卒業生・在校生・教職員・来賓、そして保護者の方に見守られながら、それらの人たちの真ん中で卒業証書をもらえるようにしたかったからです。また、この方式であれば、「まわれ右」などしなくてもよく、そのままの形で自然に進められるのです。「卒業証書授与式」

という名前は従来のままですが、卒業していく子どもたち一人ひとりが主役になるためには、従来の形式ではなく、この「対面式・フロア方式」が必要であると思うからです。(「式場図」参照)

卒業証書授与式式場図

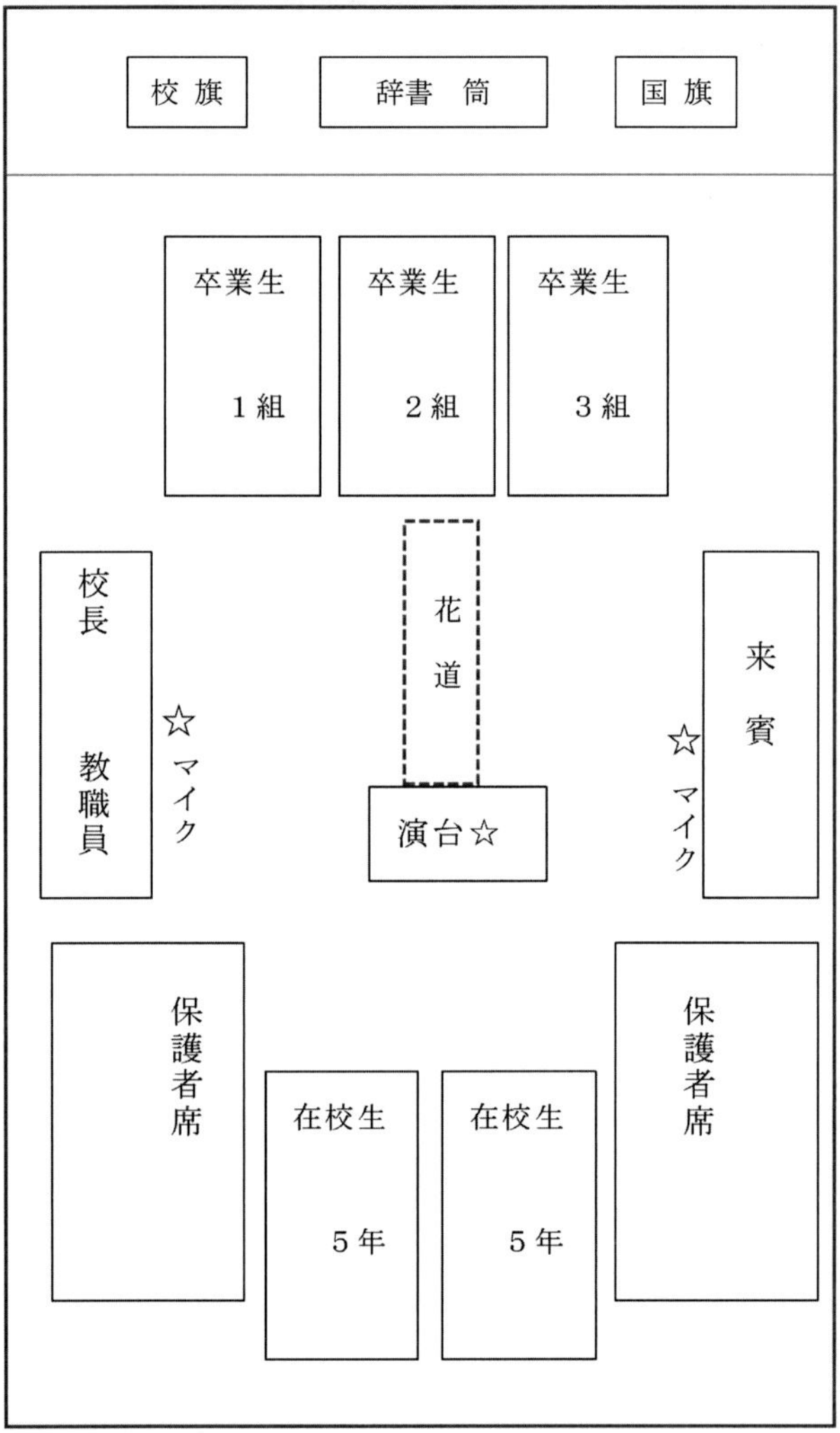
校 旗
辞書 筒
国 旗
卒業生 1組
卒業生 2組
卒業生 3組
花道
校長 教職員
☆ マイク
演台☆
☆ マイク
来賓
保護者席
在校生 5年
在校生 5年
保護者席

ポイント②＝男女混合名簿で

改善点の第二は、卒業証書をもらう順番を「男子が先で、女子は男子の後」というものから、「男女混合名簿」にしたということです。これは、男子も女子も一緒にして、単純に五十音順に並べたものので、この順に卒業証書をもらうわけです。六年生担任の意見として男女混合名簿を提案したことについては、校長先生が大変理解を示してくれました。しばらくの間社会教育に携わっていた校長先生は、「男女混合名簿というものは特別のものではない。社会教育の場では当然になってきているので、これからは学校でもできるところからやっていかねばならないだろう。誰も言わなければ私が提案したいくらいだった。六年生の担任の先生方はいいことを提案してくれた。」と言ってくれ、実現しました。

ポイント③＝呼びかけを自分の言葉で

改善点の第三は、卒業式の中で一番大切な「別れの言葉」（呼びかけ）を、卒業生一人ひとりが自分で考えた一言を言うようにしたことです。

前年度までは、例年使うある程度決まった文案があり、その年の子の意見を多少採り入れてその文案を修正する形で呼びかけの文を教師が作成していました。それを全体の五分の二ぐらいの子がソロで言ったり、全員で声を揃えて言ったりしていました。

今回の呼びかけ作成の手順は、次のようなものでした。

a「思い出」1／3、「親などへの感謝・在校生への言葉」1／3、「中学校（将来）に向けての決意」1／3、の割合になるように、一人ひとりが文を書く（20字前後）
b　自分で決めた文を、画用紙を切った短冊に書く
c　短冊を並べ変えるやり方で、全体の構成を考える（教師が）
d　重複している内容のものを本人の承諾を得て変更してもらったり、つなぎの言葉を言ってもらう承諾を得たりして、完成させる

この呼びかけを作成していく過程では、同学年のB先生の奮闘がありました。国語専門のB先生が、全体の構成や細かい文章の修正を考えること、さらには一人ひとりの言い方についての丁寧な指導などを、中心となって引き受けてくれました。その熱意・迫力には、感心させられることばかりでした。

二　呼びかけにこめた子どもたちの想い

一人ひとりが自分で考えた言葉を言うようにした事は本当に良かったと思っています。本当に短い言葉の中にも、その子その子の想いがあるからです。何人かの言葉を紹介したいと想います。

花井邦雄君　「最後の運動会。応援団長としてがんばりました。」

花井君は、やや勉強が苦手で、四月当初は学級通信に載せたクイズでさえ算数に関係しているからと最初からやろうともしなかった子でした。しかし、歴史の学習などをきっかけに徐々に学習への意欲を見せるようになってきました。そんな中、運動会では、その大柄な体を活かして赤組の応援団長をやってくれました。しっかり者の女子の団員に「団長しっかりして」と注意されながらでしたが、

また結果的には最終種目の大玉送りの結果で白組に惜敗してしまうのですが、団長をやりきったという満足感があったようでした。運動会後に書いた作文では「僕は、秋の大運動会で**初めて**活躍をしたと思う。」と書いていました。そして、応援団長らしい太く力強い声で、この一言を体育館に響かせてくれました。

砂田直子さん　「この六年間で、身長が40㎝も伸びました。」

この文を初めて見た時には、「へえー、そんなに背が伸びたんだ。すごいなあ。」と思っただけでした。クラス一やせっぽちなのに、シンクロナイズド・スイミングの練習に週四～五回も通い続け、しかも四月から卒業までずっと一日も休まず自学ノートをやり通したがんばり屋の砂田さんです。自分でも自分の体をいとおしく思い、ほめてやりたかったのかもしれないなと思いました。

お母さんから式後に戴いた手紙には「短い言葉でしたが、身長45㎝、体重２２００ｇで誕生したその日からの十二年間を思い出させてくれました。」とありました。

柴山麻衣さん　「転校してきた一年前。緊張していたけど、すぐに友達ができて、安心しました。」

柴山さんは、六年生になる時にとなりの学校から岩西小に転校してきました。とても感受性の強い柴山さんは、初めての転校に大きな不安を抱いていたようでした。最初のうちとても緊張している様子が伝わってきました。授業後も前の学校で仲良しだった友達と遊ぶことが多かったようです。しかし、持ち前の明るさとやさしさが発揮されるにしたがって、クラスの中にすーっと溶け込んでいきました。卒業式当日は、すばらしく気持ちのこもった声でこの言葉を言いきってくれました。

前園昌吾君　「将来、天文学者になり、新しい発見をしたい。」

前園君は、他の人とはちょっと「変わった」存在として、クラスのみんなに一目置かれていました。それは、いろいろな事に関する感じ方や行動が少しみんなと違っていたり、何かブツブツ言っているなと思ったら円周率を160桁ぐらいまで暗記していたりして、みんなを驚かせるような子だったからです。だから、「天文学者になり、新しい発見をしたい。」と前園君が言っても、クラスの仲間にとっては違和感なく納得できてしまう言葉でした。

阪本知子さん　「父、母のように一人前の花屋さんになることが私の夢です。」

阪本さんの家は、花屋さんです。卒業文集にも「夢に向かって」という文章を書いた阪本さんは、全国で何万軒もある花屋さんの中でも「客受け」や「配達」分野で上位にランクされたり、市でも大事な仕事を任されたりするような花屋さんであるお父さん・お母さんが大の自慢なのです。だから、お兄ちゃんがいることなど関係なく「今のお父さん以上の二代目になりたい」と卒業式で宣言したのです。

三　実際の卒業式は…

Aすばらしい「希望」のはり絵（p.86の写真を参照）

卒業生が座っている後ろ(ステージの正面)には、五年生の子どもたちと先生方が作製してくれた「希望」のはり絵が飾られました。これは、五年生の子にデザインを募集し、その中からふさわしいものを選び、そのデザインを基に決定したものです。昨年度までは、その位置に「日の丸」がありました。このすばらしい労作のおかげで、式場の雰囲気が、昨年までとは一変したように思われました。そして、この「希望」のはり絵のある式場で卒業生を送れることに誇りさえ感じました。五年生の子どもたちと先生方には、本当に感謝の気持ちでいっぱいでした。

B 緊張で、涙も出ない?!

「呼びかけ」の一言を、みんな体育館の後ろまで十分に聞こえる声で堂々と言ってくれました。しかし、一人ひとりが自分の言葉を言わなければならない、合唱も上手に歌わなければ…ということで、最後まで緊張していたためか、式の最中は涙はほとんどなしの卒業式でした。親と担任は別として。（「別れのことば」の中で歌った曲は、「ふるさと」「巣立ちの歌」「またあう日までさようなら」「Let's search for tomorrow」「校歌」でした。音楽専科のH先生の指導で合唱が得意な子どもたちの歌声は、さわやかに体育館に響きました。）

C うれしい担任へのプレゼント

式の直後、花束、全員の似顔絵が描かれている色紙、担任への手紙を手渡されました。さらに、式が終わった教室にその日の午後行ってみると、私の似顔絵や私の「サイン」を刺繍したハンカチや手づくりのクッキーが手紙と共に机に置かれていました。また、午後に何となく（？）集まってきた子たちが、校庭に「先生、ありがとう」と靴を引きずって大きな字を書き、二階にある職員室にいた私を下から呼んで、「先生、うれしい？」と冷やかして（？）いきました。十二月に私に秘密で「先生の誕生日会」をしてくれた時も本当にびっくりし嬉しかったのですが、卒業式の日のプレゼントも胸にぐっとくるものがありました。いろいろあったけれど、やっぱり六年生の担任はいいものだなあと実感しました。

希望

四　卒業式後に、お母さんからいただいた手紙

「子ども一人一人が主役の卒業式をありがとうございました。最後の最後までしっかり心をこめて送り出していただき感激しました！

一番心に響いたのは、やっぱり一人一人の子どもたちの《ことば》です。それぞれが自分の思っている事、考えた事を《ことば》にして表すっていいですね。ジーンとくるものがありました。ついこの間生まれたばかりの子が、もうこんなに大きくなって、うれしいのかさみしいのか分からない複雑な気持ちになりました。

また、親と子の対面の形は、子どもの気持ち・表情がぴーんと感覚として伝わってきて、我が子の成長を実感として感じ取ることができました。お互いに壇上でなく人間を見合えるというのがいいですね。

こういう卒業式に出席させていただき、親として幸せな時間を過ごす事ができました。最後の最後まで、手のかかる子どもたちの教育に熱意を注いでいただき感謝してもしきれないくらいです。

一九九五年三月」

「…前略…式場に入ってまず目についたのは、正面ステージに掲げられた絵です。日の丸の旗ではなく、たくさんの鳥が空高く舞い上がる様を描いた大きな作品でした。聞けば五年生の共同作品とか。かなりの力作で、子どもから大人へ向けて羽ばたいていく卒業生の子どもたちにぴったりで、すがすがしくさわやかな気持ちになりました。（中略）

新方式は、形式よりも、先生よりも、卒業する子どもたちがとにかく主役…卒業生のための卒業式という感じがひしひしと感じられました。そして、《大きなランドセルを背負って入学した子どもた

ちが、こんなに立派に大きくなって…》と感傷にひたっているだけでなく、それ以上に、巣立っていく卒業生に《これからもがんばって！》と、エールを送る卒業式であったように感じました。」

五　この卒業式ができたのは…

このような手紙を戴いたりしたこともあって、私としては百点満点の卒業式がやれたという感慨がありました（勿論、現在の状況の中ではという意味ですが）。ここで、この卒業式ができた要因を簡単にまとめてみたいと思います。

まず第一に、学年の先生の意志の一致と協力があったからです。担任として子どもたちにできるだけ《最善のこと》をしてあげたいという想いで一致していたからです。

第二に、一年間だけの担任であり取り組みではありましたが、できるだけ《子どもたちを前面に》ということを大切にしてきました。

例えば、運動会の開会式・閉会式の進行は、それまで教頭先生が堅い感じで行っていたものを、この年から児童会の子どもたちが全てやるようにしました。その他、「誓いの言葉・準備体操・整理体操・歌の指揮」等も全て子どもたちが壇上に上がって行い、子どもたちが運営する運動会に変えました。（運動会では、そのほか「入場行進」を取り止めたり、開会式で君が代を流しての「国旗掲揚」を取り止めたりしました。）

児童会活動でも、できるだけ子どもたちの声を大事にし子どもたちの出番を多くしていこうと努力しました。児童集会「冬祭り」では、縦割りグループごとに「折り染め」「ろうフラワー」「巨大迷路」「スライム作り」「わたがし」「バザー・古本市」…などの模擬店を六年生が中心となって準備し大いに楽しみました。

　修学旅行の取り組みとしては、実行委員会を作って、みんなの声をアンケートをとって聞き、部屋割りやお小遣い、持ち物などについての要求にできる限り応えていくようにしたり、「実行委員会ニュース」を発行して情報を流したりしました。

　こうした取り組み、積み重ねの中で、職場の先生方の子どもたちへの見方も少しずつ変化していったように思います。それは、《子どもたちが生き生きしているっていいね》《もっと子どもたちを信頼してもいいいんじゃないか》《結果よりも過程を大事に考えよう》という方向だったように思います。

　第三に、校長先生や教務主任の先生の理解や積極的な協力があったからです。

　第四には、この数年間で積み重ねてきた【職場の教育的合意】があると思います。

　例えば、本校では、校長会作成の「市統一通知表」を使用せず、九四年度から学校独自で通知表を作成するようになっています。通知表検討委員会を中心に、全員の意見を集約する形で「子どもにも親にも分かりやすい通知表にしていこう」と毎年努力を重ねています。学校五日制の実施に伴う行事の精選や改革も、「単に削減するだけでなく、子どもたちにとって意義のあることは逆に充実・確保していこう」という方向でなされています。その他、教員が減っていく中でも担任の授業持ち時間数を増やさないようにしていくことや、現職教育（校内研究）として岩西っ子の実態を話し合い、そのことを年度始めに決める「重点教育目標」に反映させていくことなどが、教務主任の先生を中心になされています。

　このような【職場の教育的合意】の積み重ねの中で、「子どもたちにとっていいことなら、多少の時間や手間がかかったってやろうじゃないか」という雰囲気ができつつあるのだと思います。

六　これからの課題

このように、従来の卒業式を少し改善することができましたが、課題は少なくありません。

第一に、卒業式を創っていく上で、子どもたちの参加を保障することです。この卒業式の当日は確かに子どもたちが【主役】でしたが、【主人公】にはなっていませんでした。子どもたちが真の【主人公】になるためには、どのような卒業式にしていくかという計画の段階から、子どもたちの意見を聞いていく必要があると思います。また、練習にしても先生の一方的な指導だけでは良くないことは明らかです。

第二には、卒業式を【最後の授業】と位置付けられるようにするためにも、日常的継続的な学級・学年づくりの質を高めていくことがどうしても求められます。最後の卒業式だけが、そしてその形式だけが問題ではないわけですから。

その他、「君が代」「日の丸」問題も、依然として残っています。

どの課題も大きなものですが、次年度（九五年度）の卒業式で卒業生の席がひな壇に改善され、卒業生の顔が一段とよく見える式場になったように、小さな所から職場の合意を広げながら一歩一歩進んでいきたいと思います。

第三章　授業で大切にしたいこと

～「学校スタンダード」に抗う～

現場教師の《学力》論

～【楽しさ】を基本的な視点として～

はじめに

学習を「きらい」「苦しい」と感じている度合いが高い、また、獲得したはずの知識も、受験などが終わると急速に忘れてしまうような「剥落」する性質を持っている、…等は随分以前から日本の子どもたちの特徴として、指摘されていたところでした。

また、昨年末に発表された国際的な学力調査でも、日本の子どもたちは、「無答」の割合が高かったり、家庭での学習時間が少なかったり、算数・数学と理科が「好き」「生活に役立つ」と考えている子が極端に少なかったりする点が明らかになりました。

学習に対して、このような状態であることこそが、深刻に受け止めなければならないことです。新聞記事などで騒がれているように、「日本の順位が○位に落ちた！」だけに注目することは、あまり意味がありません。

この状況に対して、「『詰め込み』より『たたき込み』」と言い放つ中山文部科学大臣の「方針」が、子どもたちにいい結果をもたらすとは到底思えません。

しかし、学校現場には、「学力低下対策」として、a授業時間の「確保」　b総合学習の見直し　c学力テストの実施　d習熟度別学習　e「基礎基本」の鍛錬…などが押し付けられ、それに振り回されている実態があります。

そんな中で、子どもたちのことを真剣に考えている教員の間でも、揺らぎや混乱が起きているように思います。今大切なことは、子どもたちの目線で考えること、子どもたちにとって学習が少しでも意味あるものになるように、どのような学習を作っていけばいいのかを考えていくことだと思います。

一　子どもが楽しいと感じるのは？

6年生の岸君は、一学期の終わり頃の学習日記に次のように書いてくれました。

『鬼頭先生の理科の授業の分析』

「鬼頭先生の理科の授業は、とても楽しいと僕は思う。授業で、理科の教科書にのっていないことをやるからだ。教科書にのっていないことをやると、家の人に『こういうこと知ってる？』とか言って、自まんできるからだ。それに、横道にそれると、楽しいことばっかだからだ。授業中なのに、食べながら実験をする。まさに天国の様な授業だ。それに、教科書をめったに見ないから、考える力が大きくなっていくなと僕は思う。それに、鬼頭先生の授業は、予習した人はつまんないと思うけど、予習していない人は考えまくるので、とてもおもしろいと僕は思う。それに、実験する時も分かりやすく説明し、ノートに書くから、すごく頭に入る。僕が思うには、よく聞いていないと、教科書にのっていない事をするので分からないから、きん張感が高まるからいい。そして、問題を出してから、《そのわけ》を書くので、心では何となく決まっていても、うまく言えないが、文を書くことにより、意見がまとまるし、文の書き方も少しずつ学べるから、一石二鳥。それに、みんなで意見を言い合うので、みんなの考えていることがよく分かり、この人はこう思っているのだと感心することも少なくはない。だから、今まで出したことをまとめると、鬼頭先生の授業はおもしろい。これまで6年間理科をやってきたが、これほどおもしろい授業は、めったになかった。これからも、おもしろい授業をもっともっとやってほしい。」

私は、この岸君のお世辞たっぷりの学習日記を読んで、考えさせられました。それは、子どもたちにとっての【楽しさ】の中身についてです。

この時、算数の線対称を学習した後の「ガイコツ」づくり、植物の種に関連して「種飛行機」づくり、歴史で実際に火おこし体験、中庭のアスファルトに大仏の顔を実物大で描く、…などを行いました。また、後に子どもたちが「おいしい授業シリーズ」と名付けた授業をいくつか行いました。算数の比の授業では、濃さの異なるカルピスを使い導入しました（p.95の学級通信「地熱」参照）。ドライアイスの授業では最後にシャーベットも作って食べました。そして、理科のデンプンの実験では、トウモロコシの種をポップコーンにしてからヨウ素液をかけて調べました（p.95の学級通信「地熱」参照）。

6の1
学級通信
地《じ》熱《ねつ》
6.27
NO.38

《みんなの学習日記から》

「カルピスで 比の授業」

榎本 敬

A
B
C
どのカルピスが一番おいしそう？

今日、算数の時間、先生が白い水みたいのを3つのビン、ペットボトルに入れてきて、最初は何か分からなかったけど、先生が
「どのカルピスがおいしいでしょう？」

と聞いて、A、B、Cの3つで、ぼくはだいたいCがおいしそうなので、Cにした。そしたら先生が、

「コップを持って来て。」

と言ったので、みんなコップを持って来ていたが、ぼくはコップがなかった。そして、コップを持って来た子が、自分の選んだカルピスを飲んだ。Bを飲んだ人は、「うわぁ、これ飲み物じゃない！」と言って、Cの人は「ふつう」ぐらいで、Aの人は「ちょっとこい」などとでた。ぼくは飲んでいないから分からなかったけど、先生がカルピスの量と水の量を黒板のA.B.Cの横に書いて、よく見ていたら、全部約分みたいのができるな、と思って、「比」かな？と思った。そしたら先生が、「これは比です。」と言って、ぼくはやっぱりなと思った。毎日、算数の時間がいつもこういうふうだったらいいなと思った。

「カルピス算は サイコー?!」

小山 祥子

今日、算数でカルピスを飲んだ。こういうことは学校では初めてのことだったので、飲む時は少しおどろいた。


「A.B.Cのどれがおいしそう？」

と先生が言ったので、私はBにした。Aは何かこそうで、Cは容器の色が変だったので。それに、一番Bがうまそうだったから、先生が黒板に書いた→

	カルピス	水
A →	□ml	□ml
B →	‥‥	‥‥

なんて、気にもしないで見た目で決めたのがいけなかったのである。

Bを飲んだ時、「うっ、ま…まずい！」と真っ先にこの言葉が出てしまった。後から教えてもらった"比の値"は分かりやすくよく頭に入った。でも、今度こういうことをやる時は、ほかの飲み物にしてもらいたい。

「鬼と人」―岸 亮

ぼくは、これから"信長"について語ろうと思う。信長は、とてもつき合いにくい相手だと思った。ぼくがもし信長の家来だったとしたら、いろんな事を勝手に約じょうしたりして、信長が激しくおこり、母などを殺されたと思う。信長は、光秀の母を見殺しにしたり、浅井長政、久政、浅倉よしかげを殺し、どくろに金ぱくをはり、正月にどくろの酒づきとして家来に飲ませたり、ひどいことをするやつだ。へたなことをして信長をおこらせたら、とんでもないことになる。それを分かっていて秀吉たちは気をつかっている。まさに鬼だ!!

でも、いいところもある。テレビの「秀吉」を見ていたら、世界地図を見て、世界を統一してやると言ったところを見ると、大きい夢も持っていると思った。それに、秀吉をそれまで（その時期だけ？）きらっていたのに、明《みん》の国を与えると言った？ところを聞いたら、ジーンときた。

信長は、感情に動かされるタイプみたいで、どうもこわい。でも、つき合っていてほめられたりすると、この人を主人にしていて良かったと思うにちがいない。でも、信長は未来の事をよんでいる。それを阻止《そし》しようと、いろんな考えをまとめて信長自身が一番いいと思うやり方でやっている。けれど、それが、時にはつらいことを、時にはいいことを運んで来るとぼくは思う。

信長は、生まれてからまもなく母が死んだから、親の大切さを知らない。だから、多分命の重さが十分に分かっていないんだと思う。信長は、見る人の目から見ると、いろんな考えを持っているんだと思う。鬼という人もいれば、神という人も中にはいると思う。ぼくは、神でも鬼でもない人間だと思う。いい面と悪い面があるからだ。だから、その中間だ。信長は、いろんな面があるから、いろいろ学ばせてくれる。

6の1
学級通信
地《じ》熱《ねつ》
7.1
NO.40

《みんなの学習日記から》

「デンプンは、どれにあるのか?」

広田 利江子

次のうちの、どれにデンプンが、あるかな?!
パン、サツマイモ、ヤマイモ、
ニンジン、リンゴ、バナナ、
米、大根、カボチャ、
トウモロコシ
さあ、どれが ○ かなあ?!

この前の理科の時間に、どれにデンプンがあって、どれにデンプンが無いかを予想しました。

私は、先生がいろいろ出した中で、パンや、リンゴ・カボチャなどの実や種のような物にあるんじゃないか、と思いました。でも、みんなと意見がバラバラなので、よく分かりませんでした。

そして今日、そのことを調べる実験をしました。私の班は、サツマイモ、ヤマイモ、リンゴ、ニンジン、お米を持って来ました。

まず最初に、デンプンを取り出す準備をしました。まず用具を出してから、それぞれ皮をむきました。それから、みんなはすりおろしたけど、私はビーカーやボールがなかったから、先にお米をやりました。どうやってやればいいか分からなかったけど、先生が「そのままでいい！」と言ったから、ラップの上にお米をのせて、みんなに声をかけてから、ヨウ素液をかけてみました。私は、（たいてあるご飯にデンプンがあるなら、お米にもある！）と思っていました。結果は、やはり青紫色になりました。みんなも、（やっぱり！）って感じで見ていました。

お米

次に、他の物がすりおろせたので、順番にしぼってやってみました。
ヤマイモとサツマイモは、あることがはっきりと分かりました。私は、（サツマイモは、根だからないんじゃ….？）と思っていたから、「実と種だから…」という私の理由は、ちがうということになりました。
（それだとニンジンは？）と思ったけど、その結果はすぐに分かりました。とてもうすく（？）だったけど、少し青紫っぽくなりました。私は、（班で持って来た物に、全部デンプンがあるんじゃないか。）と思えてきました。
私は、他の班のも見せてもらいました。パンやバナナ、自分たちの班で失敗したリンゴも、デンプンがありました。他にもたくさんの物を見せてもらいました。デンプンの量はちがうけど、全部にあったので、おどろきました。

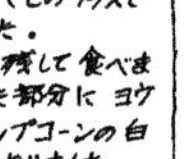
食パン

そして、最後にトウモロコシが残りました。私は（ある！）と予想しました。（トウモロコシは、最後にまとめてやるんだ）と思っていたけど、先生がポップコーンを作り出したので、ちょっとびっくりしたけど、（食べれるんじゃないか…？）と思ったら、（このクラスで良かった。）と思いました。

トウモロコシを底一面に・サラダ油を少しとバターも…

ポップコーンは、少し残して食べました。そして、その残した部分にヨウ素液をかけました。ポップコーンの白い所がこい青紫色になりました。
（やっぱり…!!）と思ったけど、これで全部にデンプンがあったことになって、不思議な感じもしました。
その後に、先生が、植物には全部（たぶん）デンプンがあると言いました。デンプンは、前まで聞きなれない言葉だったのに、身近にこんなにたくさんあるとは思いませんでした。

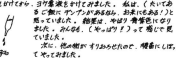

6の1 学級通信

地《じ》熱《ねつ》

6．24 NO．34

《みんなの学習日記から》

「ジャガイモは茎だった」

立木 英也

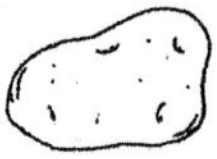

理科の時間に、先生が「ジャガイモは、根・茎・葉・花・種・実のどこか？」とみんなに質問を出した。

みんなの意見は、根・茎・種・実の4つに分かれた。ぼくは、「実」の意見に賛成した。その理由は、ジャガイモは根の先に養分を集めてできたものかも…と思ったからです。

けど、他の人たちは、「種イモから土の中に茎が出ていて、その先に新しいイモができる」という意見などを出してきた。最初のほうはみんな「種」の人たちに意見を言っていたけど、そのうちに「茎」や「実」の人にも意見を出してきた。けれど先生が、

「種だけじゃなくて、球根も芽が出るよ。」

と言ったので、ぼくは何となく「種」という意見はちがうということが分かった。

今までに一回も「根」に対して意見が出されていないから、ぼくが少し質問してやろうと思ったけど、なかなか思いつかなかった。ぼくは、（きっと「根」か「実」が正解だろう）と思った。ぼくは、（早く答えを教えてくれればいいのになあ）と思いました。

すると、先生が、

「これから畑を見に行くので、静かに移動しなさい。」

と言った。ぼくは、（あってるといいのになあ…）と思いました。先生が、

「今からイモを掘るので、よく見ておきなさい。」

たぶん、ジャガイモは「実」だと思うけどなあ……？

と言った。とてもドキドキした。

イモが掘れたから、よく見てみたら、ジャガイモは茎から生えていた。先生が、別の日光の当たったイモを見せてくれた。

「これは、茎と同じように日光に当たっているから緑色なんだよ。」

と教えてくれた。ぼくは、（ジャガイモは、日光に当てると緑色になるんだ。）と思った。

答えははずれたけど、みんなで意見を出し合えて、とても楽しかった。

「ジャガイモは？…茎？」

山川 菜穂

理科の授業で、ジャガイモのことを勉強した。先生が、

「ジャガイモは、植物のどの部分でしょう？」という問題を黒板に書いた。私は、（そんなこと、考えたことなかったなァ）と思った。私は、

「種じゃないか？　種と同じデンプンもあるし、芽が出るし…」

という意見を持った。みんなもそういう考えだろうと思った。

ところが、みんなの意見を聞いてビックリした。30人のうち16人が『根』という意見だった。（どうして「根」なんだろう？　根は、栄養をすい上げる役で、栄養をためる役ではないのに…。）と、少し不思議に思った。

その次に多かった意見は、『実』という意見だった。（実というのは、花が咲いてからしか実にならないのに、どうして土の中に実ができるのかな。）と、これまたビックリした。

「実」は、花が咲いて、めしべのもとの子房（　）がふくらんでできるんだから、土の中には「実」はできないと思います。

あと『茎』という意見も出て、『種』という意見は、中川さんと私の2人しかいなかった。

次の時間、意見別に分かれて自分達の意見を言い合った。始まったとたんに、「種」という意見は、集中こうげきを受けた。

「芽は、どこから出るんですか？」

「種イモは、どこから出てくるんですか？」

など、いろいろな意見が出た。

6の1 学級通信

地《じ》熱《ねつ》

6．24 NO．35

（No．34からのつづきです）

（どうしてこんなに集中ねらいされるのだろう？）と少しイライラしてきて、反げきがしたくなってきた。私は、「実」の人に、

「植物は、花が咲いてから実になるのに、どうしてジャガイモは、花が咲かないで実になるんですか？」

と聞いた。そしたら、立木君が、

「それは、**特別！**」

と、はっきり言ったので、少しあきれてしまった。それからも種の意見は集中こうげきされてしまった。

そして、授業の終わりごろに実際にイモを掘って調べてみた。結果は、とってもビックリした結果となった。それは、ジャガイモは『茎』という結果だった。

根っことは別に茎が出ていて、その先にジャガイモができている。あと、ジャガイモの皮が茶色いのは、土の中にあるから。もし土がなかったら、茎のように緑色になるのだそうだ。とてもビックリしたことだらけだった。

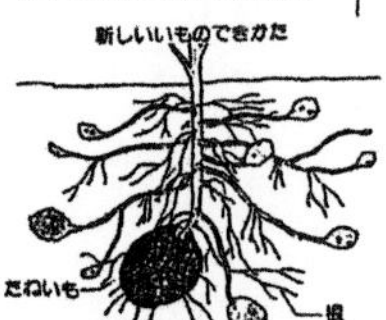
新しいいものできかた
たねいも
根

「ジャガイモは茎だった」

花井 雄

「ジャガイモは、植物の部分でいうと、どこなのか？」という先生の質問に、根、実、茎、種に分かれて意見を言い合った。ぼくは、「実」にした。一度植物の本でジャガイモとはちがうが同じような種類のイモで、それが茎と書かれていたが、何となくなっとくいかず、「実」にした。ジャガイモは何か？とくると、パッと「実」とイメージがきたからというのもある。

しかし、意見を言い合ってみると、他の意見になかなかしんが通っているものがあるので、考えていた。

その間、「根」はちがうと考えてた。根は、とても細いし、根は土から養分を吸うという大切な役目があるため、ジャガイモを作る方までまわれないと思った。それに、テレビで見たが、ジャガイモは真ん中に固まってできているが、根は枝分かれしている。

しかし、最終的な意見は、「根」にした。なぜかと言うと、「茎」かと思ったが、茎を食べることはあまり考えたくなかったことなので、「根」にした。

ジャガイモは、茎かも…。でも、茎を食べているとは考えたくないし…。

結果は、「茎」だった。先生がイモを掘り出し、ちゃんと説明した。あまりよく見えなかったが、となりにあったイモが地上に少し出ていて、緑色になっているのを見て終わった。地中にうまってるから茶色で、地上にあればちゃんと緑色になると言っていた。

その後、ぼくは黒川君と、

「最初の言い合いの時点で『茎』と決まっていた。なぜなら、『種』は先生が書き忘れたから。書き忘れるようなものは正解じゃない。そして先生も混じえて『茎』の意見の人をせめたのは、『茎』からぼくたちを遠ざけようとしたんだ。」

などと、先生にハメられたと言っていた。

だけど、ぼくは『茎』だということが納得できないままだ。

このように、授業の中や授業に関連させて、様々な体験や活動を組み入れていくことは大切なことだと考えています。さらに、授業の中で何か食べることができたということは、子どもたちにとって、それだけで嬉しいことであり、単純な【楽しさ】があります。

田中孝彦氏は、「子どもというものは、いつも笑いたがっている動物」（『子どもの人間形成と教師』）と書いています。授業・学習の中に、子どもたちが《楽しい》と感じるような仕掛けを意識的に含ませていく必要があると思います。私は、自作プリントを作成して学習していく時もありますが、その際も【楽しさ】を入れ込んでいくことを考えています。

また、この光合成の学習では、「ジャガイモは、根・茎・葉・花・種・実のどれか？」で大討論したり、「石灰・小麦粉・塩・砂糖の中で、デンプンがあるのはどれか？」で激論したりしました。さらに、先にも書いたデンプンがあるかないかの実験では、それぞれの家から「パン・サツマイモ・山芋・ニンジン・リンゴ・バナナ・米・大根・カボチャ・トウモロコシ」などを持ち寄り、ワイワイガヤガヤ言いながら実験していきました。

子どもたちは、《みんなでやる》こと、あるいは《討論する》ことが大好きでした。一人だけで勉強するのではなく、みんなで智恵を寄せ合う【楽しさ】に、大きな価値を感じているのだと思います。

二　《知識》だけに留まらず、《認識》を

さらに、子どもたちは、自分個人として、知的好奇心を揺さぶられ、新しいことを知り獲得していく【楽しさ】があると満足します。

「ジャガイモは、茎だった！」という事実を知って驚きます（p.96の学級通信「地熱」参照）。い

ろいろなことを考え、話し合い、実験していく中で、《植物は、光合成というものをしていて、デンプンを作り出す生産者なんだ》《それに対して、動物は、それを食べて生きる消費者なんだ》《動物の一つである人間は、…》というような《認識》が生まれます。そのように、自分の考えが広がっていくことに喜びを感じるのです。

「ジャガイモには、デンプンがある」とか「デンプンにヨウ素液をかけると青紫色に変わる」というような《知識》だけをつけるのが授業ではないはずです。(勿論、この知識をつけることは重要ですが)私たちが考えていかなければならないのは、こういう学習を通して、植物についての《認識》(さらには、動物・人間についての《認識》も)を子どもたちと一緒に作っていくことではないかと考えています。

《認識》のもう一つの例を、歴史学習で挙げておきます。

大和朝廷の「日本統一」を教える際には、手塚治虫の漫画『火の鳥・ヤマト編』の一部をコピーして渡しました。大和朝廷の「日本統一」は、九州に住んでいたクマソの国の人たちにとってみれば、自分たちの国が征服された歴史であることに気づいてほしかったからです。日本と中国・朝鮮との関係を学習する時も同じですが、歴史的な事実は同じであっても、それをどのような立場から見るのかによって、その事実の見方(評価や言葉も)が変わってくるということを、子どもたちにも伝えたいと考えています。

※歴史学習における【認識】のもう一つの例がp.127~129に示してあります。
そちらも参照してください。

三　読みの物差しを獲得していくことで

山根さんという女の子が日記に、「ラブコール」という題の文章を書いてきました。
「明日は、あなただけ見て歌います。あなたがいなくても、あなたの事思い出して歌います。だから、あなたも私の事を見てください。…好きです（　　）好きです（　　）世界で一番あなたが好きです。…」　（ノート本文も（　　）のように空欄でした）

私は、てっきり山根さんに好きな男の子ができて、その想いを書いたのだと考えました。そして、「ラブコール、うまく届くといいけど…」などと赤ペンを入れました。でも、それは私の全くの勘違いでした。先の文中の（　　）の中に入るのは、物語の「やまなし」(宮澤賢治)だったのです。山根さんは、授業をしていく中で、「やまなし」という作品自体が大好きになっていったようです。それは、「クラムボン」とは何か？についてのクラスでの激しい討論、「五月」と「十二月」で対比されているものを考えたこと、宮澤賢治の色の表現の仕方などを学習していく中で、でした。学習後、『やまなし』を学習して」という原稿用紙十枚以上の大作の感想文（p.100~101の学級通信「坂道」参照）を自分で書けたことで、「自分を自分でほめれるぐらい」成長を感じたと言います。

そして三学期、環境学習に関連して、宮崎駿監督の『風の谷のナウシカ』のビデオを観た後には、自学ノートに人物（ナウシカとクシャナ）の分析や感想を書いてきました（p.102のノートの文）。

603
学級通信

坂《さか》道《みち》

NO.102
1.9

「やまなし」の授業をして

山根　友理子

一．はじめに

初めて読んだ時、この「やまなし」がすごく難しいと思いました。よく意味が分かりませんでした。でも、色を〝フル〟に使って、風景（様子）を表している所などは、すごいと思いました。

二．「クラムボン」とは何か？

① 自分の考え

私は、最初に「きれいな砂」だと思いました。「かぷかぷ笑った」というのは、波か何かが来て砂が上に上がって、あわと一緒にゆれていたので、「かぷかぷ」だと思いました。「はねて笑った」というのは、大きな波がザップーンザップーンと続けて来たので、水の流れが荒くなって「はねて笑った」ように見えたのかと思いました。

「死んだよ」・「殺されたよ」というのは、砂は重いから下に沈みます。魚が頭の上を過ぎて「死んだ」「殺された」と言うのは波がなくなって砂が沈んでいく時に魚が通って早く沈んでしまって、二匹のカニたちは、「ああ、魚が殺したんだな。」と思ったと考えました。魚が来ていなかったら、犯人は波になっていたのかな?と思いました。

下の方へ行って、また生き返ったのは、下の方へ行く時に圧力で水と砂がふわっと舞い上がったので、「笑った」と表現したのかと思いました。

砂に「きれいな」をつけたのは、「青い幻灯です」の所がすっごくきれいだったので、思わずつけてしまったわけで、あまり深い意味はありません。

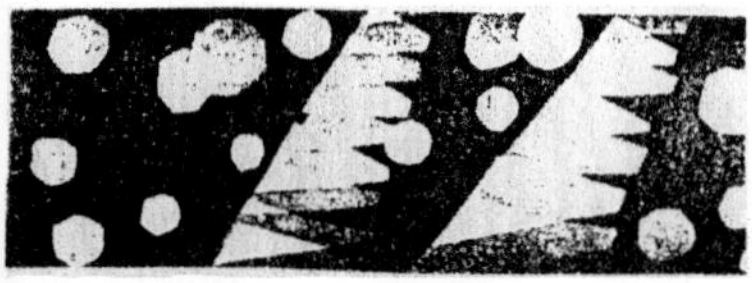

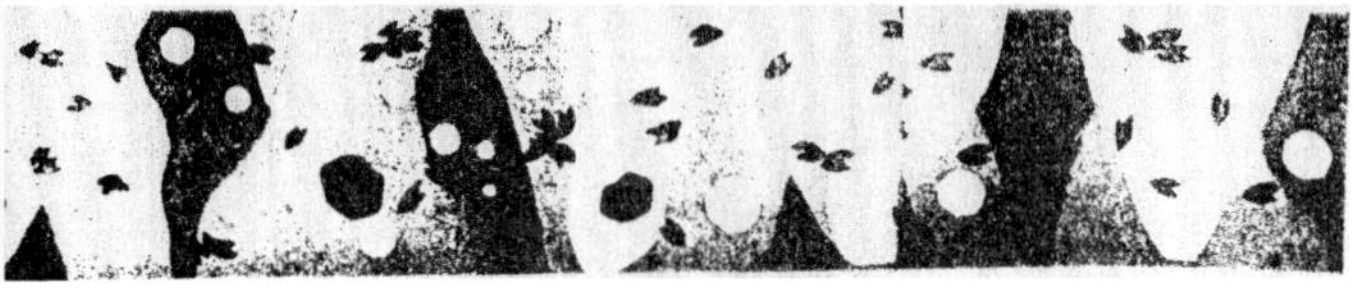

② 授業で友達の意見を聞いて

初めは「きれいな砂」だと思っていたけれど、みんなの意見を聞いていたら「きれいな砂」よりも〝スジ〟が通っている意見がいっぱいありました。

私が（ああ、なるほど・・・）と思ったのは、「あわ」と「水中に差し込む光」と「微生物」です。

でも、「あわ」は、「かぷかぷ笑った」と「はねて笑った」までは理由が通ったいて有力なんですが、何で上の方へ行った時は殺されていたのに、下の方へ行く時は殺されないのかな?という疑問がわいてきます。

「微生物」という意見もいいんですが、「あわ」と一緒で、なぜ上の方へ行く時は殺され、下の方へ行く時は笑ったのかが分かりません。

その点、「水中に差し込む光」というのは、ひっかかりません。「かぷかぷ笑った」のは、下から上へ見ているのだから、水の流れ方で見え方もずい分違うと思います。この場合流れがゆっくりだったので「かぷかぷ」と思い、流れが少し速くなり波が出てきたので、「はねて笑った」と表現したと思いました。

「魚が頭の上を過ぎ、上へ行った」の「頭の上」というのがポイントだと思います。頭の上だから、あまり見えなくて死んだと表現したのではないかな?思いました。下の方へ行った時「笑った」のは、頭の上を過ぎていったと書いてありません。だから、日光は見えたんじゃないかな?と思いました。

③ 自分としての結論

「水（の）中に差し込む光」だと思います。「あわ」などもいいと思いますが、一番〝スジ〟が通っているのはやっぱり「水中に差し込む光」だと思います。それに「あわ」は、水の中でできるものです。決して空気中には出てこられません。光（日光）は空気中でも水中でも生きられます。だからこそ「クラムボン」なんだと思います。

谷川の底にでも危険はあります。カニだって、あわだって、微生物だって・・・。でも、光（日光）には危険はありません。誰にも取られることのない永遠の生き物、「クラムボン」じゃないのかな?と私は思います。

三、「五月」と「十二月」の対比

① 対比されているもの

対比されているものの「五月」は、どちらかというと「弱肉強食」とか「戦争」とか「現実」とかすごくこわい事ばかり。何かのろわれたって感じで、すごくいやです。まるで、社会を知らないおぼっちゃまが仕事をさがしていて、どんどん断られているよう。そして、初めて社会を知る。まるでカニの子どもたちが、こんな状態にあっているみたい。もっと現実を見ろ！とか言われて、びくびくしているみたいです。

それに比べて「十二月」は、「楽しい」とか「平和」とか「空想」とかで、「五月」と比べてすごく明るくなって、今までイバラで閉ざされていた道が、どんどん開けていって、もうすぐ出口が見つかるみたい。でも、その道はさみしい。それは、機械のことを指していると思います。例えば、駅の改札口。大体の所は機械にしている。人との交流が全然ありません。おじいちゃんも言っていました。「『この魚はうまいよっ。』と言われて買う魚と、そこらへんに置いてある同じ魚とでは格が全然違うよ。」って。確かに私もそう思います。

② 「五月」と「十二月」は、それぞれ何の世界か？

何かに例えるとすると、「五月」それは、今だと思います。自然破壊や核兵器。戦争をしている所もあります。そんなのは絶対イヤです。人間には誰にでも欲はあると思います。それならいっそアフリカにでも行って、貧しい暮らしをした方がいいのかもしれません。

でも、「十二月」は平和です。それは、宮沢賢治の願っている世界だと思います。平和で楽しくて安全で・・・。最高です。でも、さみしい。この全世界を機械にしてしまったら・・・。今と、宮沢賢治の願っている空想の未来。どっちになるかは、たとえ予言者でも分からない。だって未来は私たちの手で、いくらでも変えられるから。

四、作者＝宮沢賢治の言いたかった事

「やまなし」は、山のなしのことです。つまり、山にひっそりとなっているなしのこと。そう、人間にも誰にも荒らされずにひっそりとなっています。きっとすごく平和だと思います。作者の言いたかった事は、ここにあると思います。この「やまなし」を谷川の底に置き換えたものだと思います。宮沢賢治はきっと平和を願っていると思います。それを、カニの親子にたくして「やまなし」を書いたと思います。

前にもどりますが、「クラムボン」とは、「日光」と言いました。絶対とは言い切れませんが、きっとそうです。「あわ」は、きたない水の中でもできます。「日光」は、きたない水の中では見えません。きっと宮沢賢治は、「クラムボン」のこと誰かにも教えなかったのは、どれだけ分かるかを試していたのかもしれません。どれだけの人がこの「やまなし」を理解するかを・・・。じゃあ、「イサド」とは何だろう？　私は、きっと「平和で楽しく明るい世界」のことだと思います。宮沢賢治の願っている世界のことです。「クラムボン」は平和の証（あかし）。まあ、「平和の女神」と呼んでもいいでしょう。そして「イサド」は平和な世界。宮沢賢治は「平和の女神がいるような最高に平和で明るい世界」を願っていると思います。

なぜわざわざ「谷川の底を映した二枚の青い幻灯」と言ったか・・・。それをわざわざ二枚に分けたか？　それは、このことを言いたかったからだと思います。社会の授業で習った狂歌みたいに、決して口に出しては言いません。だから、この「やまなし」にたくしたと思います。

五、「やまなし」の授業を終わって

私は最初「やまなし」なんてやりたくありませんでした。テープで聞いた時も（ああ、たいくつ）と思いました。長い話だし難しかったからです。でも、色をたくさん作って風景を表している所はすごいと思いました。

でも、「クラムボンとは何だろう？」という問題で初めておもしろいと思いました。みんながいろんな事を考えているからです。個性的だからです。「イルカ」「ボウフラ」とかがびっくりしました。

問題⑥の「色を書き出してみよう！」では、勘ちがいして色を絵の具か何かで出すと思い、楽しみにしていたら書く方なので少しがっかりしました。でも書いている間に見落としていた色などが出てきて、（うわー、こんな色も使っていたんだ。）と思いました。中でも「ラムネのビンの月光」に一番心をひかれました。私は、このようなきれいな自分だけの色を持っているのは宮沢賢治だけだと思います。物語の中にここまで自分だけの色を入れられるなんてスゴイ！と思いました。

他にも、「比ゆ」「擬態語」「擬声語」などにもびっくりしました。

「対比」に隠された意味があるなんて、最後の最後まで気がつきませんでした。

宮沢賢治が「やまなし」にたくした事、それは「平和」。私は勉強を終わった今は「やまなし」が好きです。だから、勉強が終わっても心の中にしまっておきたいです。そして、また心に残る本と入れかえたいです。私の変化、心の変化、どんどん変わっていく。次の本が来るまで「おやすみなさい。」

「ナウシカ研究」

山根友理子

1　生き方

ナウシカ　→　自然に逆らわない

クシャナ　→　自然をこわそうとする

2　周りの環境

ナウシカ　→　風（自然）

クシャナ　→　メカ（機械）

3　みんなが危険な時（勇気）

ナウシカ　→　自分で立ち向かう

クシャナ　→　人に行かせる（巨神兵を使う）

4　態度

ナウシカ　→　みんな平等（仲間）

クシャナ　→　みんな家来

5　考え方　（王蟲）腐海に対して

ナウシカ　→　腐海は燃やしたりしてはいけない
（王蟲は仲間・人間が悪いことをしないかぎり、いい子にしている）

クシャナ　→　腐海は燃やせ、腐海はいらん（王蟲なんかこわくない）

①ナウシカは、自然は私たちを育ててくれたって感じで、自然はそっとしといてあげていると思う。何か悪いことをした時は、ちゃんと「ごめんね」と言っている。それに比べトルメキアは完全メカの国って感じで、腐海を無理やりこわそうとしたりしている。悪いことをした時は、ナウシカのようにあやまらず、反対に1000万回あやまっても許してもらえない事をした感じ。

②ナウシカの周りには、いつも風が吹いている。メーヴェをあやつれるような風つかいになったのも周りの環境が関係していると思う。クシャナの場合は、周りは全部メカで、何かあると戦闘機を使うという感じで、クシャナの人生はメカだらけという感じがした。

③みんなが危険なとき、ナウシカは武器も持たずに、たった一人で立ち向かっていくけれど、クシャナの場合は、戦闘機を使ったりして、自分から立ち向かっていかない。また、自分が一番という感じで、自分が危なくなった時は、自分が一番に逃げる。

④ナウシカは、みんな平等、仲良しって感じで、みんなが危ない時は自分が最後に逃げる。別に命令なんかしないし、いばってもない。だけどクシャナは、命令ばかりしたり、いばりくさったりしている。

⑤ナウシカは、腐海のことを尊敬しているみたいで、腐海について考えたりしていて、考え方は前に前進していくよう。だけどクシャナは、腐海をこわして、メカにしようとして、メカ・メカばかり言っていて、逃げている感じがした。王蟲が来た時、ナウシカは武器もなしにたたかったが、クシャナの場合、巨神兵を出してきたり、メカにたよってばかりだった気がする。でも、クシャナだってナウシカを見習っていろいろな事をしたら、きっとトルメキアの優しいクシャナになれると思う。

さらに、次のような文章も書いてきました。

『色に注目！』

「私は、少し細かい（？）部分に勝手に注目してみました。まず、ナウシカの服装に注目！してみて。どう、水色でしょう。きっとこれは、『風』を表していると思います。ペジテの女の子にかえてもらった服は、赤から青に変わっています。ナウシカが青の服を着るのは、ナウシカが風だから。風はやさしく吹いたり激しく吹いたり、風がなくなってしまったり…。「風の谷には、やさしく風がふいていた」―というのは、ナウシカの心だと思います。（勝手な想像）初めて風がなくなったのは、ナウシカが心を落ち着かせて、決心したからだと思います。次に、王蟲に注目！してみて下さい。特に、目に！王蟲がおこると目が赤くなり、静かになる（落ち着く）と目が青くなります。これは、『火』と『風』を表していると思います。《火》は、とてもおそろしい。確か「火は、一日で森を灰にするが、風や水は百年かかって森を育てるんじゃ。」というエピソードがあったと思います。『火』と『風』が出てきます。だから、王蟲の目は、何かを訴えようとしていると思います。そして、ナウシカみたいな『風』の人が来ると、ああ、この人は分かってくれたって感じで、王蟲の目の色を『風』にして、腐海の守りに入ります。だから、私は、ナウシカの中で風と青（水色）は、結びついていると思いました。（勝手な想像だけどね！）」

私は、この文章を読んで、すばらしいと思いました。そして、とても嬉しくなりました。それは、山根さんが、「やまなし」などを学習した時につかんだ《対比》や《色の表現》を使って、『風の谷のナウシカ』を、自分なりに見事に分析・解釈していたからです。物語を読んでいく際の新しい切り口＝読みの物差しを獲得していく【楽しさ】を感じ取っているように思います。

四　最後に　～【自己肯定感】と「学力」～

この報告では、【楽しさ】をキーワードとして、学習のあり方を考えてきました。

これまで述べてきた【楽しさ】の中身は、単純な【楽しさ】、みんなで智恵を寄せ合う【楽しさ】、知的好奇心を揺さぶられ、新しいことを知り獲得していく【楽しさ】、新しい切り口＝読みの物差しを獲得していく【楽しさ】、などです。

これらを簡単にまとめることはできませんが、これらの【楽しさ】は、子どもたちの学習意欲の源になりうるものとして、今の子どもたちには特に重要視されなければならないと考えています。

「楽しければいいのか?!」という議論はあるとは思います。しかし、子どもたちが《楽しい》と感じることがあるなら、その楽しさの奥には、大切な何か、大切な意味があるように思うのです。

同時に、これらの【楽しさ】のある学習は、山根さんの例のように、自分の成長・変化を感じ、確かめられるものであり、【自己肯定感】を生むものです。

田中昌弥氏が、『今日の学力問題を考える』（北のきょういくブックレット）などで提起されている「臨床的視点」（学習者自身が、何を学びたいか、学習にどのような意味を感じているのか）を、現場教師の立場から考えた時、今大切なのは、様々な内容の、子どもたちにとっての【楽しさ】がある学習を作っていくことであり、【自己肯定感】を生むような学習を子どもたちと共に作りだしていくことであると思います。そして、そのような学習こそが、子どもたちに「学力」をつけ、子どもを学びの主体にしていくものであると考えています。

今、評価に関連して、教育活動の中にも「数値化」が横行し始めています。しかし、子どもたちを目の前にして向き合っている現場教師にとって、「学力」は安易に数値化すべきものではなく、【学力は、子ども一人ひとりの人格にはりついているものだ】という観点が大切なように思います。

「スタンダード」の問題と教育実践のあり方

一　えっ、こんなことまでそろえるの？

「引き出しの右側に教科書・ノート類を時間割順に置き、左側に道具箱を置く」「授業で使った教科書類は、順に下の方に入れる」「筆箱には、削った鉛筆5本、赤鉛筆1本、消しゴム1個、定規1本」「始業と終業時に挨拶をする」「語先後礼」「椅子を入れて立つ」「挙手は右手を真上に」…「学習規律一覧」[1]には事細かい項目が並び、これを「全校で統一して」「継続的に指導し」「徹底」させることが子どもにも教師にも求められる。

ＩＣＴの日常的活用ということで、実物投影機などですぐに写せるようにと黒板の半分は一年中スクリーンがどの教室も貼られている。

教室の掲示物の内容・位置も「統一」。学習促進のためのコミュニケーションとして、子どもたちへの教師の声かけも例示され、それがいいとされる。何か息苦しい。

本稿では、前半で「スタンダード化」の問題点を指摘し、後半ではそれに対抗する教育実践は何を大切にしなければならないかを検討していきたい。

二　「かすがいスタンダード」とは？

今、全国的に話題・問題になっている「〇〇スタンダード」の押し付けが、愛知県でも最近顕著な流れとして表れてきている。私が勤務していた春日井市では県内の自治体の先頭をきって「かすがいスタンダード」を推し進めている。

「かすがいスタンダード」とは、「全ての児童・生徒の学力の保障をめざして、学習規律の徹底とＩＣＴの有効活用を中心としたわかりやすい授業を日常的に展開するための、市内全体で取り組むべき学習指導や学習環境のこと」[1]である。「若い先生たちが職場を変わっても困らないように」「子どもたちが先生によって指導が違っていると混乱してしまうから」というような大義名分で進められている。春日井市の場合、「スタンダード」の柱は「学習規律の徹底」と「ＩＣＴの活用」の2本である。

三　「かすがいスタンダード」の問題点

「かすがいスタンダード」の問題だと思われる点を挙げてみる。

まず第一に、各学校の教育内容・授業方法などへの【行政介入】である。この「スタンダード化」は、決して現場から生まれてきたものではない。明らかに、教育委員会の「指導」に基づいている。それは、研究指定校として出川小学校に「研究」させ、そこでの毎回の校内研究会を教務主任研修会としても位置づけ、教務主任をテコに市内全校に「普及」させようとしている。また、出川小の研究会に初任者を研修として参加させたり、新任指導にあたる拠点校指導員が、この「スタンダード」をそれぞれの新任教師に指導したりする体制になっている。これらのやり方で市内の全学校で徹底させようとしている。今までの各学校の独自性は事実上否定されている。

第二に、歪められた【子ども観】が押し付けられている。例えば、「その結果、どの学級においても『話がきける子どもたち』『指示がとおる子どもたち』の様子が当たり前になりました。[2]」や、「多くの子どもが右手をピンと肘まで伸ばして挙手をしている様子です。その場面で堀田先生は『学習規律は70％達成できています。でも左手を挙げている子もいる。100％をめざすべきです』とお話しされました。[3]」などに表れているように、子ども一人ひとりが持っている個性や特質を丁寧に見るのではなく、子どもを「束」としか見ておらず、子どもを躾の対象と見ている。

第三に、この「スタンダード化」は、教員に対する管理統制である。このように指導することが「当たり前のこと」という押し付けがされていく。「当たり前」という大義名分により、やらない人を排除し、できない人を攻撃し、できない責任を押し付け、すべての教員にプレッシャーをかけるという危険な管理である。

第四に、「目標」が歪められる。ＰＤＣＡサイクルによる研究推進システムを掲げているが、Ｐ（プラン）は「共有」に置き換えられ[4]、目標は「学習規律の徹底」と「ＩＣＴの日常的な活用」がすでに決められており、検討対象ではない。「スタンダード」であるなら、本来は実行段階では幅のある「標準」のはずが、ここでは「基準」になり、「目標」になり、Ｐ（プラン）の主体は初めから教員ではないのである。

その他、様々な機器の購入はもちろん、一人１台のタブレットＰＣの導入を推進するなど、教育産業との癒着も気にかかるところである。[5]

四　学習のあり方と「スタンダード」

次に、学習の観点に絞って、「かすがいスタンダード」を検討していきたい。「ＩＣＴの活用」は必要に応じて行えばよい。ただ、その使用が学習活動の改善の本筋ではないし、ましてや目的ではないことは明らかである。ここでは、学習のあり方から、その問題点を指摘していきたい。

まず第一に、学習に対するイメージの貧困さが根底にある。市教委の中で推進役だった伊藤氏は次のように言っている。「いくら時間をかけて教材研究をして、研ぎ澄まされた発問を準備したとしても、子どもたちが教師の話を聞き、指示を守るという学習規律が定着していないと授業は成立しません。」[6]ここには、授業の成立にとって何が重要なのかについての基本的に誤った認識が存在している。教師の教材研究と子どもたちが学習へ向かう意欲への軽視が明らかである。

第二に、教科書使用の絶対化を生み、自主的な教材研究へのブレーキとなっている点である。「どのクラスでも教科書に線を引く、教科書をこそ使います」という項目では、「教科書は多くの専門家の下で作られ、文科省が検定して、さらに４百億円もの税金を使って無償で子どもたち配付されている。その意味と、教科書の内容を確実に習得・活用させるためには、教師が教科書をよく分析して使うべきである」[7]と書いている。また、「確実な習得を図る」という項目では、「学習内容が増え、教科書が以前よりも分厚くなっても、全体の授業時数や授業日数はそれほど増加していません。例えば算数では、２年生から６年生までは、年間175時間が標準時間と定められています。これは、教科書の内容を全て教え終わる時間と一致しています。さらに、単元のまとめのテストを行う時間などを考えれば、「続きはまた明日やりましょう」などと安易にできないはずです。１単位時間で、教師はしっかり教え、子どもたちが学べるようにする必要があります。このような状況の中、出川小学校では、確実な習得を図るために、まず教師主導で端的に教えることとしています。教えるべきは教え、考えさせるなどと明確に区別しているということです。[8]」としている。このように言われると、特に若い教師にとってはかなりの圧迫感であり、教科書以外の教材を使ったり、指導書と違う授業展開をしたりすることに躊躇する。

第三に、指導の【マニュアル化】の危険が顕著である。「若い先生たちのため」「誰でも・どこでも・どの子にも同じように」というかけ声は、一見良さそうに聞こえるが、教師たちを追い込んでもいる。同じようにしなければいけないという強迫観念を抱かせ、「達成」しなかった時にできなかった子どもを責め、結果的に子どもたちとの溝をつくることになるからである。教育には、揃えていいこともあるかもしれないが、むしろ【揃えてはいけない・揃えない方がいい・揃えなくてもいい】ことがあることに留意することが必要ではないか。

授業は、当然のことながら目の前の子どもたちと共に、学習内容や活動に合った学習過程を創っていく側面が大きい。ところが、「かすがいスタンダード」の場合、学習過程のパターン化が目立つ。「フラッシュ型教材で前時の復習」「習得」「活用」「終わりの3分30秒で振り返り」などである。マニュアル化してもらうのは楽なのかもしれないが、【専門職】としての教師が問われていると言えないだろうか。

五　「スタンダード化」の授業との対決軸

では、問題点をいろいろ指摘してきた「スタンダード化」の授業と、それに対する教育実践のあり方はどのように違っているのか？　また、日本生活教育連盟（日生連）で目指してきた方向・原則とは何で、「スタンダード化」に対決する主要な対決軸は何なのかを考えたい。

「スタンダード化」された授業と私たちが目指すべき学習との一番の違いは、その【子ども観】・【学習観】である。それを具体的に見ていきたい。

まず第一に、子どもたちを受け身で躾けられる対象と見るか、学びの主体・発達の主体＝発達現実態と見るかの違いである。「かすがいスタンダード」では、先に述べたように子どもを躾の対象とし、個々の子どもを見ず、「束」としか見ていない。

では、どうすればよいのか。私の実践で見てみよう。

自作プリント『くり上がりのたしざん（山）にのぼれ！』（p.112～113参照）で学習していた一年生のかおりさんは、何時間かが過ぎた後に作文にこう書いた。「ガオスからピグモンまでやってきたけど、ピグモンはちょっとかわいいけど、プリントではいつもキトーマンがでてくるけど、あのキトーマンはいらないよ。じぶんは、あのキトーマンはちょっとへんだなとおもいます。…」そのプリントでは、ガオスなどの怪獣がみんなに難しい問題を出してきて、それを解いていく。その後、ステップごとに「算数の天才キトーマン」が登場して、計算方法などの解説をしてくれる構成になっている。そして練習問題をやって、できるようにしていく（怪獣をやっつけていく）。この自作プリントでの学習は子どもたちに大好評で、「先生、次の時間も算数やろうよ」という声がたくさん出されていた。そんな中、この解説してくれるキトーマンは優しくて「正義の味方」なのだが、かおりさんは「あのキトーマンはいらないよ」と書いたのだ。それは、自分たちはもう繰り上がりのあるたし算のやり方（タイルの動かし方、答えの出し方、言葉での説明の仕方など）が分かったから、キトーマンの出番はないという意味である。【キトーマンはもういらないコール】は、だんだんクラスの中で大きくなっていった。子どもたちから「いらない！」と言われることは実は嬉しいことなのだ。

資料　くりあがりのたしざん（山）にのぼれ
練習プリント

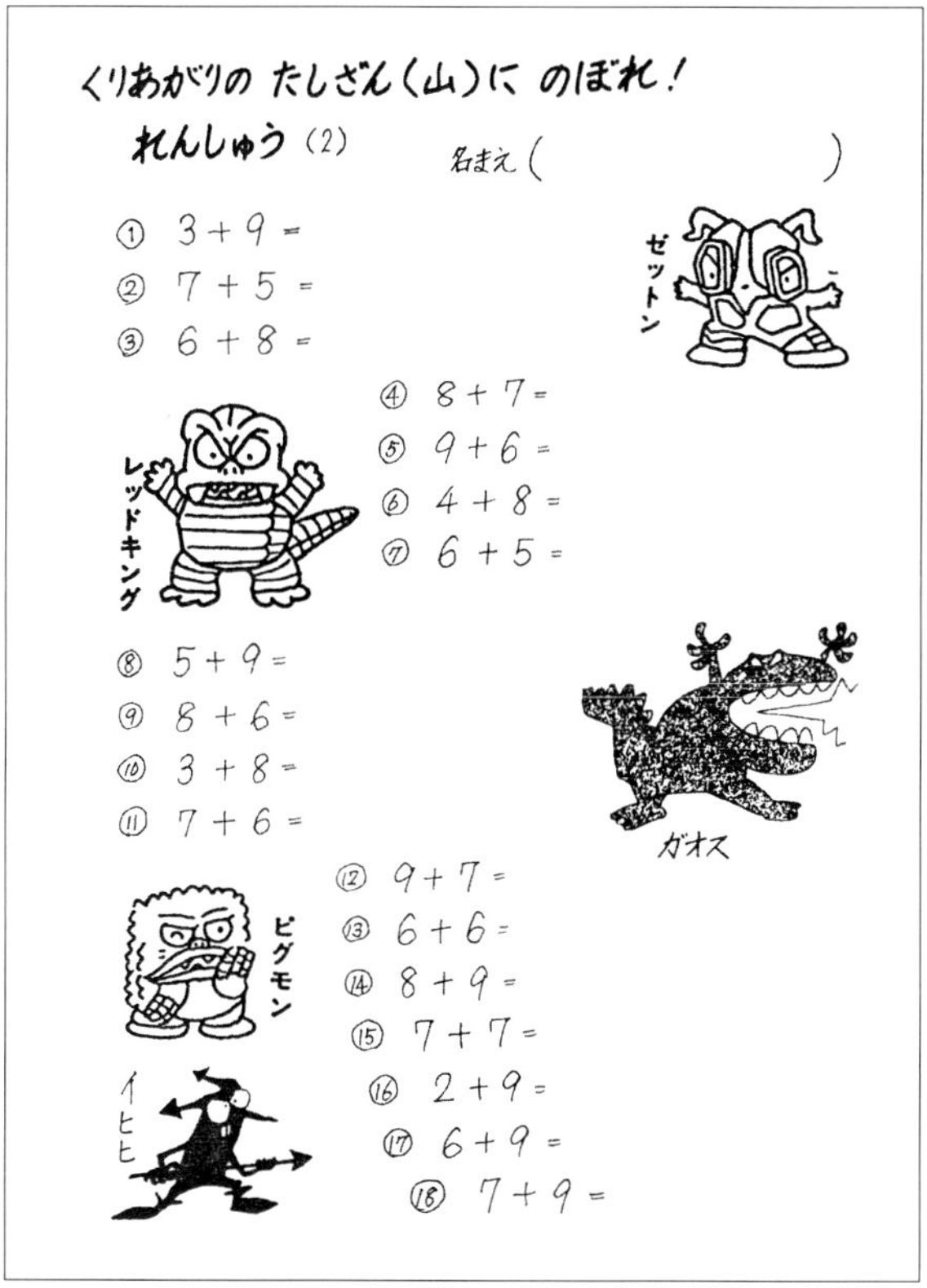

くりあがりの たしざん（山）に のぼれ！
れんしゅう（2）　名まえ（　　　　）

① 3＋9＝
② 7＋5＝
③ 6＋8＝
④ 8＋7＝
⑤ 9＋6＝
⑥ 4＋8＝
⑦ 6＋5＝
⑧ 5＋9＝
⑨ 8＋6＝
⑩ 3＋8＝
⑪ 7＋6＝
⑫ 9＋7＝
⑬ 6＋6＝
⑭ 8＋9＝
⑮ 7＋7＝
⑯ 2＋9＝
⑰ 6＋9＝
⑱ 7＋9＝

くりあがりの たしざん（山）にのぼれ！

れんしゅうプリント　　なまえ（　　　　　　　）

■ けいさん しましょう。

ガオス

① 9＋5＝

② 9＋8＝

③ 3＋9＝

④ 6＋9＝

⑤ 8＋4＝

⑥ 8＋6＝

⑦ 3＋8＝

⑧ 5＋9＝

⑨ 2＋9＝

レッドキング

⑩ 9＋7＝

⑪ 8＋5＝

⑫ 8＋3＝

⑬ 8＋8＝

⑭ 9＋9＝

イヒヒ

魔《ま》の山は、だんだん すすむうちに、かいぶつの だす もんだいも すこしずつ むずかしくなってきたねえ。
7＋4 のこたえの だしかたは わかったかな？！
タイルで たしかめて みようね！

・7＋4のけいさんの しかた

7＋4は 10と[1]

③ [1]

・7と3で 10にする。

・10と1で 11

4+7もおなじ。
7に4のなかの3をたして10にする。
10と1で11。

れんしゅう

みほん

7＋5は 10と[2]

③ [2]

① 7＋6は 10と□

○ □

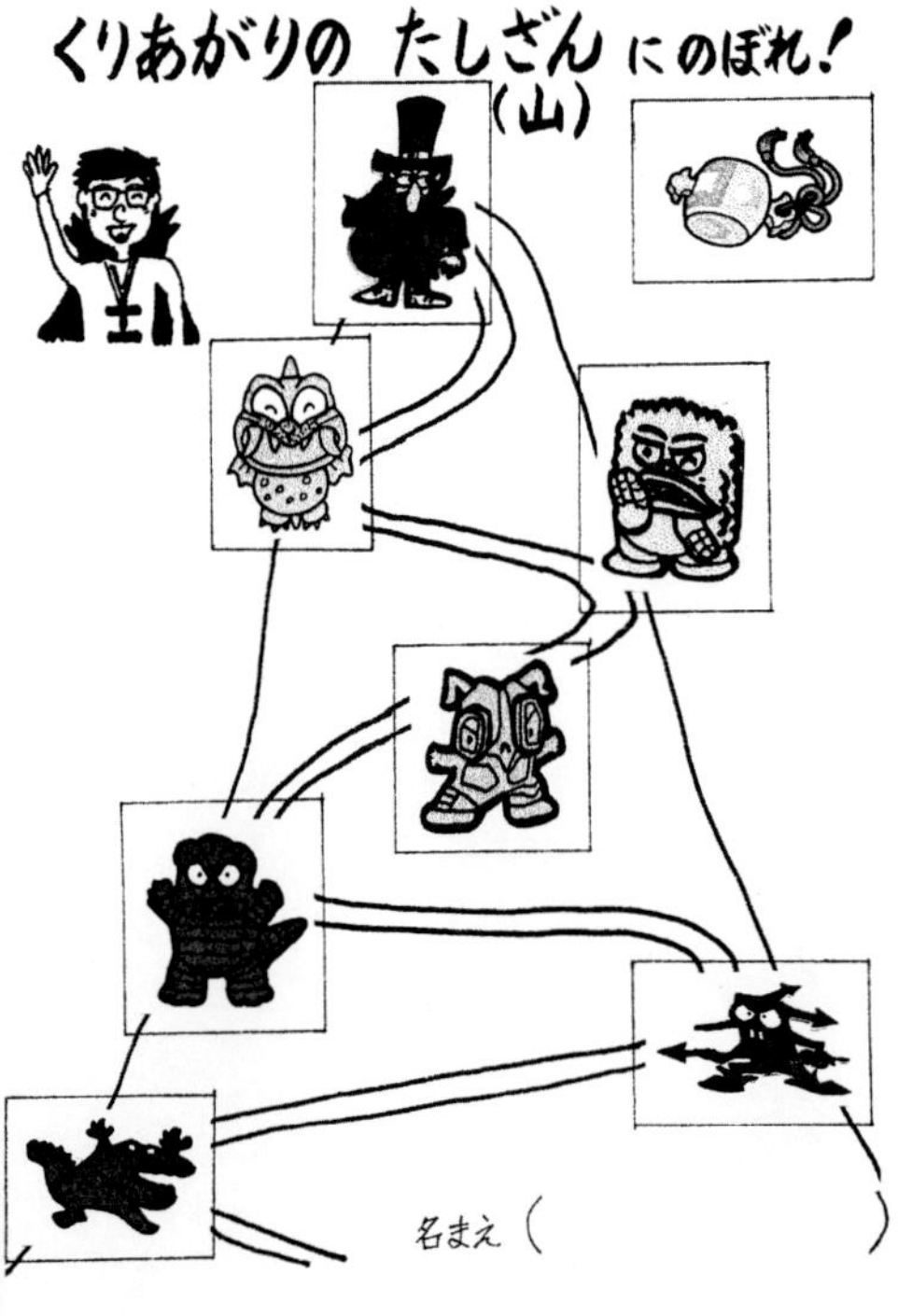
くりあがりの たしざん（山）にのぼれ！
名まえ（　　　　　）

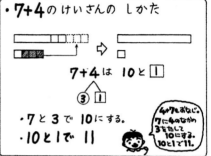

1ねん さんすう がくしゅう プリント

くりあがりの たしざんに （山） のぼれ！

しのはら しょうがっこう

1ねん　くみ

10月《がつ》の ある日. みんなで きゅうしょくを たべていたとき、せんせいが 魔《ま》の山（くりあがりの たしざん）の はなしを してくれました。

せんせいが 山のぼりに でかけたときの ことです。山は. あかや きいろ, そして あざやかな みどりいろをした 木のはに つつまれて. とても きれいでした。でも. そのなかに 一ぽんだけ. もう すっかり 木のはが おちてしまい. さびしそうに たっている木が ありました。

よく みると. その木の下《した》に. 一人《ひとり》の ろう人《じん》が しょんぼりと すわっていました。ろう人《じん》は. 魔《ま》の山に すむ かいぶつに. たからものを とられてしまったのだそうです。そして. せんせいに 「なんとか たからものを とりかえしてくれないか？」と たのんだそうです。

せんせいは. こまってしまいました。だって. 魔《ま》の山には たくさんの かいぶつが いるというのです。そして. そのかいぶつたちは. むずかしい さんすうの もんだいを だして. ただしく こたえないと とおしてくれないそうです。

さて. **きみなら どうしますか⁉**

いろんな いけんがでましたが、しのはら しょうがっこうの 1ねんせい ぜんいんで、かいぶつたちを やっつけて、たからものを とりかえすことに なりました。

さあ、いよいよ 魔《ま》の山（くりあがりの たしざん）に しゅっぱつです。せんせいも はりきっています。

せんせい：げんきが でるように、みんなで かけごえを かけよう！
　　　　　かいぶつなんかに まけないぞ！

みんな：エイ. エイ. オー‼

魔《ま》の山の ふもとまで くると、とつぜん こわ〜〜い こえが きこえてきました。

ガオ〜〜〜！
たからものを とりかえしに きただと。なまいきな 1ねんせいめ。
おれさまは. ガオスだ。ここを とおりたかったら、この もんだいを やってみろ。

ガオス

もんだい ①

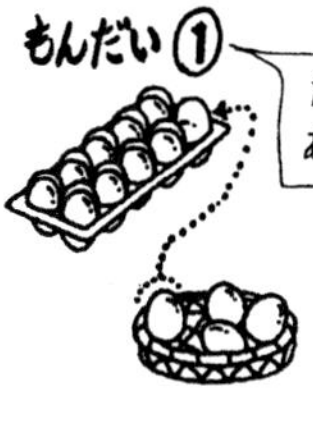

たまごが パックに 9こ，かごに 4こ ある。あわせると、なんこに なるか？

（しき）

こたえ（　　　　）

みんなが むずかしくて こまっていると、せいぎの みかた **キトーマン**が やってきました。

ぼくが. せいぎの みかた **キトーマン**だよ。
キトーマンは、さんすうの 天才《てんさい》だから、みんなを 手《て》だすけするよ。

1こを パックに うつすと、すぐに わかるよ。

10こと 3こで 13こだ。

（しき）　$9 + 4 = 13$

こたえ　13こ

タイルで けいさんの しかたを かんがえましょう

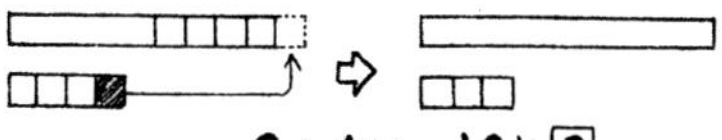

9＋4は　10と 3
　　 ① ③

・9に 4の なかの 1を たして 10
・10と 3で 13

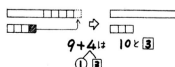

子どもは単なる「客体」ではありえない。教材や教具を工夫して、子どもの意欲・関心を呼び覚まし、できるかぎり子どもたちが学びの主体になるよう手助けをするのが教師の役割である。しかし、教師が用意したものもいずれは成長した子どもたちが乗り越えていくのである。計算など目前の「できる」だけを追求するのではなく、子どもたちの成長や《納得》を生み出し、子どもたちが学習の主体となっていくことを大切にしたい。

第二に、上述した「主体」と関わることだが、学習で目指すことの違いがある。教科書の内容を教え、その再生であるテストが「できる」ようにするために、フラッシュ教材を使ったり、「まとめ」の言葉を繰り返し言わせたり、「ペア学習」と言ってもまとめの言葉を確認するだけの作業をしていては子どもたちの成長は少ない。逆に学習意欲を阻害することもあるように思う。

日生連では、『「できる」ことだけを求めず、子どもの内面の育ちを大切にする」と言ってきた。最近の日生連算数部会の実践をみると、この内面の育ち、特に自己肯定感が育つ教室づくりが強く意識されているように感じる。それは、子どものつまずきが起こらないように転ばぬ先の杖を用意することではない。子どもたちに価値ある文化と出合わせ、一人ひとりの考えを尊重し、【つまずき】を大切にし、それを生かした話し合いを作り出し、子どもたちの出番と居場所を確保していく。学習の過程で生起するつまずきや意見の対立、ある時には停滞やトラブルまでをも含みこんで、子どもたちと向き合っていくことが「内面の育ち」を保障していくことになる。【自己肯定感は仲間（集団）の中でこそ育まれる】という視点は、現在のような子どもたち同士の関係性の難しさを考慮するとき、非常に重要なものである。

第三に、「教材・教具」の持つ意味を考えたい。ＩＣＴ活用やデジタル教科書使用は学習のある局面では行えばいいことである。しかし、それを「日常的」にすることを目的化したり教師に押し付けたりしてはいけない。

「5－3＝2」のような問題をする時、黒板にリンゴの絵を貼って説明したりする。渡辺恵津子さんは、この時【包み紙に入ったアメ】を用意したと言う。5個のアメのうち3個を食べたら2個残った。これを黒板上でやって見せる時、単純に3個を取ってしまうと確かに2個が残るのだが、最初の「5個」は黒板上から消えてしまっている。わずかな人数だが、そこに「こだわり」「つまずく」子がいると言う。そこで、中のアメは食べたが（とるが）「包み紙」は残るようにしたのだ。（図1）私は、この話を聞いて、「なるほど、子どもの現実から出発した教材・教具づくりとはこういう意味なのか」とうなってしまった。

「教材・教具」には、①子どもの興味を引き付け、意欲を引き出すため　②説明するため　③公式・法則などを導き出すため　④子どもたちが考える・発見する・理由を発表するなどの手がかりや手助けにするため　⑤話し合いの共通素材にするため、などの役割・意味があると考える。

子どもが学びの主体となれる手助けになるように、子どもの【つまずき】や実態から何が必要な教具・教材なのかを、子どもの側に立って作り出していくことが求められる。先の例は、たとえ少ない人数の子のものであっても、その【つまずき】からみんなで考えあうことによって、多くの子の深い理解につながることを意図している。ここでも、主体である子どもたちの《納得》が最優先されているのである。

第四に、教科書・指導書・板書例通りの授業を「こなす」ことだけに陥ってしまうことに対して、日生連で大事にしてきた【原則は明確に、実践は

図1　5－3＝2　アメとアメの包み紙

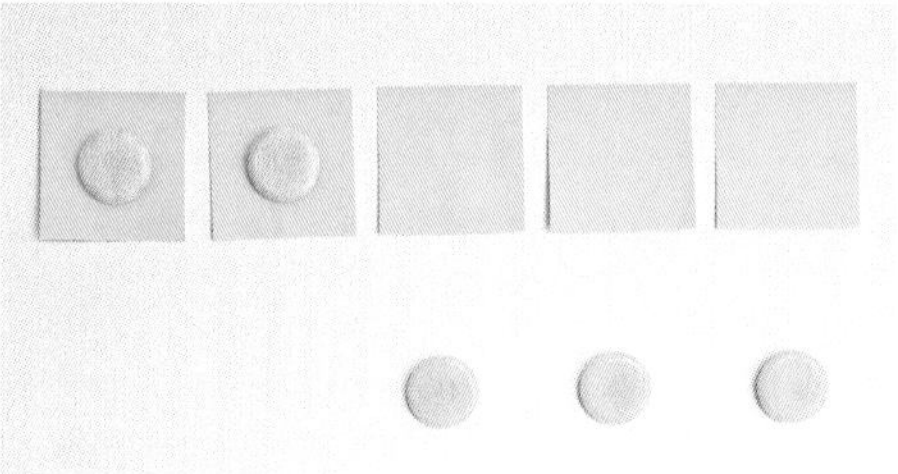

多様に】という言葉を対置したい。

「ICT活用」が指導案にちゃんと書かれているか、教室に常時機器が設置してあるか、授業で実際に使用しているか、などをチェックされ、授業展開・授業方法まで「統一」されると、どんなことが起きてくるか。それは、「教科書べったり」でそこから一切外れられない授業である。教科書の内容の是非は問わないまま、教科書をどう効率的に、時間内に教えるか、だけが独り歩きしていく。

「円と球」の学習を例にとってみる。啓林館教科書では、一時間目に工作用紙でコマを作って回すと点が円に見えることをやり、二時間目にコンパスを使って円の描き方を教える。そして、その後に「コンパスでかいたようなまるい形を、円といいます」と円の定義を教えている。みなさんはどう思われただろうか？円の定義は、こんな教え方でいいのだろうか。私に言わせれば、これはインチキである。

私は、算数をやるとも「円」の勉強をするとも全く言わないで、ゲームから始めた。「クイズをやるよ。」と言って、教室の机を端に寄せ、図2のように子どもたちを並ばせた。ごく簡単な問題を教師が出す。子どもたちが解答権を得るために争って飛び込むように赤玉めがけて体を投げ出す。2～3問やると、子どもたちの中から「文句」が出る。C「先生、不公平です！」T「どうして？」C「だって、僕の所から遠いもん。」T「じゃあ、どうしたいの？」と聞くと、C「まるくなって、真ん中に玉を置けばいい。」T「なるほど、でも教室じゃあ狭くて、みんながま

図2　教室でゲーム

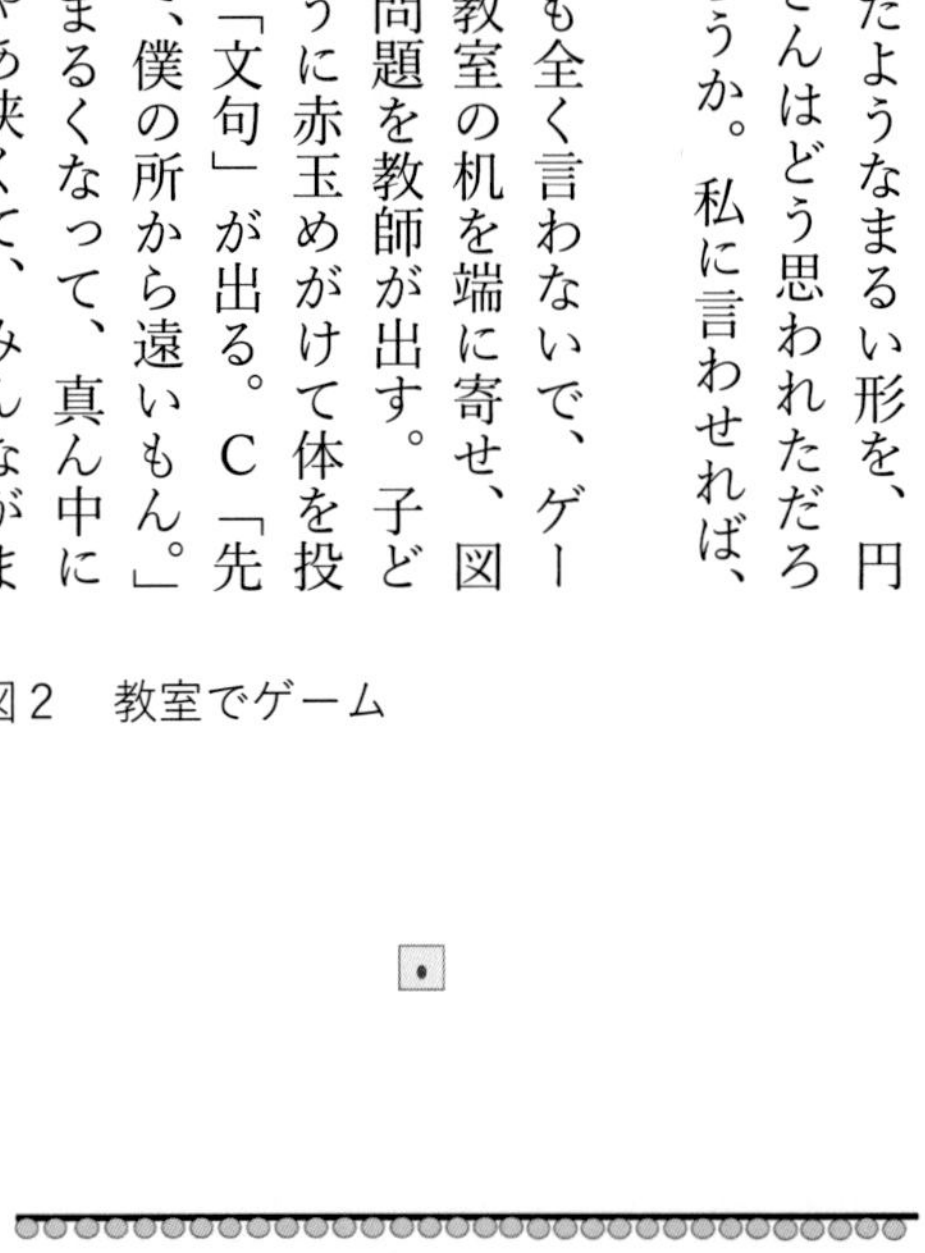

図３ 体育館でまるくなった

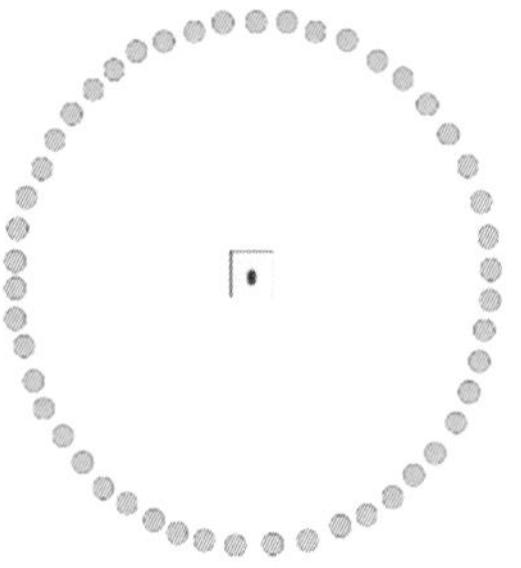

るくなれないなあ。」「じゃあ、体育館に行こう。」と言って、全員で体育館に移動した。T「まるくなってよ。さあ、問題を出すよ。」（図3）でも、2~3問やってみると、上手くいかない。「やる気」にあふれている子どもたちのまるは（体育館の床には丸い線はかけないため）一部の子がじわじわと前に出てきたりして、すぐに崩れてしまうからである。（図4）C「先生、これダメだ~」T「どうしたらいい？」子どもたちは相談を始めた。そして、C「先生、運動場ならまるがかけるから、運動場に行ってやろうよ。」子どもたちは、運動会の踊りの練習の時、先生たちが竹の棒に巻尺を引っかけて端を持ち、ぐるぐると回って「まる」を描くのを覚えていたのだ。みんなで運動場に出て、まるを描き、再びクイズをした。やっと公平だと納得！その後、自分が立っているまるの線の上に赤玉を一人ひとりが1個目→2個目→3個目→4個目と順に置いていった。ぐるっと置かれた赤玉で「円」ができた。（図5）教室に戻って、「1つの点（中心）から同じ長さ（きょり）のところにある点をつなげてできたまるい形を、円といいます」とまとめた。[9]

また、折り紙を5回折って、一か所に千枚通しで穴をあけたもの（図6）を開いてみると開いた穴がぐるっと「円」になっていること（図7）や、CDごまを回すと描かれた1点が「円」に見えることも子どもたちと工作しながら一緒にやっていった。（図8）

図４　まるがくずれる

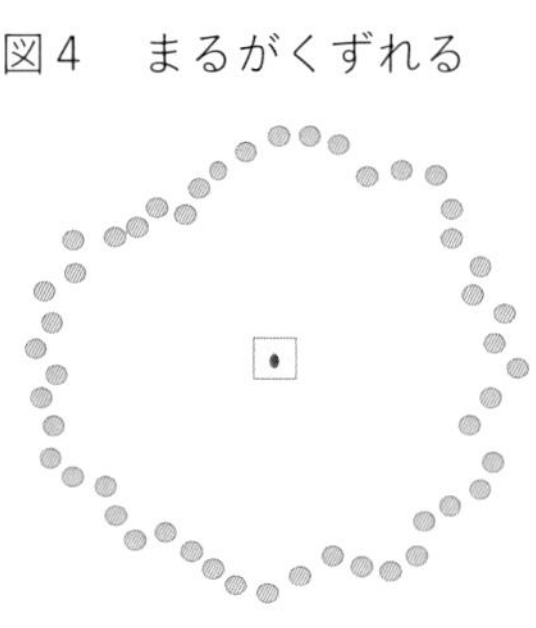

図５　赤玉で「円」ができた

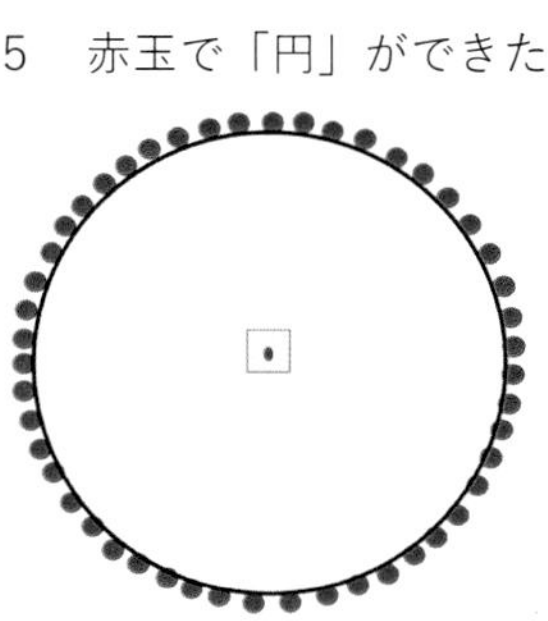

教科書が絶対的に正しいわけではない。ましてや、子どもたちの実態に合わせたり、子どもたちの興味関心を喚起したりしながら、学習の展開や活動を考え創っていくならば、その展開や活動は「多様」であるのが自然である。教師も決まっていることを「効率的に」教えることをこなしていく「客体」ではない。また、教師にそれを考え実践する【自由】がなければ、教師としての生きがいや喜びは失われてしまうと考える。また、「こなす」だけの教師に教わる子どもたちが生き生きと楽しく学習できるとも思えない。子どもたちが「客体」にさせられる時、実は教師も「客体」に貶められてしまうのである。

図6　折り紙を5回折って

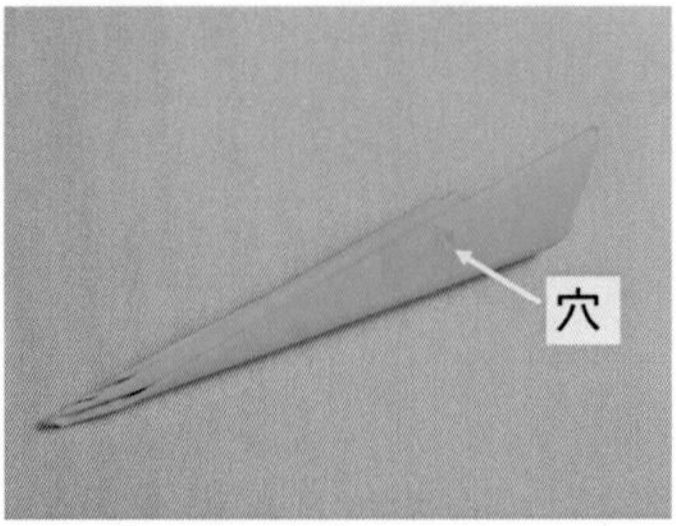

図7　折り紙を開いてみると

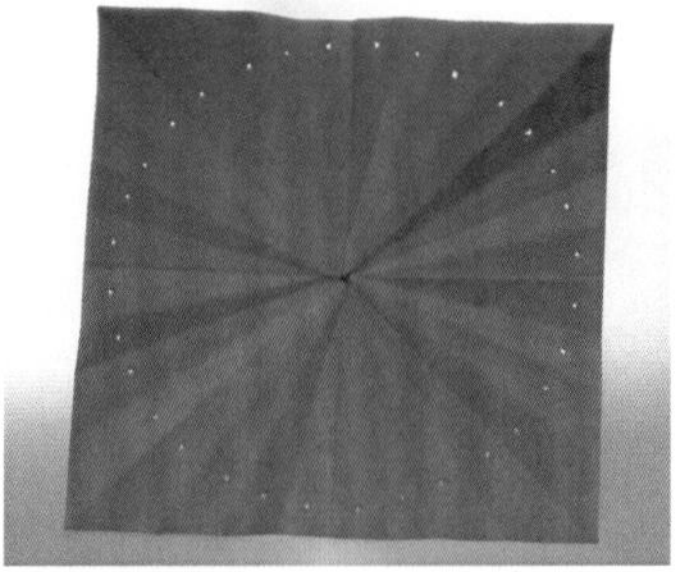

図8　CDごま

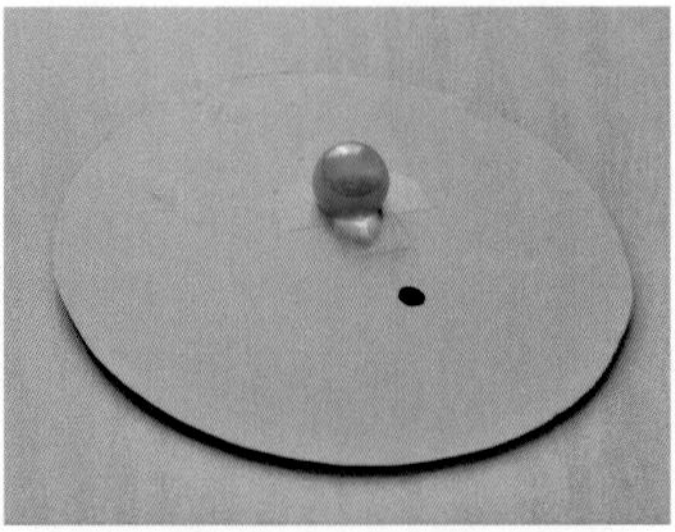

六　「スタンダード化」の背景にあるもの

第五に、「学習規律」の問題について触れたい。改正教育基本法第6条二項は、「…この場合におい

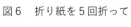

て、教育を受ける者が、学校生活を営む上で必要な規律を重んずるとともに、自ら進んで学習に取り組む意欲を高めることを重視して行われなければならない。」と変えられた。立憲主義を守らなければいけないという一昨年来の議論の中で、【憲法は権力をしばるもの】であることが強調されていた。そういう視点で改めて改正教基法6条を読むと、「教育を受ける者」が「必要な規律を重ん」じなければならないと逆に要求されているように変えられたのが分かる。そういう意味で、この学習規律徹底の問題は、改正教基法の具体化の一環だと考えるべきである。

「かすがいスタンダード」でも、学習規律の徹底は中心課題である。しかし、根本的に考えてみて、「規律」とは、誰が作り出し、どのように維持発展させられていくものであろうか。道徳観・倫理観を考えてみても分かるが、「管理」として、細かいことまで一方的に決められ、それを守ることを厳しく求められることで「規律」ができていくものなのだろうか。現在の学校・教室には、様々な課題を抱えた子や生きづらさを抱えた子どもたちがいる。一学級の人数も、担任の先生も、地域の環境も違う。それなのに「学習規律一覧」を決め、どの学校・どの学級でも・発達段階をも無視して六年間・同じ「規律」を押し付けることが教育的であるとは言い難い。少なくとも、子どもたちを個人として尊重しているとは言えない。また、形式的な「規律」を真面目に徹底しようとすればするほど、子どもたちとの溝は深まり、教師は矛盾を抱え込むことになるのである。

私たちが目指すべきは、学級の中で仲間たちと学ぶことが楽しい・自分の意見を言いたい・仲間の考えも聞きたい・みんなで話し合いたい・などの前向きな雰囲気の中で、子どもたちの内部から・必要性を感じ・納得の上で・自らを律する規律が生まれていくことを考え、共に作っていくことではないのか。優れた授業実践を読むと、子どもたちの意欲的な取り組みの中で、子どもたちの実態に合った「規律」が自然とできており、授業の展開や活動を邪魔したりしていないことが分かる。

七　おわりに

子どもと教師が共に創造的な「主体」となり、お互いの想像を超えた展開があるダイナミックな授業こそ楽しいし面白い。そこでの学びが人格をつくり上げるものになってこそ意味がある。

本当はどこにも存在していない「スタンダード」に囚われたり縛られたりしないで、日生連で積み上げられてきた【原則】【子ども理解】【豊かな授業実践】を大いに学びつつ、目の前で今を生きている子どもたちと誠実に歩んでいこうとする姿勢こそが「スタンダード化」と真に対決していくことになると確信する。

（1）堀田龍也 監修・春日井市教育委員会・春日井市立出川小学校 共著『学習規律の徹底とＩＣＴの有効活用』教育同人社　２０１５年　p. 30
（2）伊藤孝之「かすがいスタンダード」（教育研究所だより『春風』２０１４年３月所収）
（3）堀田龍也 監修・春日井市教育委員会・春日井市立出川小学校 共著『学習規律の徹底とＩＣＴの有効活用』教育同人社　２０１５年　p. 81
（4）春日井市教育委員会・出川小学校作成リーフレット『つながる研究推進』システム」２０１５年
（5）かすがいスタンダードについては、山口左知男「学校現場に広がる『スタンダード化』の問題点と子どもたち」（あいち県民教育研究所『年報第24号』２０１６年所収）に詳しい紹介がある
（6）伊藤孝之「かすがいスタンダード」（教育研究所だより『春風』２０１４年３月所収）
（7）堀田龍也 監修・春日井市教育委員会・春日井市立出川小学校 共著『学習規律の徹底とＩＣＴの有効活用』教育同人社　２０１５年　p. 86
（8）堀田龍也 監修・春日井市教育委員会・春日井市立出川小学校 共著『学習規律の徹底とＩＣＴの有効活用』教育同人社　２０１５年　p. 15
（9）東京書籍の教科書ではこの授業展開に近い

応答のある授業をしたたかに
～子どもを客体に落とし込める「学校スタンダード」に抗うために～

はじめに

管理教育の一つであり最新版でもある各種の「スタンダード」が、子どもたちと教員の両方を苦しめています。それは、目に見える形の暴力性はありませんが、じわじわと知らない内に子どもたちと教員の首をしめつけているように思えます(1)。「スタンダード」は何を奪っているのか、どう対抗していったらいいのかを考えてみたいと思います。

一　「スタンダード」が子どもに及ぼす影響

「スタンダード」が学校に浸透する中で一番大きな影響を受けているのは、子どもたちです。

身の回りの多くのことで、自分が納得しているかにお構いなく、非常に細かいことまでが決められ、「きちんと」守ることを押し付けられ、そこからはみ出すことが「当たり前」の名のもとに許されない状態は、子どもたちにとって息苦しいものです。

また、「スタンダード」として行われる画一的な「指導」は、子どもたちの素直なつぶやきや純粋な行動を排除しがちです。子どもたちは身近な大人である教師に話を聞いてほしい・関わってほしいと切に願っているのに、「先生は話を全く聞いてくれない」という不満を募らせています。

一方で真面目な子ほどそれが「できない・やれない」不安を抱えることになります。本来は教室での学びの中で、自分が出せるから楽しいのに、自分を閉じ込めることを強いられているようです。一見、教室では「大人しく」、きまりに従って「活発に」見えますが、いろいろな思いを心の中に抱えているのでしょう。放課後の学童で「発散」「爆発」している子どもたちの姿を多く見聞きします。

さらに、クラスにいる発達に課題を抱えた子どもの場合、みんなが「そろえる」、「どうしてそうしないといけないか分からないけど」やる、「きちんと」やる、などのことがとても辛くなります。「スタンダード」絶対の教師には、こうした子は「困った子」に映りがちです。

そんな中でも、「何とかできるようになりたい」と強く感じている子どもたちが切なくなります。

二 「スタンダード」の学習は…

改めて「スタンダード」の学習の問題点を整理してみます。

最大の問題点は、学習において子どもたちが「客体」に置かれたままになることです。

例えば、市教委が出している本の中の記録に、三年理科「明かりをつけよう」があります。[(2)] この授業での活動は、実験の後、「隣同士のペアで（結果を）伝え合います」「教科書のまとめの言葉と同じ用語、言い回しにできるだけ近付けます」「皆で声をそろえて読みます」「チェックし合います」「何度も同じフレーズを読み、書き、唱えて用語や言い回しになじんでいきます」…とあり、学びではなく訓練のようになっています。その他の授業でも、デジタル教科書に頼り切り、子どもたちは操作活動はしていても「学びの主体」ではありません。

私たちが目指す学びは、回り道や寄り道が多いかもしれませんが、むしろそれを大切にしながら作り上げる、子どもたちとの応答、子ども同士の応答がある学びです。

三　三年算数「角の大きさ」の授業から

教科書では、「角」の定義として、「一つのちょう点から出ている2つの辺がつくる形」ということをまず習います。しかし、これだけでは子どもたちはピンとはきません。そこで、私は、この「定義」を一応「君たちは、初めて角のことを勉強しますね。」「角というのは、こういうものだと言われています。」と教えた後、すぐに次のような「問題」を出しました。（図1）

　大人なら簡単に答えられそうな問題ですが、子どもたちにとっては簡単ではありません。最初に《自分の考え》をノートに書いて、予想分布をとりました。結果は、①―4人、②―20人、③―9人でした。正解の①が圧倒的少数派です。自分の考えの理由を発表してもらいました。

「ちゃんと見てみると、イの方が大きいです。」

「ぜったいイの方が広いよ。」

　多数に圧倒されたのか、アに賛成の子たちからは意見が出ません。

T「ウの人はどうして？」

　9人も③の意見だったことが意外だったので、理由を

図1　もんだい

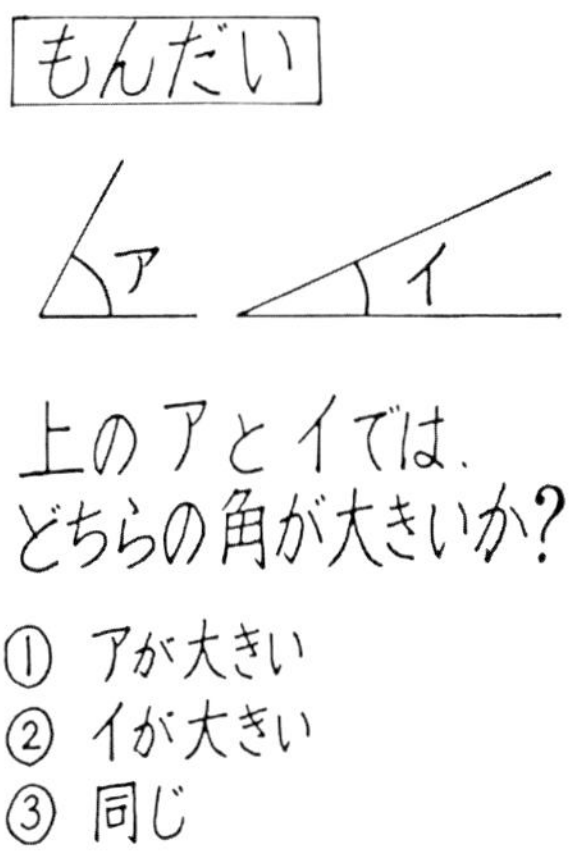

図2　コップだとしたら

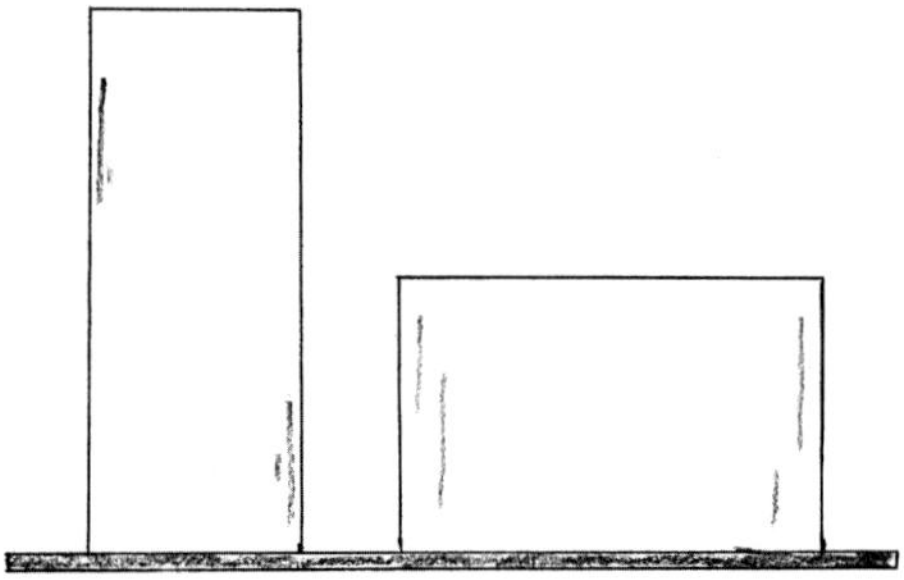

きいてみたかったからです。実夕さんが手を挙げました。
「さっき、休み時間に先生が一生懸命に定規を使って、何か測ってあの三角を書いていた。私たちをまただまそうとしている。私はだまされません。」
健斗くんは、「あの角は横だけど、あれがコップだったら、ちょうど同じだけ水が入ると思う。だから、アとイは同じだと思います。」
加奈さんは、「細長いけど背の高いコップと、太っちょだけど高さが低いコップだと、同じ水が入るから、私も③だと思う」（図2）
①の意見は、浩司くんが、「上の辺がイよりも上にいっているから、アの方が大きい。」と発言しました。しかし、②と③の意見の優勢は変わりませんでした。

T「意見が分かれているけど、じゃあどうやったら大きさが比べられる?」「各グループで相談してみて。」と言って、アとイの角の大きさを比べる方法を考えました。
最初に発表された比べ方は、「2つを重ねる」でした。アとイは、色画用紙で作って黒板に貼ってあるので、移動して重ねるのは簡単です。二つを重ねてみます。（図3）①の意見だった子は、「やっぱりアの方が大きい!」と元気づきましたが、②の意見の子たちは、納得しません。

図3　二つを重ねると

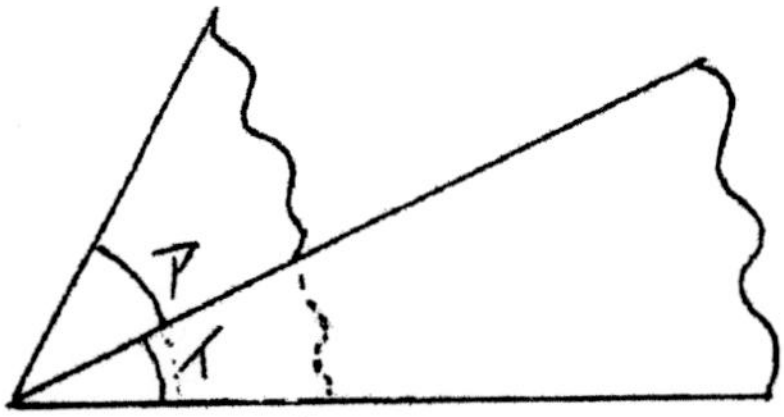

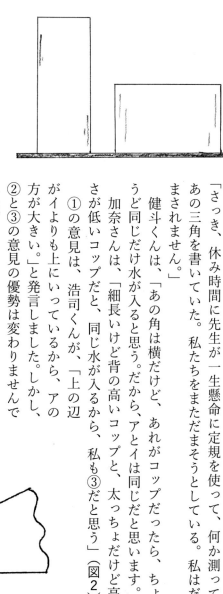

「やっぱり、イの方が広いよ！」と言います。【広さ】との区別ができていないのです。「決着がつかないねえ。どうしようか？」と尋ねると、圭くんが、「イを破ってほしい。」と言いました。

破るのも画用紙ですから簡単です。さっそくイの画用紙をビリビリと破って二つを重ねてみました。（図４）すると、②と③の子たちは「…」。

ここで、【角の大きさは、辺の長さには関係しない】【見た目の広さとは違う】という大事なポイントを押さえました。

「その他に、比べる方法は出た？」と尋ねましたが、なかなか難しいようです。そこで、私は、二本のヒモを取り出します。

片方の端は止めてあります。二本のヒモをぴったり重ねた状態から、一本をだんだん動かしていきます。そうすると「角」がだんだん大きくなっていくのが分かります。（図５）このヒモの回転を見せた後、「角は、ちょう点を中心にして、辺が回転していって大きくなっていくね。」と話しました。

「角の大きさ」は、回転によって大きさが増していくというのも大事なポイントです。すると、美樹さんが、「扇子みたい！」とつぶやきました。

「本当だ！」との声が続きます。私はドヤ顔（？）でちゃんと用意してあった扇子を取り出し、扇子が開いていくところを子どもたちに

図４　破ってみると

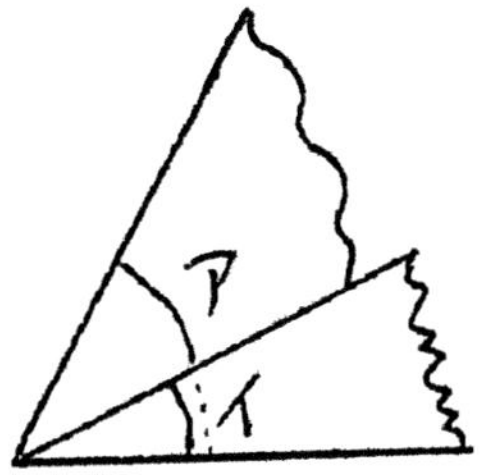

図５　「角」の回転

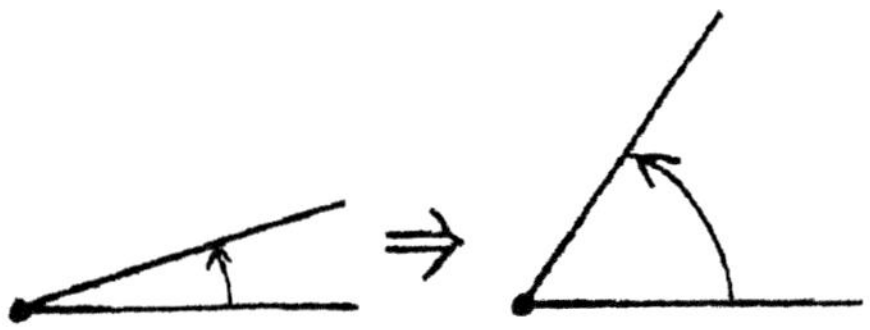

見せました。（図6）でも、残念ながら扇子は120度ぐらいしか開きません。私はもう一つ用意してあったものを出します。「これは、バリ島に行った時に買ってきたものです。」と言って、開いていきます。（図7）これだとグルッと一回転します。「これは、実はうちわです。」「角は、ゼロから始まって、だんだん開いて行って、グルッと回り、ついには一回転するんだね。」と話しました。さらに、もう一つ用意してあった「全角分度器」（図8）も見せました。

わざわざこの流れで行う訳は、この後分度器を使って角の測り方を学習するのですが、子どもたちのつまずきの一つは、鈍角になった時・180度を超える角になった時に間違いが多くなることです。「角」をゼロから回転していってだんだん大きくなっていくもの、鈍角になっても180度を超えてもそれは「角」で、ゼロからの開き具合を測らないといけないことを押さえたいからです。

図6　扇子

図7　バリ島のうちわ

図8　全角分度器

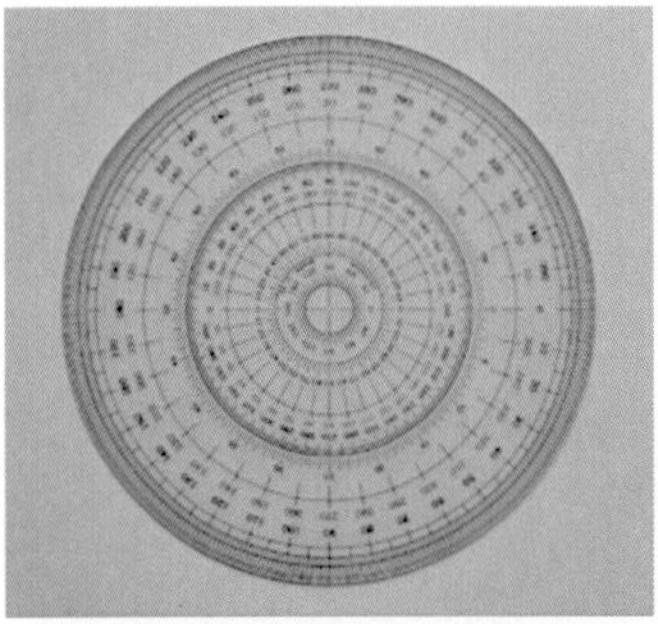

練習プリントはワニの口が開いていて、その角の大きさを測るものだったので、教具として（図9）のようなワニを使いました。何度か開いたり閉じたりしていると、英二くんが、「先生、そのワニは中心が変わっていくから、ダメだよ。」と教えてくれました。私は、（そうか、ちゃんと見ているんだな）と感心し、それならと、ワニの新作（図10）を作りました。これは、口の開く所が蝶番になっていて、中心が動きません。英二くんもほめてくれました。

授業の展開も、教材・教具も、【子どもたちとの応答】の中で工夫・改良していきたいものです。

図9　ワニ　1

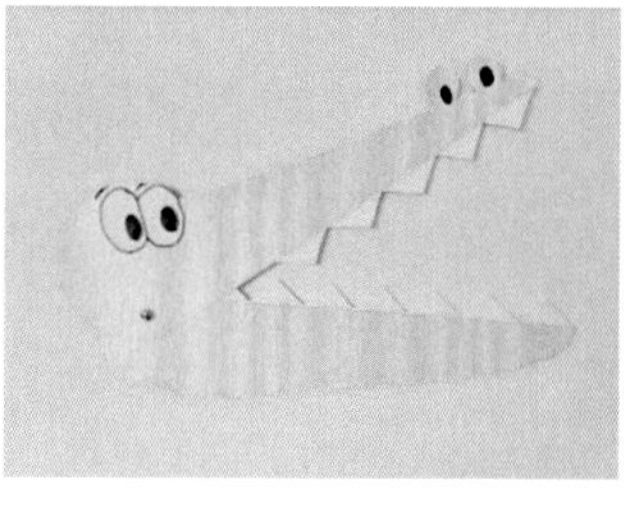

図10　ワニ　2

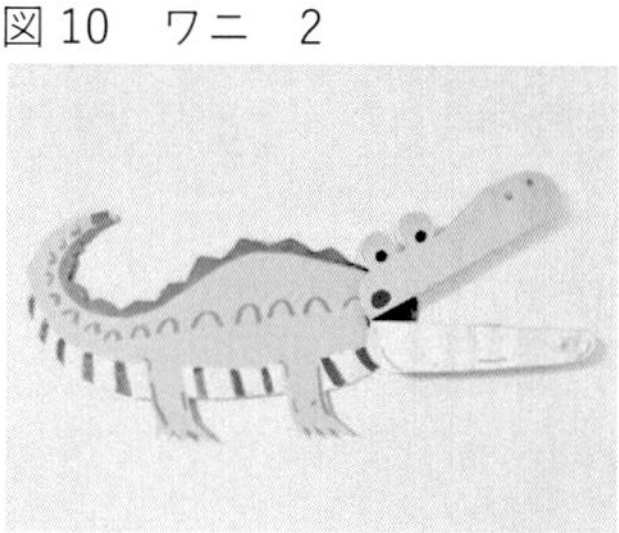

四　歴史学習の実践から

次に、社会科の歴史学習の例で、【子どもとの応答】について述べたいと思います。

江戸時代の学習が終わった時、民衆の人々は「新しい世の中」（明治）に、どんな願いを持っただろうか？を出してもらいました。子どもたちからは、20近い願いが出されました。（学級通信「坂道」を参照）それらは、江戸時代の学習で何を学んだかを色濃く反映しています。

この学級通信を渡したその日に森藤さんが自学ノートをやってきました。（「坂道」参照）「人々の願いは叶うの？」と題された自学は、教科書や資料集を見ながら、明治維新を自分なりに考えようとしたものでした。

さかみち
坂道

6の3 学級通信　10.28　NO. 68

《社会の授業から》

江戸時代が終わった！
人々の願いは？！

1867年、15代将軍 徳川慶喜《よしのぶ》が“大政奉還”して、2百数十年も続いた江戸幕府（江戸時代）が終わります。次の「新しい世の中」に“普通の”人々が何を願った（期待した）のだろう？！
一人ひとりが自分の考えをノートに書いた後、発表してもらいました。（発表順に）

A．身分制度をやめて、平等にしてほしい。
※ この意見は、ほとんどの人がノートに書いていました。江戸時代の身分制度であった「士農工商」と、さらにもっと低い身分とされた人々がいたことが印象深かったからでしょうか。
「“切り捨てご免”をやめてほしい。」「大名行列が見てみたい。ずっと土下座していて行列も見れなかったから。」という意見も…。

B．年貢を軽くしてほしい。（なくしてほしい）
※ 農民の人たちの一揆の要求の中心は、このことだったものね。

C．自由にしてほしい。
※ これもかなり多くの人が書いていました。「慶安のおふれ書」などでお茶を飲んではいけない、たばこをすってはいけない、米を食べるな…など様々な面で生活を規制されていたことや、“五人組”の制度でしばりつけられていたことが頭にしっかり残っていたようです。

D．女性差別をやめてほしい！
※ 貝原益軒の『女大学』、“三従”や7つの“去る”など本当に女性が軽く扱われていたものね。

E．物価を安くしてほしい。

F．キリスト教など、宗教を自由にしてほしい。
※ “開国”に賛成か反対かを討論した時、特に賛成の人たちは、「神の前ではすべての人が平等」というキリスト教への“期待”が強かったものね。

G．不平等条約をなくしてほしい。
※ 日米修好通商条約（1858年）での、①関税自主権がない ②治外法権…などの不平等な内容のことだね！

H．学校にすべての人が行けるようにしてほしい。
※ 武士の子は藩校、町人や農民の子は寺小屋だったけど、行ってない（行けない）子どもが多かったものね。

I．苗字《みょうじ》をつけたい！

J．平和な世の中にしてほしい。

K．服装《そう》を自由にしてほしい。
※ 慶安のおふれ書なんかひどかったねえ。

L．ヘアースタイルを自由にしてほしい。
※ ちょんまげが似合わない人も…

M．おふれ書をやめて、生活のきまりを作り直してほしい。

N．農民のことを考えた政治をしてほしい。

O．国民中心の政治にしてほしい。

P．裁判の制度を整えてほしい。

Q．食べ物を何でも自由に食べたい。

これらの願いに明治の政府がしっかりとこたえてくれるでしょうか？！しっかり見ていこうね！

さかみち
坂道

6の3 学級通信　11.1　NO. 69

工夫のある自学ノートに！

すごい

“勉強の秋”ということで、宿題のほかに『自学』をすることを勧めています。数は多くはありませんが、最近特に“光る”ような内容、個性的な中身・やり方……の自学ノートが出されるようになってきました。
ノートを見ていて、さすがに6年生だなあ、と感心させられることもしばしばあります。ここに紹介した森藤那穂子さんの自学ノートも、そんな一つです。

《森藤さんの自学ノートから》

人々の願いは、叶うの？
※ 授業とまとめていきます！（主なもの）

Q 身分制度をやめて平等に！

A：四民平等ができる…が かたちのうえのもの。“言葉はあっても、あまり力を入れない”。これが明治政府です。

Q 年貢を軽く！

A：地租改正という決まりができ、土地のねだん×3％が税となる。ちなみに、税は、お金で納める。そして、地主にくる。

Q 自由にして！

A：苗字、職業、結婚、土地売買、髪型、居住・移転などあらゆる点で自由になった。しかし、キリスト教は禁止。

Q 不平等条約をなくして！

A：治外法権改正（1894年）、関税自主権改正（1911年）やったね！

Q 決まりを作り直して！
五か条の御誓文、五榜の掲示、そして、1889年には、大日本帝国憲法ができる。ただし、天皇中心にするための決まりばかり…

Q 国民中心の政治に！

A：1881年に政府は国民の強い要求を受けて、10年後に国会を開くと約束。そして、国会ができた！

Q 学校に行かせて！

A：1872年に学校ができ、義務教育の制度ができた。でも平民にとって月謝は難問……。

Q 食べ物は？

A：牛肉を食べることが流行。う〜んいいねぇ

（感想）
たくさんのことを期待した、平民たち。たとえ、どんな決まりができようと、かたちだけのものも少なくはない。どうして、天皇中心の国家に無理にでもするのだろうか？天皇中心の国家にすればすべて何もかもうまく行くのだろうか？私には、分からない。

WA KU
WA KU
これからどうなるの？

この森藤さんの自学を受けて、「新しい世の中」の学習では、農民の人たちを中心とする民衆の率直な願いが実現したのかどうかという視点で諸改革の中身を一つひとつ考えていきました。「身分制度をやめて、平等に！」に対して、【四民平等になるが、形の上だけ。実際は…？】や、「年貢を軽くして！」に対して【地租改正が行われるが、農民の負担は…？ 春日井で起きた林金兵衛らの地租改正反対一揆はどうして起こったのか？】また、「国民中心の政治に！」に対して【五日市憲法草案・自由民権運動・国会開設・明治憲法でどうなったか？】というように学習を進めていきました。

子どもたちは、諸改革の名前を羅列して覚えるだけではなく、民衆の願いはどうなったのか？という強い視点を持って考えていくことができたように思います。そうすると、「新しい世の中」になったことは確かですが、明治維新の諸改革は決して民衆の人々の切なる願いを実現してはおらず、逆に期待を裏切る「改革」になっている部分がかなり多いことが学習を進める中で明らかになっていきました。これも、子どもたちとの応答を行いながら、明治維新についての一つの【認識】を作っていった例です。

五　おわりに

私は、「つまずきは、発達に内在する」という言葉を大切にして授業を考えてきました。川合章氏は、「教科教育のめざす学力」として次の三点を挙げています。①事実や実際に即した知識と、その裏側にある論理、法則、真実の把握ないし、それを追求しようとする姿勢、②それぞれの分野に応じた学び方の自覚化、③科学、文化の人間的、社会的意義の認識と、それに支えられた学ぶ意欲、それらの総体を「しんの学力」としています。(3)

注目したいのは、それぞれが「…姿勢」「…学び方の自覚化」「…学ぶ意欲」という終わり方をしており、「…結局、教科教育をつうじて子どもたちを学習主体にまで育てることをめざすべき」と主張していることです。子どもたちの意欲につながってこそ教科教育の意味があると強調されているのです。この観点を再度確認し合いたいと思います。

今、「スタンダード」での学びと真に対決し、乗り越えるためには、この学習主体である子どもたちを育てること、それを目指した授業（学び）を展開することが必要だと考えます。そのためには、日常の授業に、子どもたちとの応答、子ども同士の応答、教材との応答がある授業を粘り強く創造し、子どもたちが「主体」として育っていく、その手助けを教師がしていくことだと思うのです。

それを現実のものにするために、私たち教師が最大限に重視したいのは、【自由】です。教師に教える自由がないところでは、教師の授業創造の意欲は生まれてきません。「スタンダード」によって、教師が授業の「客体」にされることは、結局は子どもたちを「客体」に落とし込めることになってしまいます。教師の最大の味方・エネルギー源は子どもたちです。濁った流れに流されることなく、子どもたちとの応答をしたたかに楽しんでいきましょう。

（1） 拙稿「『スタンダード』の問題と教育実践のあり方」（『生活教育』二〇一六年一〇月号）
（2） 春日井市教育委員会など『学習規律の徹底とＩＣＴの有効活用』（教育同人社、二〇一五年）
（3） 川合章『生活教育の理論』（民衆社、一九八一年）

第四章　学級づくりの柱として

～学級通信と工作～

つなげる・つながるために

～学級づくりと学級通信～

私は、初任の年以来、学級づくりの重要な柱の一つとして、学級通信を位置づけてきた。ここでは、現職最後の年(一年生担任)の学級通信をもとに、私が取り組んだ学級通信の実践をまとめていきたい。

一　二〇一二年度の「学級通信」

一年生以外を担任した時は自分の学級で手書きの学級通信を発行してきた。しかし、一年生を担任した場合、学年の中で私が通信担当を引き受け、「学年通信」をパソコンで作成し発行してきた。一年生の場合、初めて小学生を持つ保護者の方も多く、その分我が子を学校に預けていることへの不安も大きいからである。だが、この二〇一二年度は、私が現役最後の年だったため、隣の若い女性のU先生の了解を得て、五月の連休明けから学級通信「ひとなる」を発行した。(U先生は、「いいですよ。私も学級通信を出しますから」と快諾してくれた。)そして、一年間に148号まで発行した。

※学年通信は五月七日までに16号まで発行。以後は、通常の「学年通信」を月に一回程度発行。

二　なぜ学級通信を発行したのか

第一に、小学校に入れた保護者の不安を少しでも和らげたいという思いがあった。保育園などの時は、毎日担当の先生・職員の方と送り迎えの際に顔を合わせるので会話もあり、また『連絡帳』でのやりとりで我が子のことを知ることができた。しかし、「小学校に入ったら、急に子どものことが分からなくなった。」と話される保護者の方は多い。小学校では、年に四〜五回の授業参観、二回ぐらいの学級懇談と個人懇談があるだけ。我が子のことを担任の先生からしっかり聞ける・担任の先生としっかり話せる機会はほとんどないと言っていい。学級通信を発行し、読んでいただくことにより、学校での生活・様子を知らせ、（ああ、うちの子もこんなことをしているんだ・こんなふうに学校生活を送っているんだ）と保護者の方に安心してもらいたいと考えていた。

第二に、学年通信の「限界」がある。月一回程度の学年通信では、行事予定や学習予定、集金のお知らせ、最低限必要な保護者へのお願いや依頼…などを載せることで精一杯である。子どもたちの生活の様子・学習の様子・作品などを載せることはできない。「事務的な連絡の紙」になってしまうことが多いのである。

しかし、学級通信なら自分のペースで発行できるので、小回りがきき、速報性を持たせることができる。担任が見聞きした子どもたちの姿など身近な話題が載せられる。最大の利点は、子どもたちの作品紹介（作文・図工などの作品・生活科の観察記録など）が何回も掲載できることである。

実際、この年で言うと、クラス全員の作文などを、一人4〜5回掲載できた。掲載に不公平がないように、名簿にチェックを入れながら、全員が載ったら2回目にいく、というふうにしていた。

第三には、学級づくりとの関連で、子どもたちを《つなげる》・子どもたちと《つながる》、ということを強く意識していたからである。

学校の教師は、私自身もそうであったが、「まとめる」という言葉をよく使う。子どもに「まとまった学級にしよう」と呼びかけたり、リーダーの子に「学級委員としてクラスをまとめるために頑張ってくれよ」と話したりする。「学校文化」としてありがちだが、「きちんと並んで、静かに特別教室まで時間内に移動できる」学級を、「あの学級はまとまっている」と評価することも多い。

私は、教員生活の後半は、「まとまる」という言葉を使わないようにしようと考えていた。それは、「まとまる」のがいいというのは誰の目線かを考えたからである。極端な言い方かも知れないが、「まとまる」「まとめる」は教師の目線であり、教師にとって都合のいい言葉ではないのか。

そうではなくて、一人ひとりの生活意欲を耕し、いろいろな活動の中で、子どもたちがお互いを知り、子ども同士のつながりが深まっていくことを追究すべきではないのか。《子どもたちをつなげる》ことを学級づくりの目標にしたいと考えた。そのために、学級通信の記事を読む・みんなが書いた文を読み合う・友だちの作品を見合う・それらに関連していろいろな話ができる…等を日々積み重ねる中で《つなげる》ことを重視したかった。そして、子どもと子どもが《つながる》こと、担任である私自身も子どもたちと《つながる》ことができたらいいなと思っていた。

第四は、保護者の方と《つながる》ためである。学校での取り組みや子どもたちの生活の様子、また担任教師の思い・願いを理解してもらい、保護者の方たちと【共育】する関係を創り出したいと考えていたからである。保護者の方たちにも、「我が子だけ」の「自子中心主義」にならないようにしていただきたかった。

三　《つなげる》《つながる》ために　～具体的に学級通信の記事から～

どんなことを学級通信に載せ、何をしていたのかを項目別に具体的に紹介していく。

（太字にしてある号は、この文章の最後に、資料として掲載した）

①　学校・学級での出来事を私が簡単にまとめて速報として知らせる、「1の1ニュース」などの記事にしたもの。他の記事もそうだが、朝の会で記事を読み、その時のことを「こんなことがあったよね」「こんなふうだったね」「この時○○がさあ…」などと交流した。自然と共感が広がり、次への期待や見通しが生まれることもあった。

＊「うれしいこと」No.21　**＊「わぁーい、すいえいだー」No.25**

＊「トントン10」など No.39　＊「だって、先生は60だもの」など No.145

※朝の会で私が読んで、いろいろ話し合う

例えば、**No.21「うれしいこと」**の中の「おうえんだん」は、美穂さんという子のことを意識して書いた記事である。美穂さんは、体も大きく、しっかり者で、お姉さん的な存在であった。教室にある私の事務机を何も頼んでいないのに友だちと一緒にさあーっと片付けてくれたり、クラスでの話し合いでも中心的に活躍したりしていた。勉強も運動も得意であったが､唯一登り棒だけが苦手であった。それまでの体育の授業では、一瞬棒に飛びつくが、すぐに諦めてストンと落ちていた。何でもできる自分の「できない」部分をみんなに見せたくなかったのかもしれない。しかし､この日､何人かがてっぺんまで登った。自分が登り始めると､すごい応援の声がする。もともとできる力があったのだろう。みんなの声を背に諦めないで頑張ったら、何と初めててっぺんまで登れたのである。美穂さんの晴れ晴れとした嬉しそうな顔が印象的だった。だから、この記事を載せ、朝の会で読み、「みんなに応援されるって嬉しいよね」「思わぬ力も出せちゃうよね」「みんなにもそんなことが今までなかった?」

「あのね、ぼく、○○○ということがあったよ」…などと朝の会でひとしきりおしゃべりするのである。私の思いを伝えながら、子どもたちとも思いを共有できたらいいなと考えていた。

② 子どもの作文・学習日記…を載せた。授業などでやったことの確かめとなり、同じクラスの仲間の発見や出会い直しでもあった。

＊「アサガオの観察日記」「行事の作文」「絵」

＊ふたばがでたよ！No.5　　＊生活科「みつけたよカード」から

＊作文No.37・38　**No.129　No.139 140**

＊三回だけカラー印刷で　絵の具で描いた作品No.40　**「くじらぐも」No.94**　最終号No.148

※作文を読み合う

例えば、No.129のみや本ゆうや君の作文は、ちょっと前までいろいろなことが上手くできなくてちょっぴり自信をなくしていたゆうや君が書いたカラー版画の作文に【やる気】を感じて載せている。「ゆうや君、版画がんばっているよね。」「最近、ちょっとちがう！」などと話し合う。そして、「この作文で好きなところは、どこ？」などとみんなに聞くと、子どもたちから、「『ズボンは、はんズボンになっちゃったよ。』というところがおもしろかった！」というような意見が出てくる。普段はあんまり冗談を言ったりしないゆうや君が、自分の失敗？を素直に書いているところを、子どもたちは感覚的に読み取り感じるのだと思う。友だちの姿が少し見えてくる瞬間でもある。

その下の山本はる君の作文は、転校生として来たけいたつ君のことが書いてある。コメントにも書いたように、「きてくれたよ」という自然な表現の中にあるはる君の気持ちを考えた。給食のことは、とっても美味しそうに食べ、おかわりまでするけいたつ君に、私が「けいたつ、日本の給食はおいしいの？」と聞いた時、「アメリカでは給食はなくて、お弁当だったよ。」「へえ、給食がなかったんだ」「この給食はおいしいし、大好き。ママが作る料理よりもおいしい！」「えっ、ママのより？ そうかあ」「もっとおかわりしてもいいの？」「もちろん、いいよ」…などの私とけいたつ君とのやりとりを、はる君がちゃんと聞いていたから生まれたものだ。そして、「１くみのみんなをいつおぼえるかな。」と書いているのは、「早く自分も覚えてほしい」という気持ちでいることで、他の子の気持ちでもあることを確かめ、「けいたつ、みんなの名前を早く覚えてよ」と言って、読み合うのである。はる君のことも、けいたつ君のことも少しだけみんなの心に届いていく。

「読み合う」ということは素敵なことだと感じている。学級通信に載せることによって生み出せるこのような日々の時間は大切である。《つなげる》とは、例えばこのようなことである。

③　授業で学習したことも折に触れて記事にした。こんなことやったたな！ あれはこういう意味だったんだ、などと子どもたちと確かめたり、保護者の方にも学級でどのような学習を行っているのかを知ってもらいたかった。

＊なにに　かわるかな？ 濁点の学習 No.６・７・８
＊漢字の学習 No.62 65 66 81 94
＊10にするカードゲーム No.19　＊「しょっき」No.31
＊動物だじゃれ No.35・36　＊「トン・トン・10」No.39
＊「おおきなかぶ」の授業 No.48　＊「いのちの授業」No.52
＊「長さ」の授業 No.69 70 71 74 76

＊生活科「みつけたよカード」で
＊「くりあがりのたしざんにのぼれ」No.91など
＊たね集め No.93　＊「くじらぐも」No.94
＊「ずっと、ずっと　大すきだよ」No.117

④ クイズも時々載せ、朝の会でできるかどうかみんなで考えた。クイズを考えること自体が楽しい。正解を見つけると嬉しいし、友だちの意外な面の発見にもなった。また、朝の会でやったクイズを家に帰ってから家族の誰かに出題することを子どもたちは楽しみにしていた。自分は正解を知ってから家に帰るので、家の人はできるのかワクワクしながらやっていたようだ。
＊クイズ（その2）No.63「9－5＝7」
＊クイズ（その5）No.81「ゴミをそとへ！」
など、いくつかのクイズを載せた。

⑤ 手作りあそび工作など、ものを作り遊ぶということは私の学級づくりの柱になっていた。このクラスを担任した時も何とか時間を作り出して、実に様々なことをした。それらは、子どもたちの作文のネタにもなった。
＊入学式の日に「とりひこうき」「どんぐりトトロ」
＊「トトロのしおり」No.14　＊「たねひこうき」No.15

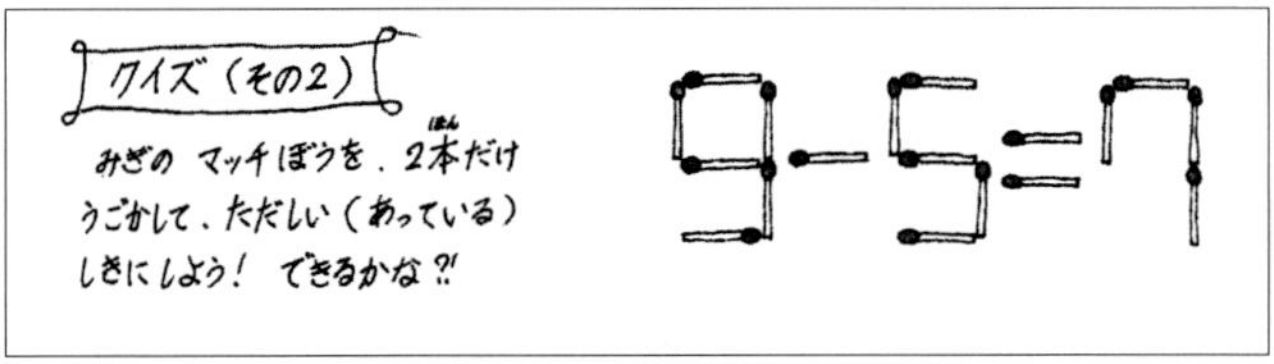
クイズ（その2）
みぎの マッチぼうを、2本《ほん》だけ うごかして、ただしい（あっている）しきにしよう！ できるかな?!

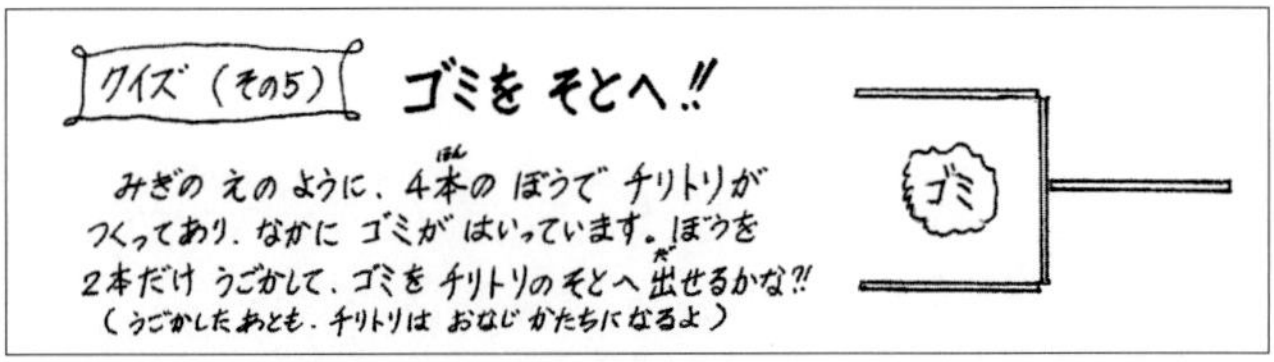
クイズ（その5）

ゴミを そとへ!!

みぎの えの ように、4本《ほん》の ぼうで チリトリが つくってあり、なかに ゴミが はいっています。ぼうを 2本だけ うごかして、ゴミを チリトリの そとへ 出《だ》せるかな?!

（うごかしたあとも、チリトリは おなじ かたちになるよ）

ゴミ

＊親子ふれあい活動で「たたきザル」「ふしぎなドラゴン」「新聞紙フリスビー」
＊アサガオ「たたきぞめ」No.39　「押し花」No.46
＊「着地猫」No.46　＊「ふしぎな　かみ」No.47
＊「回転馬」No.49　＊テレパシー？
＊なんでも食べるタコくん　＊「ふしぎカード」No.96
＊ドングリ工作　キツネ　ネズミ　こま　**やじろべえ　No.101**
けん玉　ペンダント　ドングリCDごま　リース
＊「立体ビル」No.106　＊「消える小人」No.107
＊「マジックしゃしん」No.113　＊「キトーマンおにぎり」No.133

⑥ 保護者の方に向けた記事もいくつか載せた。
＊「いい子」ってどんな子？No.45　＊勉強の意欲を育てる工夫No.53
＊夏休み　6つのポイント　No.56　＊漢字　カタカナ　No.62 64 65 66
＊たし算　ひき算　**No.82** 103　**＊3・11を忘れない**　No.144

⑦ 保護者の方と《つながる》ためにも、保護者の方にアンケートをお願いすることが一年に何回かあった。その結果を記事にして学級通信に載せた。
＊アンケート　学年通信　No.6・12・14
＊親子ふれあい活動について　No.29　No.33
＊できるようになったよ　はっぴょうかい　No.135 136 137

四　保護者の方の反応

この学級通信「ひとなる」についての感想を、行事後のアンケートに併せて寄せてもらったり、学年末に書いていただいたりした。

「うちの子は学校の事をあまりしゃべらないから、学校の様子が分かっていい。」「子どもとの会話の糸口になってありがたい。」「先生の考えが分かる。」「クラスの子の書いたものを読めると、いろんな子がいるんだと分かり、親しみがわく。」「授業をどんなふうにしているか分かるのがいい。」「なぜ他の子はあんなに作文が上手なの？」「大変だろうけど、頑張って発行し続けてほしい。」…などの意見・感想が書かれていた。詳しくは、年度末に書いていただいたアンケート（「ひとなる」No.146 147）をぜひ見ていただきたい。「子どもとの対話につながった」などを見ると、家庭で親子を《つなげる》役割も果たしていたのが嬉しい。また、「クラスのみんなのことも知ることができ、親としても安心できた」は、自分の子どもがどのような中で生活しているのかを知ってもらうことは安心感につながるのだと感じた。私としては、学級通信を読むことで、「先生の思いや伝えたい事」が少しでも保護者の方に伝わっているといいなと思った。

五　私にとっての学級通信＝学級づくりの中心的な柱の一つ

＊クラスの足跡・軌跡としての記録

別の年の学級通信に次のように書いたことがある。

「先日、あるお母さんから『先生、たくさんの作文を読むのは大変でしょうねえ。』と声をかけれました。でも、私は、子どもたちの作文を読むのが大好きなのです。読みながら、ニヤニヤ楽しんだり、感心したり、考えさせられたり…。その子が、どう思い、何に心を動かされ、何を望んでいるか…などが、少しだけ分かるような気がするからです。この「ひとなる」に、みんなの作文を載せるのは、できれば(あくまで、できればですが)《みんなの作文でつなぐ　三の一学級物語》になっていくといいなあ、と考えているからです。また、学級の仲間の作文を読むことで、一人ひとりの(お互いの)理解が深まっていく助けになったらいいなあと思っています。もちろん、「上手・下手」は関係ありません。だから、全員の作文を順に載せていくつもりです。」(二〇〇九年度)

ここにあるように、学級通信が、クラスの足跡・軌跡としての記録となることを重要視してきた。作文や作品や記事が、クラス全員で共有できることももちろん大切だが、何人かの子どもたちに残る・たった一人だけの心に残る形で足跡になっていくことを願っていた。その足跡が多く重なることでの変化を期待していた。

＊何年後かに手にとってもらえたら

また、年度末に冊子にした学級通信を、子どもたちが何年後かに手にとって振り返ってもらえたら…こんな嬉しいことはない。大人になって開かれる同窓会の席で、学級通信のことが話題になることも多い。「小学校のことはほとんど覚えてないけど、学級通信を見ると、こんなことがあったなと思い出します」「自分の作文を読むと、はずかしいけど面白い」「この頃、何を考えていたのかが分かって、僕にとって貴重です」…などと出てくる。

学級通信が、担任した子たちの、記憶の欠片の一つになってくれることがあるとしたら、文字にして残すことに意味があると思いたい。

＊学級通信を書くのは、自分自身のため

最後に、私にとっての学級通信が、学級づくりの中心的な柱の一つである理由をもう一つ述べたい。

それは、学級通信を作成し発行する意味が、自分自身のためである、という点である。子どもたちの作文を読む時、先ほども引用したようなつもりで読んでいる。そして、作文を手書きで用紙に清書している（刻み込んでいる）時に初めて気づくことが少なくないのである。最初は何気なく読んでいた作文でも、書き写していると、（ああ、あの時のことをこんなふうに感じていたのか）（この子は、ここに心を動かされたんだ）（こんな表現になったのは、こういう気持ちからではないか）…というように、いろいろ思いを巡らせている。作文ではなく、自分が書く記事の時でも同じことが言える。

「学級通信を作るのは大変でしょう」「子どもの作文を書き写すのは手間がかかりますね」などと言われることもあるが、私にとってこの作業は単なる作業ではなく、【子ども理解】のプロセス（時間）そのものである。そういう意味で、私自身のための大切な時間であると感じている。

篠原小
1の1
学級通信

ひとなる

'12.6.4
NO.21

うれしいこと

なわとび

先週の水曜日、体育館でなわとびをしました。前回しとびをやったのですが、1回縄を回し、その間に1回跳ぶようにします。跳べるのですが、1回縄を回す間に、"トン、トン"と、2回跳んでしまう子や、2～3回ですぐにひっかかって止まってしまう子、さらには全く1回も跳べない子…　いろいろでした。

でも、うれしいことに、跳べない子の顔もキリッと引きしまっていました。"跳べるようになりたい"という強い気持ち＝ヤル気がびんびん伝わってきました。

おうえんだん

低学年広場の遊具をできるようにする「体育カード」に取り組んでいます。(「ひとなる」NO.10)

最近の体育でも、ブランコの立ちこぎが、全員合格しました。

登り棒も、新たに3人がてっぺんまで登り、合格しました。

合格した子のうれしそうな顔を見るのもうれしいのですが、だれかがチャレンジしている時、そのほかの子が大きな声で「ガンバレ！ガンバレ！」と応援する姿がとてもいいのです。声が大きすぎて、「授業のじゃまになっちゃうから、もうちょっと小さい声で」と、ブレーキをかけないといけないくらいです。

子どもって、不思議で、友達の応援があると、その気になって(?)、今までとちがう思わぬ力を発揮してしまうのです。

"応援団"がいるって、いいことですね。

ペアになる

学習やゲームでペアをつくる時があります。4月ごろはなかなかペアになれなかった子も、今はさっとなれるようになってきました。

篠原小
1の1
学級通信

ひとなる

'12、6、8
NO.25

わぁ〜いすいえいだ〜

6月7日（木）3・4時間目に、小学校に入って 初めて、プールに入りました!!

ごむぼうると わっかをとる げえむは、1くみがかって、うれしかったよ。ぷうるに さいしょ はいるときは、みずが つめたくて、からだが ふるえたけど、だんだん なれてきて、さいごの ほうに なると、きもちよくなってきたよ。はいるまえは、どきどきしたけど、だいじょうぶだったよ。（A君）

おおきい ぷうるに はいったら、あしが いちばん したまで ついたよ。かおを いれたとき こわかったけれど、がんばったよ。（Kさん）

きがえ

さんだるをはいて
ぷうるへ

かおを いれたよ。かおを いれれたよ。かおを いれたとき、たのしかったよ。がんばったよ。ぷうるは こんなに たのしいと おもわなかったよ。でも、さむかったよ。（M君）

おおきい ぷうるに はいって、うれしかったよ。ぷうるの おおきさが ぜんぜん ちがったよ。いっぱい はいりたくなっちゃいそう〜 だから、うれしい。ぼうけんも たのしかったよ！（Mさん）

ぷうるが つめたくて、さむかったよ。ぷうるで シャワーが あたたかくて、きもち よかったよ。プールが もっと あたたかい ほうが よかったかもしれない。けんがくの こは、かわいそうだったよ。（K君）

すいちゅう
かけあし

これ以上ないいい天気。みんながんばりました。つぎの水泳が楽しみだね！

篠原小
1の1
学級通信

ひとなる

'13. 1. 22
NO.129

みんなの作文から

「カラーはんがを つくったよ」

みや本 ゆうや

カラーはんがを つくって、(カラーはんがは おもしろいな。)とおもったよ。でも、やってるうちに (やっぱり むずかしいかな。)とあとで おもったよ。じぶんの つくったものは、こまで、(こまが じょうずに 下がきできたぞ。)と おもって、ズボンは、はんズボンに なっちゃったよ。

カラーはんがは、シールの おりがみ みたいなものだよ。カラーはんがは おもしろいよ。でも、むずかしいところもあって、かみの けが むずかしくて、(かみの け、むずかしい) と おもって、せん生が、

「かみの けは、こまかくね。」

って いってたよ。カラーはんがは、かさねて つけると、手や あしが ふくや ズボンから出てるように見えるよ。カラーはんが おもしろいよ。

※ 最近《さいきん》の ゆうや君《くん》の "ヤル気" は、すばらしいです。特《とく》に、授業《じゅぎょう》中の 発表《はっぴょう》を すごく がんばってくれています。図工《ずこう》でやっている カラー版画《はんが》にも 集中《しゅうちゅう》して 取《と》り組《く》んでいるのが よく分《わ》かりますね。カラー版画《はんが》を 作《つく》るのは 初《はじ》めてだったし、細《こま》かい作業《さぎょう》も 必要《ひつよう》で、みんなにとって ちょっと むずかしかったようです。刷《す》り上《あ》がって 完成《かんせい》するのが 楽《たの》しみだね。

「てん校生の 石田 けいたつくんが きたよ」

山本 はる

石田けいたつ くんが、1月 アメリカから しのはら小学校に きてくれたよ。そして、りいくんの ねん小さんの ときに アメリカに いっちゃった てん校生だったって きいて、すごい びっくりしたよ。そして、ぼくは、りいくんが うれしいかな――って おもったよ。そして、けいたつくんは、「日本の きゅうしょくが おいしい。」と いったから、よかったよ。いで けいたつ くんは、学校の ぜんぶが わかったかな。それに、1くみの みんなを いつ おぼえるかな。

※ はる君の 作《さく》文を 読《よ》んでいて、先《せん》生は 心《こころ》が あったかくなりました。「きてくれたよ」と 自然《しぜん》に 書《か》いているところ、けいたつ君《くん》の 「不安」? な気持《も》ちに 心《こころ》を 寄《よ》せているところなどが あったからです。はる君は、きっと けいたつ君に早く自分も覚えてほしいと 思っているんだね。

篠原小
1の1
学級通信

ひとなる

'13.2.19
No.139

みんなの 作文から

「かぞくで もりころパークに いったよ」

中しま あいり

まえ、日よう日に、もりころパークに スケートに いったよ。スケートじょうは ひろくて、たのしかったよ。やってるとき、おねえちゃんより はやく はしれたよ。

さいしょの うちは、どんなふうかなーて おもってたけど、たのしかったよ。スケートで ころぶかもしれないって おもってたけど、1かいも ころばなかったよ。おねえちゃんも、たのしいって いってたよ。また いきたいって おもったよ。スケートをやりに いって、よかったよ。こんどは、いろんなのを やろうって おもったけど、ほかのは すこし おそめに きちゃったから、むりだったけど、こんどは やろうって おもっています。また こんども ぜったい いきたいなーて おもったよ。スケートは ほんとうに たのしかったよ。でも、ちょっと やりすぎて、足が いたくなったよ。でも、たのしかったよ。

※ あいりさんは、「やりすぎて、足がいたくな」るほどだったと書《か》いているから、スケートが よっぽど楽《たの》しかったんだね。それにしても、「1回《かい》も ころばなかった」というのは すごいね。先生なんか スケートが苦手《にがて》で、大人《おとな》になって久《ひさ》しぶりにスケートをした時《とき》なんか、ステンところんで、思《おも》いっきり おしりをうって、おしりに大きな青アザができてしまったのに…。それに、何《なん》年か前《まえ》、6年生を担任《たんにん》していて、卒業遠足《そつぎょうえんそく》でスケートに行《い》った時《とき》、先生が あまりに へっぴり腰《ごし》だったので、クラスの子たちに大笑《わら》いされた苦《にが》い思《おも》い出があります。それにくらべて、あいりさんは すごいね!!

「きょう みんなで サッカーをやったよ」

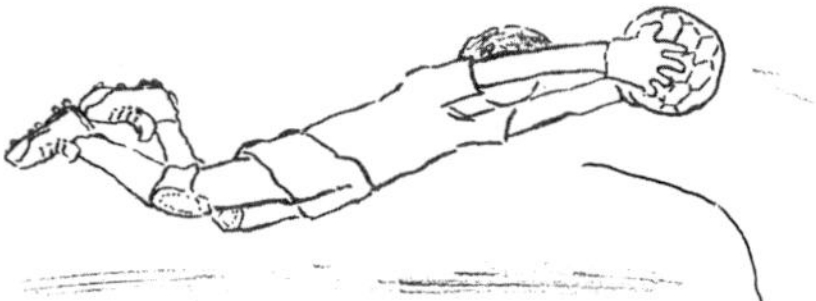

すぎ山 りく

サッカーが 一ばん たいいくで おもしろかったよ。そして、サッカーの しあいのとき、ちょっとしてから、山川りいくんが 女の子チームに 入れてあげて、女の子チームは、「よし!」って いってたよ。でも、男チームは、しょんぼりしてたよ。

そして、あいざわ むさしくんは、ゴールに入《はい》りそうに なったけど、入《い》れれなかったよ。

篠原小
1の1
学級通信

ひとなる

'13.2.19
No.140

（No.139からの　つづきです）

もう ちょっとで ゴールしそうだったけど、・・・。そして、まけて、女の子とかは こういったよ。「ありがとう！」て いってたよ。山川りいくん・・・ なんで入れちゃったのかなあ？

※ この「ひとなる」No.134でも書《か》いた オウンゴール事件《じけん》だね。（オルゴールじゃないよ！）一生《いっしょう》けん命《めい》に スポーツをしていると、思《おも》わぬことが起《お》こるんだね。りい君《くん》は、ゴールに入れさせないように必死《ひっし》でヘディングしたんだよ。でも、そのヘディングしたボールが運悪《うんわる》く自分《じぶん》たちのゴールに入《はい》っちゃった。一生《いっしょう》けん命《めい》にやった結果《けっか》だから、誰《だれ》も悪《わる》くない。先生としては、そういうハプニングは笑《わら》いとばして、「さあ、次《つぎ》がんばるぞ!!」と、気もちをスパッと切《き》りかえられる子（クラス）になってほしいと思《おも》っています。

りく君《くん》は、やさしい心の持《も》ち主《ぬし》だから、友《とも》だちのりい君《くん》のことを思《おも》っているんだね。

「こまが じょうずに なったよ」

あい川　むさし

ぼくは、さいしょは ぜんぜん できなかったけど、そのときは、もちかたが ちがったから まわらなかったんだあーと おもいました。

それで、もちかたを なおしたら、すごく まわるように なったよ。そしたら、空中《くうちゅう》で かんかんに 入れるのが できました。

ほうかの ときは、みんなで しょうぶを しています。でも、だれかが じゃまを してくるので、あまり しょうぶが できません。

いま ぼくが れんしゅうを している しゅもくは、ふたに のっけるやつと、手に のっけるやつを れんしゅうしています。

※ 男の子の何《なん》人かと、女の子も少《すこ》し加《くわ》わって、休み時間《じかん》に こまで遊《あそ》んでいる子たちがいます。むさし君《くん》も その一人です。自分《じぶん》で書《か》いているように、むさし君《くん》も最初《さいしょ》は なかなか こまが回《まわ》せませんでした。でも、今では 手に持《も》った 四角《しかく》い缶《かん》に 空中で乗《の》せることができるようになりました。回《まわ》せる子がやっているのを見て、こまの持《も》ち方《かた》のちがいに気づいていったんだね。回《まわ》せる子が増《ふ》えてくると、子どもたちは自然《しぜん》と いろいろな勝負《しょうぶ》を始《はじ》めました。遊《あそ》びが発展《はってん》したのですね。誰《だれ》か一人が むずかしい技《わざ》を成功《せいこう》させると、僕《ぼく》も・・・と練習《れんしゅう》に熱《ねつ》が入っていきます。そして、技《わざ》のレベルも ぐんと発展《はってん》していきます。こういう子どもたちの姿《すがた》を見ると、こまをとり入れて良《よ》かったなあと感じます。

篠原小
1の1
学級通信

ひとなる

'12. 10. 18
No. 91

くりあがりの たしざん

ガオス

― 花村 かおり ―

ガオスから ピグモンまで やってきたけど、ピグモンは ちょっと かわいいけど、プリントでは いつも キトーマンが でてくるけど、あの キトーマンは いらないよ。じぶんは、あのキトーマンは ちょっと へんだなと おもいます。じぶんでは、くりあがりの たしざんの プリントで まちがえたのは ゼットンの 7+4= のもんだいで、こたえは 11だったんだけど、14って かいちゃったよ。ほんとうは 11って かこうとしたんだけど、14って かいちゃったよ。でも、たまあに 1と 4を まちがえるときがあるから、それで まちがえたよ。

イヒヒ

― いわ下 るり ―

ピグモンの もんだいは、むずかしいよ。じぶんは、(ピグモンのもんだい できるかな。)と おもっているよ。6の もんだいは むずかしいよ。いままでは かんたんだったけど、いきなり むずかしくなったよ。じぶんは(きんちょうする。)と おもってるよ。(つぎは、なんの かいぶつが でるか たのしみだな――)と おもっています。(じぶんは まちがえたことが ないから、がんばるぞ)と おもっています。どんどん むずかしく なってきたから、ちょっと ピンチに なってきたよ。(でも、がんばるぞ)と おもっています。くりあがりは むずかしいよ。いまの きもちは、(ぜんもん せいかい するぞ)と おもっています。

◘ くりあがりの たしざん(山)に のぼれ! エピソード集?!

- 黒板《こくばん》の左上《ひだりうえ》に、ろうやがあって、そこに かいぶつたちが 入れられています。
  「5ひきも ろうやに いるから、せまくて もう入《はい》らない。どうしよう?!」
- ろうやの 線が一部 消えていたら、
  「かいぶつが にげちゃうよう。」
- 「ひょっとして、ミスターX《バツ》が ボス?!」
- 「先生《せんせい》、次《つぎ》も 算数《さんすう》やろ! 早《はや》く かいじゅうを やっつけたい。」
- 練習《れんしゅう》プリントに、ガオス・イヒヒ・レッドキング・ゼットン… などが のっていたら、
  「もうやっつけたのに、なんで 生《い》き返《かえ》ったの?」
- 「後《あと》から出《で》てきた ゼットンが 弱《よわ》いのは、なぜ?」
- 「ゼットンは、ちょっと かわいいよね。」

篠原小
1の1
学級通信

ひとなる

'12.10.29
NO.96

みんなの作文から

「ふしぎカードを
つくったよ」

いとう あき

ふしぎカードを おかあさんにやったら、「どうして わかったの?」って いってたよ。そしたら、わたしは「かんだよ。」って いったよ。その つぎ おにいちゃんに やったら、「これ 見せて。」って いったよ。わたしは「いいよ。」と いったよ。それでも おにいちゃんは「わからなかったよ。」って いってたよ。一《いち》ばん わかりやすい かおを してたのは、おとうさん だったよ。だって、すごく びっくりしてたから、(おもしろいな)って おもったよ。はじめ せんせいが わたしを あててくれて、ふしぎカードを ためしてくれたよ。そのとき、せんせいが さいごに ピタリと あてたよ。あってたよ。(さいご せんせいが なやんでたの おしばいなんだ──)って おもったよ。

※「くりあがりの たしざんに のぼれ!」の"たからもの"として、「だまって えらべば ピタリと あたる ふしぎカード」を作《つく》りました。作《つく》った後《あと》、みんなで ピタリと 当《あ》てられるように 練習《れんしゅう》しました。あきさんのように、家《いえ》で 成功《せいこう》したかな? あきさんは、家《いえ》で じゅうぶんに 楽《たの》しんだようですね。先生《せんせい》のお芝居《しばい》? の意味《いみ》が、あきさんは ちゃんと 分《わ》かったね。

クイズ(その7)「**3つの 15をつくれ!**」

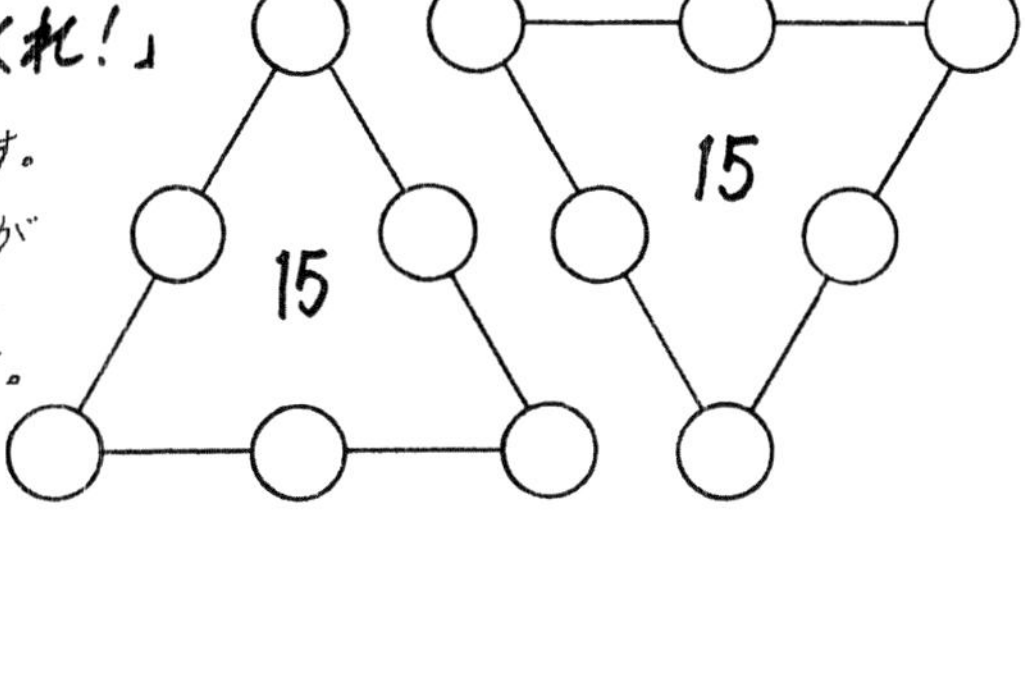

・○の中に、0~10のすう字を いれます。
・○-○-○ の ごうけい(たしたかず)が 15に なるように すう字を いれましょう。
・△の 3つともが 15に なるようにします。
・おなじ すう字を 2かいまで つかえます。
さあ、チャレンジしてみよう!

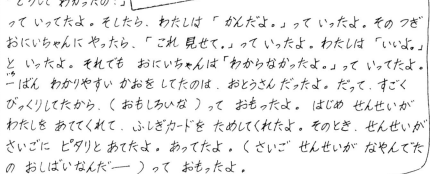

篠原小
1の1
学級通信

ひとなる

'12.11.2
NO.101

こんどは やじろべえ をつくったよ！

まる山 あや

うちに かえって、おかあさんに やじろべえを 見せました。そうしたら、おかあさんが、こう いったよ。「どうして テレビにも のるの？」わたしは、「やじろべえ だからだよ。」って いったよ。

上木 ゆうき

ドングリこうさくで、やじろべえを つくったよ。さいしょは できなかったけど、いまは できるように なったよ。ぼくは もう一かい やりたかったよ。でも、かおも つくりたかったよ。でも、おうちで やじろべえを 10こ つくりました。

※ あやちゃんが、お母《かあ》さんに「やじろべえだからだよ。」って こたえているところが おもしろいね。ゆうきくんは 家《いえ》で 10こも やじろべえを 作《つく》ったんだって。ビックリだね。ゆうきくんは 絵《え》も じょうずに かけたね。

下林 しゅんすけ

やじろべえ ってものを いままで しらなかったよ。バランスを とれるって ことも しらなかったけど、まくのが むずかしいし、つよく まくなんて しらなかったよ。できてるけど、すぐに おっこちてたけど、うしろに やれば、バランスが とれて、ゆびに のったのが すごかったよ。

※ しゅんすけくんは、初《はじ》めて やじろべえを 知《し》って、おどろいてくれたんだね。かたむいているのを なおして、バランスを うまくとる 方法《ほうほう》も 見つけたなんて、すばらしいね！

篠原小
1の1
学級通信

ひとなる

'12. 10. 24
NO. 94

1の1の教室にくじらぐも

今《いま》、1の1の教室《きょうしつ》には、「くじらぐも」が ゆうゆうと 空《そら》を 泳《およ》いでいます。先日《せんじつ》、水色《みずいろ》の B紙大画用紙《しだいがようし》を 横《よこ》に 2枚《まい》つなげたものに、白《しろ》い 綿《わた》を クラスの みんなで はって つくった「くじらぐも」です。一人《ひとり》ひとりが 描《か》いた 自分《じぶん》を、そこに のせました。見ていると、なぜだか 楽《たの》しい 気持《きも》ちになります。

漢字は、やっぱり むずかしい！

休み時間に、オルガンの所に集まっていた子たちの話も入っています！

車

しゃ
くるま

10月23日（火）、「じどう車」の「車」という 漢字《かん》を 習《なら》いました。

「車」のつく 言葉《ことば》さがしをしました。「じてん車」「車りん」「三りん車」

「一りん車」… T:「ほかには ない?!」 「きかん車」「しょうぼう車」

「はしご車」「れっ車」「き車」「ポンプ車」「きゅうきゅう車」

「車しょう」「はっ車 オーライ！」「ちゅう車じょう」「車こ」「車どう」

「せん車」「代車《だいしゃ》」… T:「『くるま』でも ある？」 「風車《かざぐるま》」「かた車」

「車えび」


でも、ちょっと ??? の 言葉《ことば》も 出てきます。「校しゃ」「注射《ちゅうしゃ》」「シャチ」

「会社《がいしゃ》」「シャツ」「シャッター」「しゃもじ」「くしゃみ」…

そのうちに K君《くん》が **「シャキーン！」** （ポーズつきで） 大笑《わら》いしました。

この「ひとなる」NO.81で「田」のことを書きましたが、漢字は やっぱり むずかしいですね。

① 10をつくるには、どうしたらよいか。

② 10をつくった残りは、いくつか。

この2つのことを、いつも頭の中において計算しなければならないので、1年生としては、大変なことですし、この抵抗・困難に立ち向かっていき、この計算をどうものにしていくかが、1年生の大きな課題となります。

『くり上がり・くり下がり』が、1年生の算数学習の山場だと言われている所以《ゆえん》です。

今年の1年生は、これから『1年生学習プリント くりあがりのたしさん(山)にのぼれ!』を使って、『9+9型』の計算、つまり、くり上がりのあるたし算の学習に取り組んでいきます。

このくり上がりのあるたし算の計算のしかたを、学習プリントから紹介しておきます。参考にしてください。

例を『9+4』で説明しましょう。

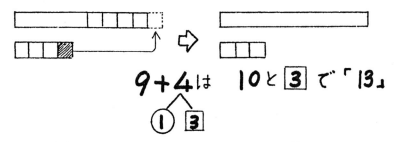

9+4は 10と3で「13」

(4 → ① 3)

① 加えられる数「9」は、あと いくつで 10になるかを考えます。

② "9に あと1で 10になる" ことを知ります。

③ 加える数「4」を、1と3に分解します。

④ そのうちの「1」だけを 9の方に移して、10とします。

⑤ 残りの「3」を、10に加え、答えを『13』と出します。

さて、この場合、①が子どもたちにとって難しいところです。実際の授業では、下の絵のように、たまごのパック(10個入り)を使って説明したり、上に載せたようなタイルの操作をしながら学習を進めていきました。タイル計算で、十分に計算のしかたを理解しながら、数字だけでの計算と、その練習に入っていくつもりです。

篠原小
1の1
学級通信

ひとなる

'12、10、4
No、82

くり上がりのたし算

―基礎は急がず、着実に進めていきましょう―

1年生の10月から11月にかけての算数学習は、1年生の勉強の最大の山場である、10から20までのたし算、『くり上がりのあるたし算』そして、それに続く『くり下がりのあるひき算』になります。

ここでは、『たし算』学習についてとり上げたいと思います。

ところで、『くり上がりのあるたし算』というのは、足した答えが10以上になるたし算のことで、これには問題が45題あります。その45題のうちで、答えがちょうど10になる『9+1型』の計算が9題です。

そして、答えが11以上になる『9+9型』の計算が36題あります。
（下の表を参照してください）

くり上がりのある
たしざん

9+1								
9+2	8+2							
9+3	8+3	7+3						
9+4	8+4	7+4	6+4					
9+5	8+5	7+5	6+5	5+5				
9+6	8+6	7+6	6+6	5+6	4+6			
9+7	8+7	7+7	6+7	5+7	4+7	3+7		
9+8	8+8	7+8	6+8	5+8	4+8	3+8	2+8	
9+9	8+9	7+9	6+9	5+9	4+9	3+9	2+9	1+9

9 + 1 型	9 + 9 型
↓ 9題	↓ 36題

10をつくるには？―くり上がりの基礎です！―

このくり上がりのある計算は、一位数の計算の中でも一番むずかしい計算です。それは、5+3などの計算とちがって、考えなくてはならないことが、次のように2つあるからです。

（裏面に続く）

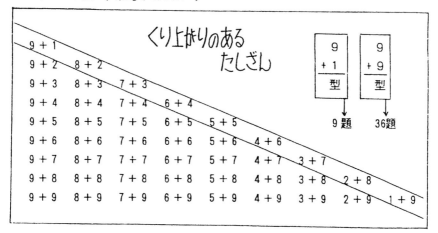

篠原小
1の1
学級通信

ひとなる

'13.3.12
No.144

3.11を忘れない

宮城県石巻市立大川小学校

この大川小では、児童108人のうち74人，教職員10人の合わせて84人の方が津波にのまれ、犠牲となりました。

東日本大震災から、昨日11日で2年がたちました。死者は1万5881人、行方不明者は いまも2668人に上ります。仮設住宅などで 約31万人が避難生活を続けてみえます。

昨日3月11日(月)、朝 8時40分から、篠原小全校で、1分間の黙《もく》祷《とう》をしました。

黙祷の後、1の1の子どもたちに 少しだけ話をしました。

⊙「3.11」を 忘れないでほしい

過去のこと、遠く離れた場所のこと、自分とは関係のないこと…… ではない。今も 行方不明の方がみえる，自分の家に帰れないで避難生活をしてみえる方が31万人以上みえる，遺族の方たちの悲しみ，同じ学校で学んでいた子たちが バラバラに、…など、決して終わったことではないのだと 頭の中に、心の中に入れておいてほしい。

⊙ 生命《いのち》を 大切に！

生命ほど尊《とうと》いものは ない。昨年から「いじめ」問題が 大きな 社会問題となっているが、自分の生命を大切にすることは もちろん、他人の生命も 大切にする気持ちを 持ってほしい。

1の1の子たちに どれだけ 伝わったのかは 分かりませんが、この「ひとなる」に書き記しておけば、いつか見てくれる時があるかも…と思っています。

1の1ニュース

「いいこと いっぱい 1年生」づくり

今、1年生の思い出をまとめています。文を書くのは 大変ですが、記念に残るものになるといいなと思っています。
・写真の印刷も しました!!
※ なかなか 文が 合格？しなくて、ちょっと しんどくなってきた子も いますが….

作品入れのバッグ

図工などの 4月からの作品を入れて 持ち帰るための 大きなバッグを、折り紙などで きれいに かざっています!!

けん玉・こま

「もしかめ」が 20回以上できる子が 増えてきました。こまでは、缶のふたに 空中でのせられる子が 何人も出てきました。やっぱり けん玉やこまで 遊んでいる子は、上手になっていきます。

篠原小
1の1
学級通信

ひとなる

'12.6.14
No.29

親子ふれあい活動のアンケート ありがとうございました

☆ 親子で工作について

。たたきザルは、とてもかわいくて、作りやすかったです。下の子の赤ちゃんが、すごい笑って、お気に入りです。ふしぎなドラゴンは、見えた時の感動がすごかったです。見ようとしている子供の目を見ていると、初めは じーっと目が動かず、真剣なのに、「わぁ↗」と目が大きく開いて、満面の笑みになります。こっちまで「あっ、見えたんだあ♡」とうれしくなります。新聞紙フリスビーは、子供が一番飽きずに長く遊んでいるので、子供は一番のお気に入りかな？

。一番単純だったフリスビーは予想以上に子供が喜んでいて驚きました。おさるとドラゴンは、大人でも楽しめるもので、家に帰ってからも家族で遊びました。目の錯覚って、すごい!!! 以前家族でトリックアート展を見に行った事があり、改めてトリックアートのおもしろさを実感しました。

。"親子"とあるが黙々と1人で作り続けた感があった。出来上がりはすばらしく、記念になる品物を作ることができたが、時間が足りず、時間内に完成し、一緒に飛ばすなど、楽しめる所までができると もっと良かった。

。3種類を2個ずつ作るのが大変でした。ですが、とても楽しかったです。

。"親子で工作"は、工作好きな○○にとってとても楽しい時間だったようです。家に帰ってきてからも、兄妹で"たたきザル"演奏をして遊んでいましたし、"新聞紙フリスビー"を部屋中で投げて取り合いしてました。作る時間が短く、親の方が必死に取り組んでしまいましたが、子供の喜ぶ顔が良かったです。

。思ったより細かい作業で難しかった。短時間では大変でした。たたきザル 紙細工のようでおもしろかった。ドラゴン 余り立体的には見えなかった。フリスビー 紙で使い捨てできて、プラスチックのものを買わなくても遊べるんだと思いました。

※ 3つの工作は、少し欲張りすぎだったと反省しています。

子どもにも、大人にも喜んでもらえる、というのは難しいですね。

篠原小
1の1
学級通信

ひとなる

'13.3.21
NO.147

(NO.146の つづきです)

ほぼ毎日のように「ひとなる」があり、とても楽しく読ませて頂きました。他の子の作文を読むことも楽しかったですし、1年生らしく素直な表現で書かれているのがおもしろかったです。

毎日お忙しい中、1年間続けて下さって、ありがとうございました。幼稚園の頃とは違い、学校での子供達の様子を知る機会がなかなかないので、「ひとなる」を読むのがとても楽しみでした。「今日は何をしたの?」と聞くだけでは子供も何を話して良いのか分からない様ですが、「ひとなる」に書かれている事について聞くと、色んなエピソードを教えてくれて、話のきっかけになりました。他の学校のお母さんに「ひとなる」の事を話すと、とてもうらやましがられます。ずっと大事にとっておきたいと思います。

ひとなるの良かった所:1年生の親は不安に思う事が多いので、学校での様子やクラスのことがよく分かったので助かりました。先生の字が読みやすく、絵も上手なので、毎回楽しみにしていました。子どもたちの作文が1学期、2学期、3学期と、文が上手になっていっているなあと感心しました。パソコンよりも先生は大変ですが、手書きの方があたたかみを感じて良いと思いました。家庭での使われ方:毎回、子どもと読んで、学校であった事の話題にしています。作文に学校の行事のこと、体育の時間のことが多く書いてあるので、それを子供と話したり、「○○くんは、こまやけん玉が上手だよ。」など…。楽しそうに話してくれるので、こちらもうれしいです。良かった記事:「NO.144の 3.11を忘れない」です。その日、帰ってくると、今日学校で津波の話をして黙祷をしたよ、と教えてくれました。特別日課で早く帰ってきたので、テレビを見ていたら、ちょうど地震と津波の起こった時刻になりました。テレビで黙祷が始まると、遊びに行こうとしていた姉と一緒に、3人で1分間黙祷をしました。私が言った訳でもないのに、姉と2人テレビに向かって黙祷している姿を見て、この子達と同じ年の子がたくさん亡なったのだと思うと、とても悲しくなり、自分の生命を大切にして欲しいなあと思いました。○○がもう少し大きくなった時、ひとなるを読み返して、また何か感じて欲しいなあと思いました。

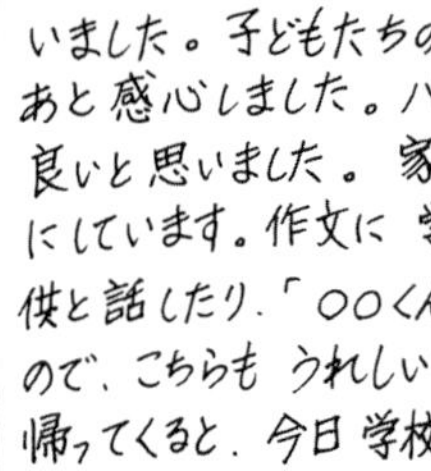

「ひとなる」を通して、子供達の学校生活の様子がよく伝わりました。先生の思いや伝えたい事を親として教えてきました。
娘も自分なりに気持ちを文章に表現できるようになったと思います。他のお友達の良い刺激を受けました。これから色んな事があると思いますが、「ひとなる」を読んで感じた事をバネにして進学してほしいです。P.S そして、私達にも沢山お手紙をくれて、気持ちを伝えてくれるようになりました。

篠原小
1の1
学級通信

ひとなる

'13.3.21
No.146

1の1学級通信「ひとなる」について

☆ たくさんの感想を寄せていただき、ありがとうございました!!

手書きならではの温かみが感じられました。とても読み易い字で私も母も楽しく拝読していました。○○の文が載った日は、帰宅するなり本人が「ひとなるに載ってるよ」と嬉しそうに話してくれました。ひとなるを通して、学校での出来事が分かり、また他のクラスメートの人柄も知ることができました。忙しい中、145号まで発行していただき、ありがとうございました。

うちの子は比較的学校でのでき事をよく話してはくれるのですが、時々まだちょっと言っている事がわかり難くて、そういう時にひとなるを読むと、あー この事を言っていたのだなと理解できて、そこからまた子供との対話につながりました。写真もたくさん載せてくださっているので、すごく状況がわかりやすくて、よかったです。私個人としては、No.94のくじらぐもがすごく好きで、音読で印象深かった話の後にクラスで作ったくじらぐもがカラーで貼ってあり、すごくいいなと思ったのを覚えています。…(後略)

はじめの頃、手書きの「ひとなる」を受け取った時、パソコンの調子が悪く、やむなく手書きで発行して頂いたのかと思っていました。先生の文字に慣れると、パソコンで作られた学年通信が妙に味気なく感じてしまうようになり…毎日のように発行していただいていたので、「ひとなる」のない日は、"鬼頭先生、忙しいのかな?"とか、"体調を崩されたのかな?"と、勝手に心配してしまうほどでした。すべて大切に保管しています。○○の作文が載った号は付箋をつけてたまに見ています。○○にとっても苦手意識のある作文が載せてもらえる事でとても励みになっていたようです。「この文は、自分の気持ちが上手に書けたから載ったんだ」と、自分なりに分析していました😊 クイズの載っている号は家族で一緒に考えたり、楽しませて頂きました。ありがとうございました!!

「ひとなる」を発行していただいたおかげで、子供たちのクラスでの様子や学校のこと等がとてもよくわかり、良かったと思います。子供も、自分の写真や作文が載っていると、うれしそうに報告してくれました。また、お友達の作文に対して、「〜くんが、この時こうだったんだよ!!」とか「〜ちゃんはあんなことしたんだよ!!」などと詳しく説明もしてくれたりもして、よりクラスのみんなのことも知ることができ、親としても安心できる材料の一つでした。ありがとうございました。

私の楽しみ　手作り工作

忙しい中でも自分らしく

実感としても、また各種のデータでも明らかなように、教員の仕事が忙しいのは間違いないことだと思います。「教員の働き方改革」を待たずに、今すぐにでも何とかしてほしいというのは切実な願いです。しかしその一方で、外から・上から押し寄せてくる濁流に流されるだけでは嫌だ、という自分がいます。

忙しい中でも、いや忙しい中だからこそ、自分の好きなこと・得意なことを教室に持ち込み、子どもたちと一緒に楽しんでいこうという気持ちが大切なように思います。私にとっては、その一つが「手作り工作」なのです。

本当は不器用だけど…

工作を見せたり教えていたりすると、「先生は器用ですねえ。」などと言われることがあります。でも、実は私はとても手先が不器用です。したがって手先が器用だから工作を始めたのではありません。私が工作を教えてもらったのは、同じ地域の実践仲間から、愛知民教連の講座でOさんから、様々な工作の本から、などです。

教えてもらったものを自分なりに改良してみることはありますが、自分で考え出したものがあるわけではありません。でも、一歩踏み出して自分で作ってみると、作ることが好きなんだという自分に気づいていきました。

一番大きい原動力は、クラスの子どもたちの喜ぶ顔です。もっと喜ばせたい、驚かせたい、楽しい時間を一緒に持ちたいと思って、新しい工作のレパートリーを増やしてきた感じです。

「先生はどこでネタを仕入れるのですか？」と訊かれることがあります。皆さんにお話しするのですが、工作を自分の『引き出し』の一つにするのに一番いい方法は、やはり実技講座など講師の先生に教えてもらうことです。書店には「工作の本」がたくさん並んでいます。私も何冊もの本を買いました。しかし、私の経験で言うと、一冊の本を買ったとしても「作ってみようかな」と思う工作はその本の中で一つか二つです。さらに、実際に試作してみると、これは作るのが難しい・時間がかかり過ぎる・材料をそろえるのが大変・お金がかかる・特別な道具が必要…など、クラスでは実践できないものが多いのです。

その点、実技講座で講師の先生が教えてくれる工作は、その講師が何度も『お試しずみ』の評判のいいものです。作り方のコツや注意すべき点や材料の調達の仕方なども教えてもらえます。今は各種の教育集会・研究会で分科会とは別に実技講座が行われることが多いです。積極的にそれに参加して、その講師の先生お勧めの工作をぜひ手に入れてください。

私はいろいろな時に工作を作ります。ぽっかり時間が空いた授業後。ゆったりした休日。長期休業中の自宅研修で。作っている時間そのものが楽しいのですが、クラスの子どもたちの喜ぶ顔を想像しながらつくる作業は楽しいものです。試作を繰り返しながら、これは！というものができた時の嬉しさは格別です。

工作の教育的意味

手作り工作を自分のクラスで行うことに私なりの意味を見出しています。手作り工作の【教育的意味】と言ってもいいかと思っています。

第一に、子どもたちに「技術」を伝えることです。手作り工作では、いろいろな道具・材料を使います。「ハサミ」「のり」「ボンド」「定規」「セロハンテープ」…などいろいろな道具を使いますが、それぞれの道具には、それを上手く使う「技術」があります。

例えば、「ハサミ」でいうと、①刃の奥の方で切り、ハサミの刃の一番先はなるべく使わない②途中まで切ったら刃をずらして、また刃の奥の方で切る③紙の角を切る方法④紙の真ん中を切り抜く方法、…などは、いい機会をとらえて、ぜひ子どもたちにつかんでほしい「技術」です。

「紙の折り方」で言えば、「折り線をつけてから紙を折る」ようにすることです。折る線に定規を当て、ボールペンで線を少し強くなぞります。これをやると、驚くほどすっときれいに気持ちよく紙が折れます。(初めてこれを知った人は大変驚きます)

その他、「のり」の上手な使い方、「カッター」の安全な使い方、…など、子どもたちがこれらの「技術」を手に入れると、自分で何かを作る時に役立ちます。【技の獲得】です。

あえて「系統的に」技術を指導する必要はないとは考えていますが、子どもたちが楽しみながら工作をする中で、もっといいものを作りたい・成功させたい等の思いを持ちながら、【技】も身につけていってほしいと思っています。

工作を行う意味は、【技の獲得】だけではありません。工作を行う《教育的意味》として、

①　作ること・完成させること・それで遊ぶこと自体のおもしろさ・喜びがある
②　楽しい経験を仲間と共有できる
③　知恵・技への驚きや興味が起こる
④　聞き合い・教え合い・協力などが自然な形で行われ、仲間とつながれる

などを考えてきました。

一つ紹介！「ストローとんぼ」

ここで一つ工作を紹介します。「ストローとんぼ」です。（次のページ参照）実際に作ってみると分かるのですが、①簡単にできる　②材料も身近な物　③想像よりもよく飛ぶ　④低学年の子でもストローだと適当な「太さ」があるので飛ばせる　⑤羽根を折る傾きなどによって飛び方が変わるので、工夫のしがいがある　⑤練習で飛ばし方が上手くなる　⑥友だちといろいろな競い方で遊べる。みなさんも一度作ってみませんか？

【子どもが喜ぶ・楽しむ ものづくり】

「ストローとんぼ」

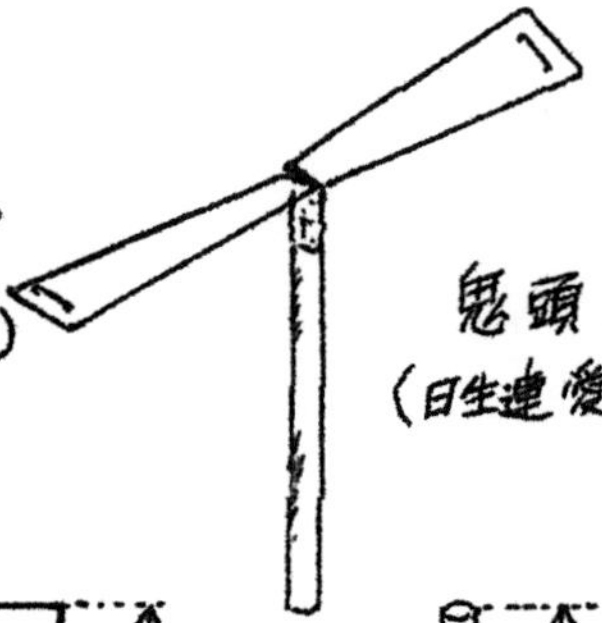

鬼頭正和
（日生連 愛知サークル）

☆ 材料　・ストロー　　・セロハンテープ
・厚紙（工作用紙や牛乳パック）

☆ 道具　・はさみ　　・ホッチキス
・定規

☆ 作り方

① 厚紙を右図のように切る。
真ん中で2つに折る。

② ストローの先に
1.5cmの切りこみを
入れておく。

③ ストローの切りこみに
羽根をはさみ、ホッチ
キスでとめる。

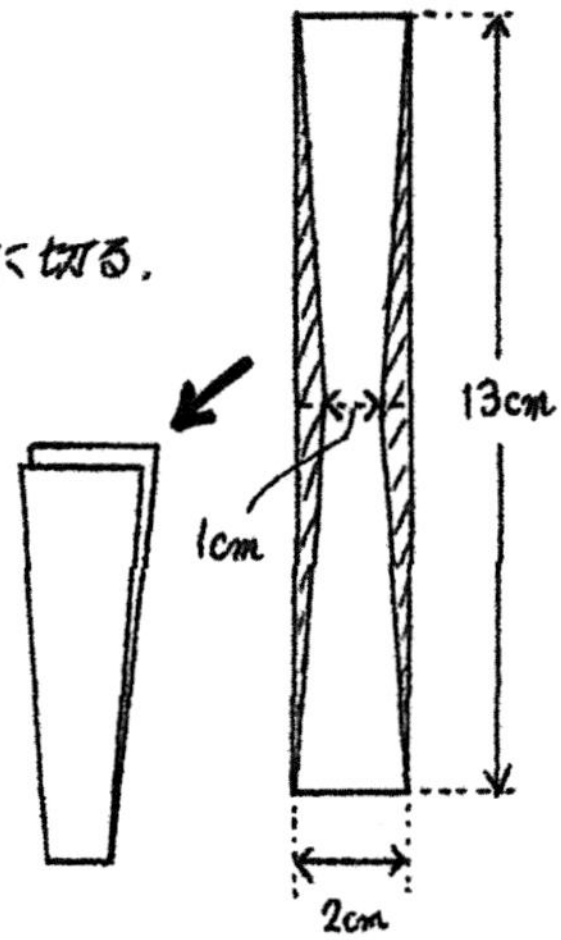

13cm
1cm
2cm

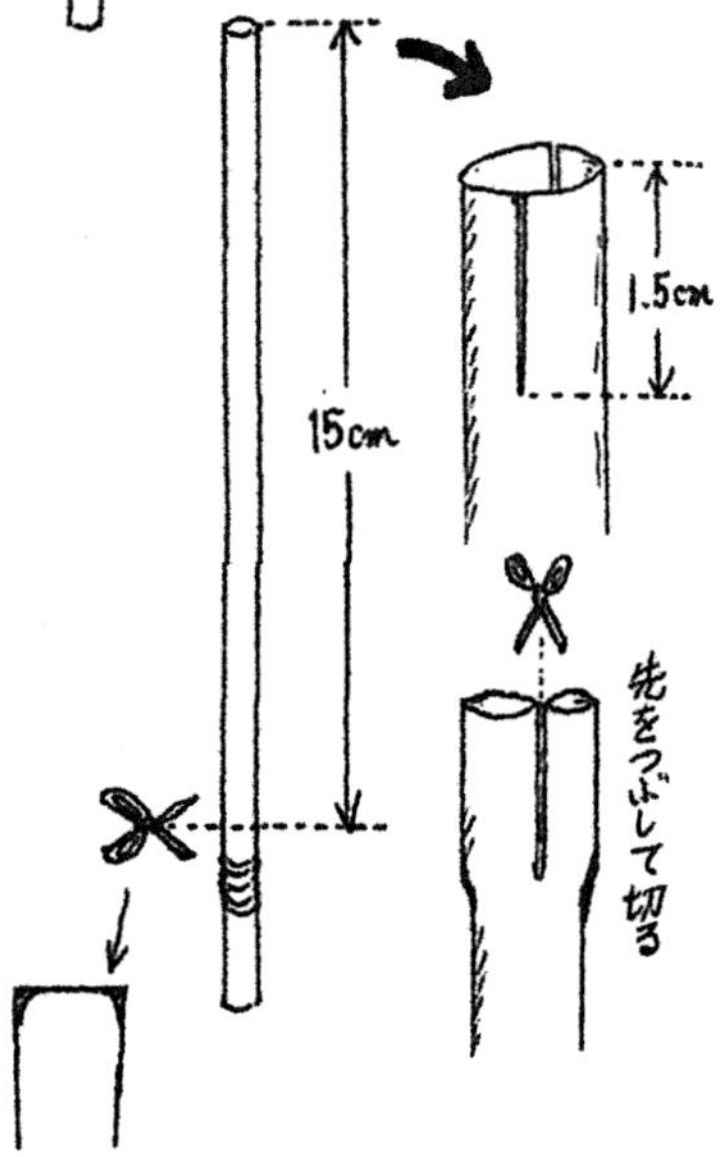

15cm
1.5cm
先をつぶして切る

④ 羽根の先を丸く切っておく。

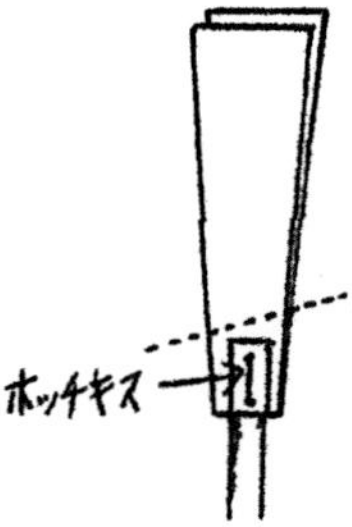

ホッチキス

⑤ 両方の羽根を それぞれ
左の図のように 少し右上に
傾きをつけて折る。
（左ききの人は、左上に折る）

☆ 飛ばし方

最後に
ききうでを
前に突き出す。

⑥ 羽根先におもり用の
ホッチキスを止め、ストロー
と羽根の部分をセロ
テープでまいて、補強
して、でき上がり！

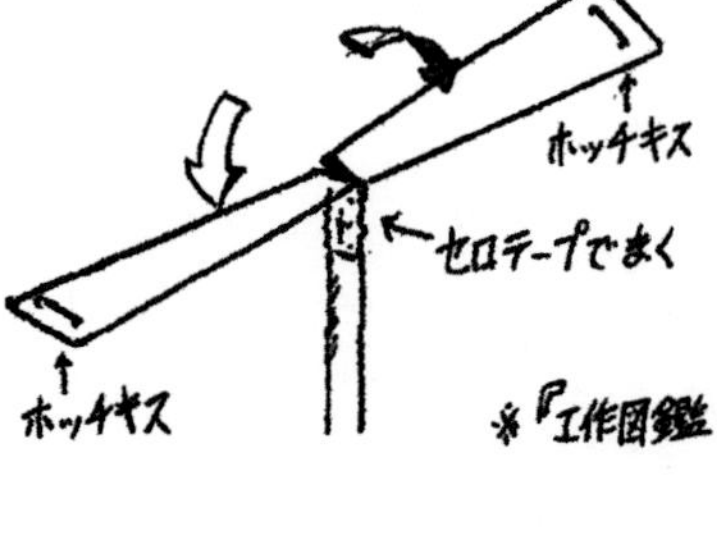

ホッチキス
セロテープでまく
ホッチキス

※『工作図鑑 作って遊ぼ！』参照

☆ 工夫してみよう！
・羽根のおもりの数
・羽根の長さ
・羽根の 折る傾き
・ストローの長さ
・飛ばし方

工作を通したクラス作り

このような意味がある工作だから、私の場合は自分のクラス作りにも役立っています。

工作をすることによって、子どもたちとの距離が確実に縮まります。自分たちを楽しませようとする存在、教えてくれて一緒に作業してくれる存在として感じてくれるようです。（時には憧れ？・尊敬？される存在にも）

作っている時・教え合っている時・遊んでいる時など、それぞれの時に意外な子どもが「登場」「活躍」してくれます。私自身もそうですが、子どもたち同士も授業とはまた違う【仲間の発見】があるようです。そのことによって、お互いに理解し合い、友だちと《つながる》ことができるように思います。ですから、私にとって工作の活動は、子ども理解やクラス作りの大事な柱の一つになっているのです。

また、不思議なことに、私が担任した様々な課題を抱えた子のほとんどは『工作好き』でした。アスペルガーのM君も、学校に行きたくない！と泣いていたMさんも、親の愛情を十分には受けられなかったR君もです。工作がその子たちとの個人的なつながりを作る糸口になりました。

大学生にも教えています！

私は今、大学で教職を目指す学生さんたちに「特別活動論」や「教育の方法と技術」などの講義をしています。その講義の中でも、ちょっと時間をとって、工作をしています。講義の内容に直接は関係しない時もありますが、いつか現場に出て子どもたちと楽しむ機会があるかもしれない・そんな時に役立つといいなあと思って紹介しています。

大学で私の講義を受けている学生さんたちが教育実習（3週間）から戻ってきました。実習の詳しい話は聞けませんでしたが、ほとんどの人が実習で【いい思い】をしてきたようです。そして、いい顔をして、口々に「子どもたちがかわいかった！」「最後の日に泣いてしまった」などと話してくれました。良かったなあと思いました。

この学生さんたちに、実習の時に役立つかもしれないということで、実習前、講義とは別に時間を設定して1時間半ほどの「特別工作教室」を開いて、工作を4つ教えました。【新聞紙フリスビー】【マジック写真】【恐竜の卵】【不思議なドラゴン】の4つです。ほとんどの学生さんが実習のお別れの時のプレゼントに【マジック写真】を作って、一言コメントを添えて渡したそうです。「先生、子どもたち、すっごく驚き、すっごく喜んでくれました！」「指導教官の先生も驚いて、私にも教えてほしいと言われました。」「作っていって良かったです。」などと報告してくれました。私の「特別工作教室」がこんなふうに役に立つのは嬉しいものです。

各種の講座担当

手作り工作を何年か続けてきて嬉しいことの一つに、「講座」の講師を頼まれるということがあります。日生連全国集会では文化活動実技講座で「子どもが喜ぶ手作り遊び工作」を5年間ほど続けて担当させてもらっています。愛知民教連主催の教育集会での講座、私が勤務していた春日井市で行っていた「先生のがっこう」での講座、組合教研の実技講座、地域の教育懇談会の子ども向け手作り工作教室、幼稚園の職員研修の講師として…など、様々担当させてもらっています。

教室ではないところで大人の人に教えるというのは緊張もするのですが、自分が教室で実践してきた工作のことを伝える機会を持てること、そして参加した方に喜んでもらえること、そこでの工作を持ち帰っていろんな場で活用してもらえることはとても嬉しいことです。

何よりも嬉しいのは、同じ職場の若い先生たちに工作を教えたり一緒に作ったりできることです。学年みんなで、土曜授業参観の企画として親子で【たたきザル】や【三枚羽根のブーメラン】などの工作をやったこともあります。児童会の縦割り集会を手作り工作集会としたこともあります。工作が職場づくりにもちょっぴり役立っていました。

子どもに関わる忙しさなら

意味を感じられない、押し付けられた仕事は「負担」です。しかし、物理的な時間は変わらないかもしれませんが、子どもと関われる忙しさなら不思議と苦ではないように感じます。

これを見せた時子どもたちはどんな反応をするだろう、喜んでくれるかな、あの子はどんな顔をするだろう、…などと想像しながら準備・作成している時の私は、きっとニヤニヤしていることでしょう。

第五章　子どもたちと創る

～授業エトセトラ～

大きくなったら、キャバクラの女の人になりたい！

～小学校2年生の子の願いとは？～

二年生の生活科で、三学期に、自分の生い立ちをまとめていく学習があります。

家族の人にインタビューしながら、「生まれた時のこと」「赤ちゃんのころ」「二、三才のころ」「幼稚園・保育園のころ」「一年生のころ」などに分けて、まとめていきました。その途中では、みんなに見せないように気を付けながら、赤ちゃんや小さい頃の写真を持ってきてもらい、プロジェクターで大きく映して、「この子、だあれ？」クイズをして、大いに楽しみました。

それぞれの子がまとめたシートを見たり、発表してくれるのを聴いたりしていると、その子が家族にとってかけがえのない存在であり、可愛がられて育ってきたんだなあと、しみじみと感じることができました。普段、つい「早くしないと！」「まだできないの？」などと、子どもたちを追い立ててしまいがちな自分の「指導」を、やはり一人ひとりともっとじっくり向き合わないと、と反省もしました。

最後に、「将来の自分」という文を書いた時のことです。プロ野球の選手、花屋さん、サッカーの選手、大工さん、幼稚園の先生、ケーキ屋さん、お医者さん、お母さん、…など、かわいい夢が出されている中、ミオちゃん（仮名）が次のように書いてきました。

「わたしが、しょうらいなりたいのは、キャバクラの女の人です。どうしてかというと、たのしそ

うだからです。」

ビックリしました。なぜ、二年生の女の子が「キャバクラ」という言葉を知っているのか？「楽しそう」って？（このまままとめの冊子にするのは、みんなも見るし、ちょっとまずいかな？）と思い、ミオちゃんを呼んで、二人で話をしました。

「キャバクラって、どうして知ってるの？」「お父さんと行った。」「お父さんは、何していたの？」「女の人とお酒をのんでいたよ。楽しそうだったよ。」…

ミオちゃんは、クラスの中でも忘れ物が極端に多い子でした。自分の間違いをなかなか認めなかったりウソをついたりするので、友だちとのトラブルも度々ある子でした。そのミオちゃんの生い立ちの記録を読み返してみると、いつもお父さんが登場していました。「二才のころ、こうえんでお父さんがあそんでくれて、うれしかったよ。」「えんそくのとき、お父さんがおべんとうを作ってくれました。」などのように。

ミオちゃんは、四人姉妹の一番上のお姉ちゃんです。お母さんは、6ヶ月、2才、年中の妹たちの世話で忙しく、精一杯です。比較的よく相手をしてくれるお父さんの事がミオちゃんは、大好きなのです。想像するに、その大好きなお父さんが、一緒に行ったキャバクラ（スナックかも）で、家では見せないような、楽しそうな顔をしていたのでしょう。（大好きなお父さんが、楽しそう。私も、お父さんを楽しくさせたい！）…

ミオちゃんの「キャバクラの女の人になりたい」という文には、二年生の女の子の、切ない願いが隠れていたのです。「変なことを書くんじゃない！」と、頭ごなしに叱らないで良かったと思いました。

九九クイズを出しに二年生の教室訪問

今年度も一年生を担任しています。昨年度担任した子たちが二年生になっているので、最近、給食の時間に二年生の教室を訪問して、「キトーマンの九九クイズ」を出しています。

T「突然ですが、キトーマンの**九九クイズ**です。」T「第一問　キトーマンは、焼き肉が大好きです。さて、キトーマンは、昨日、何枚　**肉**を食べたでしょうか?」

初日に出したものです。初めはキョトンとして、(えっ、何?)(どういう問題?)(問題に数字が入ってないけど?)…と首をかしげる子もいます。手を挙げている子に当てます。

T「はい、じゃあ、○○君」と当てると、「2枚?」T「違います!」T「はい、○○さん」「9枚」T「それも違います。」「えー、どうして?」「これ、答えがあるの?」…まだ、理解していない子がいっぱいです。

でも、「**九九クイズ**だよ!」と強調して、もう一度問題を繰り返して言う時に、「**肉**」の言葉をちょっと大きい声で言うと、「あっ、わかった!」と目を光らせて、何人かの手が挙がります。T「はい、○○さん」「18枚!」T「どうして?」「だって、**にく**(二九)・**18**だから」T「正解です！答えが分かった人?」と聞くと、さっき手を挙げていた子よりもずっとたくさんの子の手が挙がります。この辺が二年生らしいです。

「第二問　学校の東門の所で子どもが6人遊んでいます。では、**西**門の所では、何人の子どもが遊んでいるでしょうか?」まだまだ分からない子もいますが、今度は第一問よりもたくさんの子の手が挙がります。「はい。**8人!**」T「どうして?」C「西門だから、**にし**(二四)**が8**だから」T「ピンポーン！大正解！」「じゃあ、明日　また来るからね。」

　こんな調子で、一日に2問ずつ出していきました。（一組・二組の2クラスを回って）9回目ぐらいの時のことです。

Ｔ「今日のは、超難しいよ！」Ｃ「いいよ、いいよ。」

Ｔ「キトーマンは、アメリカに旅行に行った時、いい事をいっぱいしたので、みんなに『ありがとう』『ありがとう』『ありがとう』…とたくさん言われました。さて、何人から『ありがとう』と言われたでしょう？」

Ｃ「30？」Ｔ「どうして？」「『ありがとう』で、とお（十）が3回だから。」Ｔ「残念！」

Ｃ「3人？三回言われたから。」Ｔ「ちがいます」Ｔ「やっぱり難しいねえ。ヒントを言うよ。アメリカの人だから、日本語じゃないよ！」このヒントで、何人かの手が挙がりました。自信がありそうな顔をしていた真帆ちゃんに当てました。「１００９？」Ｔ「どうして？」真帆さん「だって、ありがとうは、『センキュウ』だから。」Ｔ「うーん、最高の答えだね。発音もいいし。でも惜しいなあ。答えは、ちがうんだ。」航平君「39人！」Ｔ「これも、惜しい！【九九クイズ】だからね。」

　優希君が目を輝かせて手を挙げています。Ｔ「はい、優希君。」「27人！」Ｔ「どうしてかな？」優希君「ありがとうは、サンキューで、三九（さんく）・27だから。」Ｔ「大正解です！みんな、拍手！」分かっていた子が二〜三人はいたようです。

　朝、学校に来ると、遊んでいる二年生の子たちが「キトーマン、今日も来てよ！」と声をかけてくれます。こういう言葉を聞くと、その日一日が楽しく始まります。

集団のリズムが…

一学期の途中の六月ぐらいから少しずつ縄跳びを始めました。前回し跳びをやるのですが、なかなか跳べません。一応跳べるのですが、一回縄を回す間に「トン、トン」と二回足をついて跳んでしまう子が何人もいます。（幼稚園などではこの跳び方でも良かった？）「跳べる」と言っても、2〜3回ですぐにひっかかって止まってしまう子、さらには一回も跳べない子、…いろいろでした。

最初の時、私が「二重跳び」を15回ほど跳んでみせたり、「後ろ綾跳び」を速いスピードでやってみせたりしました。子どもたちは、「先生、すごーい！」と《尊敬》のまなざしを向けてくれます。

運動会も終わって、二学期の後半から縄跳びの練習に取り組むと、休み時間の時に縄跳びで遊ぶ子が増えてきました。「なわとびカード（一・二年生用）」（学校で作成しているもの）も早めに配付して、体育の時間にも縄跳びの時間を少しずつとって、できた種目にはシールを貼っていきました。

そんな中、11月20日には、「前回し跳び　20回」という第一段階の課題を、33人中32人がクリアしました。

三学期に入ると、

・「縄跳び名人」がクラスで4人も誕生。

・2月22日「二重跳び」みんなの前で一人ひとり跳んでもらったら、
　10回以上　11人（さとし君　54回　いぶきさん　45回…　たみこさん　14回　など）

9回〜7回　6人　　2回〜1回　10人　　0回　6人

体育館で縄跳びをすると余計にそう思いますが、縄跳びが上手になっていく時の大事な要素としてクラスのみんなで（集団で）やる中で、体育館中に響くトントントン…というリズムが、子どもたちの体の芯にしみていく感じがあります。「二重跳び」などはその典型です。

縄跳びのある技が「できる」ようになることは、確かに《その子個人》ができるようになったのですが、実際に子どもたちを指導していると、「できる」ことは、一人ひとりが《力》を獲得していく、《力》を貯めていく…ということだけでなく、集団（みんな）の中で、集団だからこそ、力をつけていくことができる、というイメージを持つようになりました。一人で練習するのとは違う、一定の心地よく刻まれるリズムが、一人ひとりの体の中に入り込んでいくことによって、その子が何かを掴んでいくことが重要な要素であると感じました。

そのことはまた、当初の「先生、すごーい！」の状態、先生の励まし・アドバイスにより練習し上手になっていく状態から、徐々に段階が変わっていくことを意味しているようにも思います。

同時に、私のクラスの場合、お互いに「できるようになった」を刺激し合う中で、「なわとび名人」の4人もの出現が可能になったと思います。

なわとびカード（1・2年生用）

年　組　番 名前

		5級	4級	3級	2級	1級	初段	名人	しんきろく
1	まえまわし	20	40	60	80	100	150	200	
		○	○	○	○	○	○	○	
2	かけ足とび（まえ）	5	10	20	30	40	50	70	
		○	○	○	○	○	○	○	
3	かた足とび（まえ）	5	10	20	30	40	50	70	
		○	○	○	○	○	○	○	
4	うしろまわし	5	10	20	30	40	50	70	
		○	○	○	○	○	○	○	
5	あやとび（まえ）	3	5	10	20	30	40	50	
		○	○	○	○	○	○	○	
6	あやとび（うしろ）	1	2	3	5	10	15	20	
		○	○	○	○	○	○	○	
7	こうさとび（まえ）		1	2	3	5	10	15	
			○	○	○	○	○	○	
8	こうさとび（うしろ）		1	2	3	5	7	10	
			○	○	○	○	○	○	
9	2重とび（まえ）		1	2	3	5	10	15	
			○	○	○	○	○	○	
10	2重とび（うしろ）					1	2	3	
						○	○	○	
11	2重あやはやぶさ（まえ）					1	2	3	
						○	○	○	
12	2重こうさ（まえ）					1	2	3	
						○	○	○	

「ぞう・ううう」の授業　～楽しく　つながる～

一年生二学期の終わり頃の授業です。五味太郎さんの楽しい詩に、左の「さる・るるる」あります。

「さる・るるる」

さる・へる　さる・でる　さる・つる　さる・ほる　さる・きる　さる・にる　さる・

ふる　さる・もる　さる・こる　さる・そる　さる・わる

さる・るるる…

絵を手がかりにしたクイズ（□る・何が入る？）や音読でいっぱい楽しんだ後、（「さる・るるる」にならって、動きが入った詩　ぞう・□う　を作りましょう。）という課題を出しました。一人だけでは、最後に「う」のつく言葉をいくつも思い浮かべることは、大人でもなかなかできません。

まず、「ぞうがすることを思い浮かべて、『う』が一番下につく言葉をノートに5つ書いてみよう！」と、みんなに投げかけました。5つの言葉を考えつくのは　ちょっと難しかったようです。5つ書けた子は、一人もいませんでした。一つか二つがやっとです。

そこで、「席を立ってもいいから、誰かに自分の書いたのを教えて、代わりにその子が考えた言葉を聞いてもいいよ。」「10個ぐらい集められるといいなあ。」と言いました。

しばらくは誰に聞こうかと、うろうろしていましたが、そのうちだんだん動きが活発になっていきました。友達が自分とは違う言葉を知っているので、新しい言葉がどんどんノートに書けるようになり、嬉しくなってきたからです。あちこちで、「先生、ぼく10個過ぎたよ。」「わたしは、12になったよ。」…などの声が聞こえてきたので、席に着いてもらい発表してもらいました。

みんなが発表してくれたものを列挙してみます。

ぞう・わらう　ぞう・うたう　ぞう・くう　ぞう・よう　ぞう・かう　ぞう・ねがう
ぞう・すう　ぞう・すくう　ぞう・もらう　ぞう・ぬう　ぞう・あらう　ぞう・かなう
ぞう・おう　ぞう・あう　ぞう・のろう　ぞう・はらう　ぞう・しまう　ぞう・あらそう
ぞう・せおう　ぞう・おもう　ぞう・はう　ぞう・いう　ぞう・たたかう　ぞう・ならう
ぞう・てつだう

一年生なのに、たくさん考えてくれました。やっぱり、みんなの力を合わせるというのは、すごいことです。

でも、その発表の中には、左のような言葉が混ざっていました。

ぞう・ずこう（図工）ぞう・さんすう（算数）ぞう・やきゅう（野球）ぞう・せんちょう（船長）ぞう・どろぼう（泥棒）ぞう・きぼう（希望）ぞう・がくしゅう（学習）ぞう・たいそう（体操）ぞう・がっこう（学校）

私は、これらが発表されるたびに、思わず笑ってしまいました。確かに、これらは「動きが入った言葉」（期待される答え）ではないかもしれません。しかし、発表する子は、自分の生活の中から見つけた言葉を自信たっぷりに言っているのです。また、象の動く様子をしっかりとイメージしていることに感心させられました。「そうかあ、象もみんなと同じように算数するかもね。」「前に、【船長さんの命令で】のゲームをしたねえ。」「えっ、象の体操ってどんなんだろうねえ？」などと話しながら進めていたので、みんなの中にも笑顔が広がりながらの発表でした。

最後に義人君が発表したのが、これまた最高でした。「ぞう・パオウ！」もちろん、手を象の鼻のように大きく振る動作つきで！一年生は、おもしろいです。

今、学習に求められていることは、やわらかい雰囲気の中で、子どもたちと共に学びを楽しむことだと思います。その中で学級のみんながつながっていけるような力をつけていくことだと考えています。

問いをつなげて　〜ゴミから水道の授業〜

ごみ・資源の収集日

・収集日の朝８時までに出してください。

・第５水曜日・祝祭日は収集しません。

資源の日	
古紙・古布・牛乳パック類　第１・第３水曜日	
缶・ガラスびん・ペットボトル第２・第４水曜日	
燃やせるごみ	火・金曜日
燃やせないごみ	木曜日
危険ごみ（スプレー缶・ストーブなど）	第３土曜日
粗大ごみ	８４－３２１１

春日井市

四年はじめの頃の社会で「ごみ・水道」の学習があります。最初に、「ごみの看板調べ」を宿題にしました。家のごみを出す所にある看板に何が書かれているかを正確に全部写してくるように、という課題です。子どもたちは、難しい漢字もそのまま、しっかりとノートに書き写してきました。（上のように）

次の授業で、「この看板から分かることは？」と質問しました。発表では、＊「燃えるごみ・燃えないごみ」だと思っていたけど、「燃やせるごみ・燃やさないごみ」だった。＊燃やせるごみは、週二回、燃やせないごみは、週一回集めている。＊集める曜日が決まっている。＊ごみの種類は6種類もある。＊いや、ごみは4種類で、2種類は資源だ。＊集める曜日が種類によってずれている。＊ごみを分けて出したり集める曜日がずれたりしているのは、ゴミの仕事をする人がやりやすいからではないか。＊いろいろな決まりがある。＊それは、ごみを出す人に守ってほしいことが書いてあるんだ。などが子どもたちから出されました。

最後に、「春日井市と書いてある。」という発言があったので、「どうして『春日井市』と書いてあるんだろう?」と質問しました。これはちょっと難しかったようですが、菜摘さんが、「市がごみ収集の仕事をやっているから、『春日井市』と書いてあるんだと思います。」と発表してくれました。一枚の看板について話し合う中で、ごみの学習で重要な様々な事柄にたどり着けたように思いました。

その後、＊「燃やせるごみ」と「燃やせないごみ」は、なぜ分けないといけないのか?＊「燃やせるごみ」と「燃やせないごみ」…など、6種類に分けるのに悩むごみは?（家の人へのインタビュー）＊質問を考えて、ごみ収集車のおじさんに聞こう!（パッカー車が来校し、青空教室）＊ごみの行方を調べよう!＊春日井クリーンセンター（清掃工場）・最終処分場の見学＊学校で行っているリサイクルは?（自分の家では?）＊私たちにできることは?というように学習していきました。

次の「水道」の学習では、水道料金の紙（「使用量のお知らせ」）を持ってきて、「この水道料金の紙から分かることは?」を話し合いました。その時、「下水道」のことが大きな話題になりました。上条小学校（前任校）の校区は、大きく分けて三つの地域に分かれています。上条町、杁ヶ島町、新王子製紙の社宅の三地域です。水道料金の紙を調べてみると、杁ヶ島町に住んでいる子の紙には下水道使用料が書かれているのに、上条町に住んでいる子の紙には「＊＊＊」となっているだけなのです。（ちなみに、新王子製紙の社宅に住んでいる子は、水道料金の紙「使用量のお知らせ」を家から持ってきません。社宅では、水道料金が「どれだけ使っても、月〇〇〇円」だからです。）

子どもたちから、当然のように疑問が出てきました。＊杁ヶ島町には下水道があるのに、上条町にはなぜ下水道がないのか?＊下水道がない上条町の家で使った汚い水は、どこへ行くのだろう?私は、心の中で（これは面白い!）と思いました。＊杁ヶ島町にあるのは、「杁ヶ島」の地理的な条件と関係があるのか？（この前の集中豪雨の時、床下浸水した家もあった）（通学路の途中にある地蔵川に架かっている橋は冠水しそうだった）＊「杁ヶ島」という地名の由来は？＊下水道料金は、使

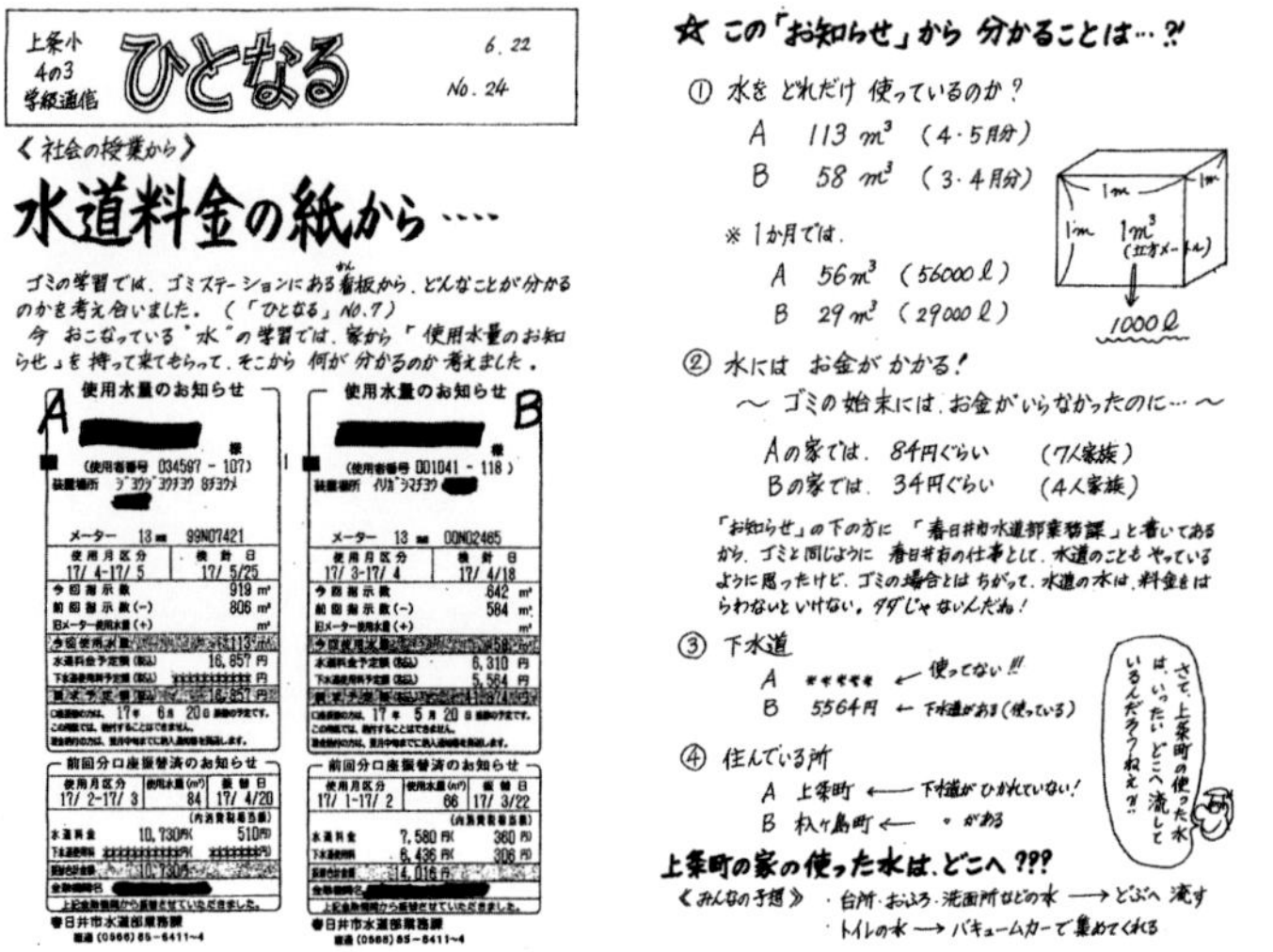

上条小
4の3
学級通信
ひとなる
6.22
No.24

《社会の授業から》

水道料金の紙から……

ゴミの学習では、ゴミステーションにある看《かん》板から、どんなことが分かるのかを考え合いました。（「ひとなる」No.7）
今おこなっている“水”の学習では、家から「使用水量のお知らせ」を持って来てもらって、そこから何が分かるのか考えました。

A
使用水量のお知らせ
[redacted] 様
（使用者番号 034597－107）
装置場所 ジョウジョウチョウ 8チョウメ [redacted]
メーター 13mm 99N07421
使用月区分 17/4-17/5　検針日 17/5/25
今回指示数 919㎥
前回指示数(－) 806㎥
旧メーター使用水量(＋) ㎥
今回使用水量 113㎥
水道料金予定額(税込) 16,857円
下水道使用料予定額(税込) ＊＊＊＊＊＊＊＊＊円
請求予定額(税込) 16,857円
前回分口座振替済のお知らせ
使用月区分 17/2-17/3　使用水量(㎥) 84　振替日 17/4/20
水道料金 10,730円　510円
金融機関名 [redacted]
春日井市水道部業務課
電話（0568）85－6411～4

B
使用水量のお知らせ
[redacted] 様
（使用者番号 D01041－118）
装置場所 イリガシマチョウ [redacted]
メーター 13mm 00N02465
使用月区分 17/3-17/4　検針日 17/4/18
今回指示数 642㎥
前回指示数(－) 584㎥
旧メーター使用水量(＋) ㎥
今回使用水量 58㎥
水道料金予定額(税込) 6,310円
下水道使用料予定額(税込) 5,564円
口座振替の方は、17年5月20日振替の予定です。
前回分口座振替済のお知らせ
使用月区分 17/1-17/2　使用水量(㎥) 66　振替日 17/3/22
水道料金 7,580円　360円
下水道使用料 6,436円　306円
振替合計金額 14,016円
金融機関名 [redacted]
春日井市水道部業務課
電話（0568）85－6411～4

☆この「お知らせ」から分かることは…?!

① 水をどれだけ使っているのか？
A 113㎥（4・5月分）
B 58㎥（3・4月分）
※1か月では、
A 56㎥（56000ℓ）
B 29㎥（29000ℓ）

1m　1m　1m
1㎥（立方メートル）
1000ℓ

② 水にはお金がかかる！
〜ゴミの始末には、お金がいらなかったのに…〜
Aの家では、84円ぐらい（7人家族）
Bの家では、34円ぐらい（4人家族）

「お知らせ」の下の方に「春日井市水道部業務課」と書いてあるから、ゴミと同じように春日井市の仕事として、水道のこともやっているように思ったけど、ゴミの場合とはちがって、水道の水は、料金をはらわないといけない。タダじゃないんだね！

③ 下水道
A ＊＊＊＊＊ ←使ってない!!!
B 5564円 ←下水道がある（使っている）

④ 住んでいる所
A 上条町 ←下水道がひかれていない！
B 杁ケ島町 ← 〃 がある

さて、上条町の使った水は、いったいどこへ流しているんだろうねえ?!

上条町の家の使った水は、どこへ???
《みんなの予想》・台所・おふろ・洗面所などの水→どぶへ流す
・トイレの水→バキュームカーで集めてくれる

用メーターがないけれど、どのように決まるのだろうか？＊上条町の地域にたくさんあるドブ（溝）や用水と、下水道との関係は？＊春日井市の下水道計画で、上条町にはいつできることになっているだろう？…など、社会科の課題や、「総合学習」につながっていくかもしれない課題がいくつも見えてきたからです。

この後、この学年では、総合学習として「環境」をテーマに選んで取り組みました。はじめに、「身の回りの環境を考えよう！」ということで、気になること、いつも困っていることなどを、目や耳や鼻を働かせて、学校の行き帰りや、家の周りを探検して探そう！と子どもたちに呼びかけました。発表では、「気になること・困ること」として、排気ガスの臭い、公園や道端のゴミ・臭い、騒音、上条のドブが汚い、ゴミの分別ができていない、王子製紙の煙突の煙、カラスがゴミをつつく、杁ケ島では雨で川があふれる、車が多くて危険、庄内川が汚れている、ゴミのポイ捨て、犬のふん、「環境を守るための工夫」として、ソーラー、松河戸に産業廃棄物工場ができることに反対している人が

いる、落ちているゴミを拾って捨てる、王子製紙は公害を出さないようにしている、リサイクル、「エコマーク」というのがある、ソーラーパネルで電気が作れる、等が出されました。それを受けて、詳しく調べてみたいことを各自で考えてみよう！と投げかけ、みんなが発表した〈調べたいこと〉の中から自分のやりたいことを決め、同じものを選んだ者でグループを作りました。その結果、以下の八つの活動グループができました。①ソーラー探検隊②空気調べ隊③下水道調べ隊④上条調べ隊（上条の家から出た水は？）⑤お店へレッツゴー（お店が環境について行っていること）⑥産業廃棄物調べ隊⑦庄内川そうさく部隊⑧学校へゴーゴーゴー（学校で環境について行っていること）

社会の学習「水道」との直接的な関連では、③の下水道調べ隊は、杁ケ島の下水道がいつ整備されたのか、なぜ上条地区よりも早くできたのか、春日井市全体の下水道整備計画状況、「杁ケ島」という地名がついた理由などを調べていきました。

④の上条調べ隊は、上条地区の各家から出る排水の行方を調べようとして、上条地区にたくさんある「ドブ」（溝）の探検を始め、流れている水の方向を確かめながら、大きな校区地図に「ドブ」を書き込んでいきました。そして、「ドブ」の水は庄内川に流れ込んでいること、バキュームカーが来る地域・家があること、家の地下に浄水器が埋まっている所があること…などを見つけていきました。

子どもたちの基盤はその生活にあります。子どもたちが暮らしている地域はそれぞれ違いますし、特徴を持っています。ある事から出てきた疑問をつなげ、問いにしていく。その問いをできるだけ自分たちで追究していく。追究していく中で、様々な人と出会い、調べ方・学び方を知り、問いの答えに近づけた喜びを味わう。そして、少し自分の身の回りの社会のことが分かってくる。自分の生活とつながり、問いを発展させていけるような力をつけていければいいなと考えています。

個性を尊重するとは？

文部科学省の『生徒指導提要』（平成22年3月）には、「生徒指導の意義」として次のように記されている。

「生徒指導とは、一人一人の児童生徒の人格を尊重し、**個性の伸長**を図りながら、社会的資質や行動力を高めることを目指して行われる教育活動のことです。」（p. 1）

その他、教育に関わる文書には、「個性の尊重」「個性を大切に」…などの言葉が必ずと言っていいほど出てくる。

【個性を大切に】ということに反対の人はまずいない。

しかし、大学生に訊くと、自分の学校生活の中で個性が尊重されてきたと感じている人は圧倒的に少数である。（もちろん、担任や部活の顧問の先生との関わりの中で、自分の個性を認めてもらえたという経験をしている人はいる。しかし残念ながら、それは個人的な関わりでのことで、学校の教育活動の中ではない。）校則問題などを考えた際にそのことがはっきりと浮かび上がる。また、授業を受けてきた中でも、個性を尊重されてきたと感じている人は少ない。

「個性」を辞典で調べてみると、

◆大辞林 第三版の解説　　こせい【個性】
ある個人を特徴づけている性質・性格。その人固有の特性。パーソナリティー。

◆精選版 日本国語大辞典の解説　こ‐せい【個性】
《名》個々の人または個々の事物に備わっていて、他から区別させている固有の性質。パーソナリティー。個人性。

などとなっている。ちょっと面白かったのは、◆デジタル大辞泉の解説の［補説］として、２０１６年に実施した「あなたの言葉を辞書に載せよう。２０１６」キャンペーンでの「個性」への投稿から選ばれた優秀作品が載せられていたことだ。いくつか紹介すると、

◆打たれることを恐れずに出す杭のこと。　きむきむさん
◆案外、本人よりも他人の方が、良く知っているもの。　一二三茶さん
◆他者からは指摘ができるが、自覚が難しい特性。　genseki さん
◆強すぎても弱すぎても生きづらいもの。　Sakura さん
◆相手や物をどのように褒めて良いかわからないときに使用する語。「―的な味ですね」　川猫さん

私は、大学の授業で、「あなたの『個性』って、何ですか？」と学生の皆さんに問いかける。すると、「考えたが、書けなかった」と講義後の感想用紙に書く人が一番多い。自分の個性を書いた人は、「足が速い」「絵を描くのが上手」「几帳面」「明るい」「苦しくても頑張る（部活など）」「あまり物事に拘らない」「友だちが多い」…などいろいろ書くのだが、【人と比べてみて】【自分の優れていることは？】と思い浮かべる人が多いように思う。

教員になりたての若い時のことで忘れられない「事件」がある。

６年生の国語で、宮澤賢治の「やまなし」を授業していた時のことである。文中に出てくる「クラムボン」とは何だろうか？と問いかけた。まず自分個人で考え、それを発表してもらった。「水の中

の生物」「あわ（すぐこわれるんじゃなくて、シャボン玉みたいにがんじょうなもの）」「あわ（小さくて、すぐこわれそう）」「水の中に差し込んだ光」「カニのお母さん」「ミジンコ」「動物にしか見えない水の精」「プランクトン」「小さい魚」「メダカの卵」…などの意見が出された。そして意見を言い合い考えていく。その時の討論では、「あわ」「水の中に差し込んだ光」「プランクトン」などの意見が優勢で、激しい討論が続いた。

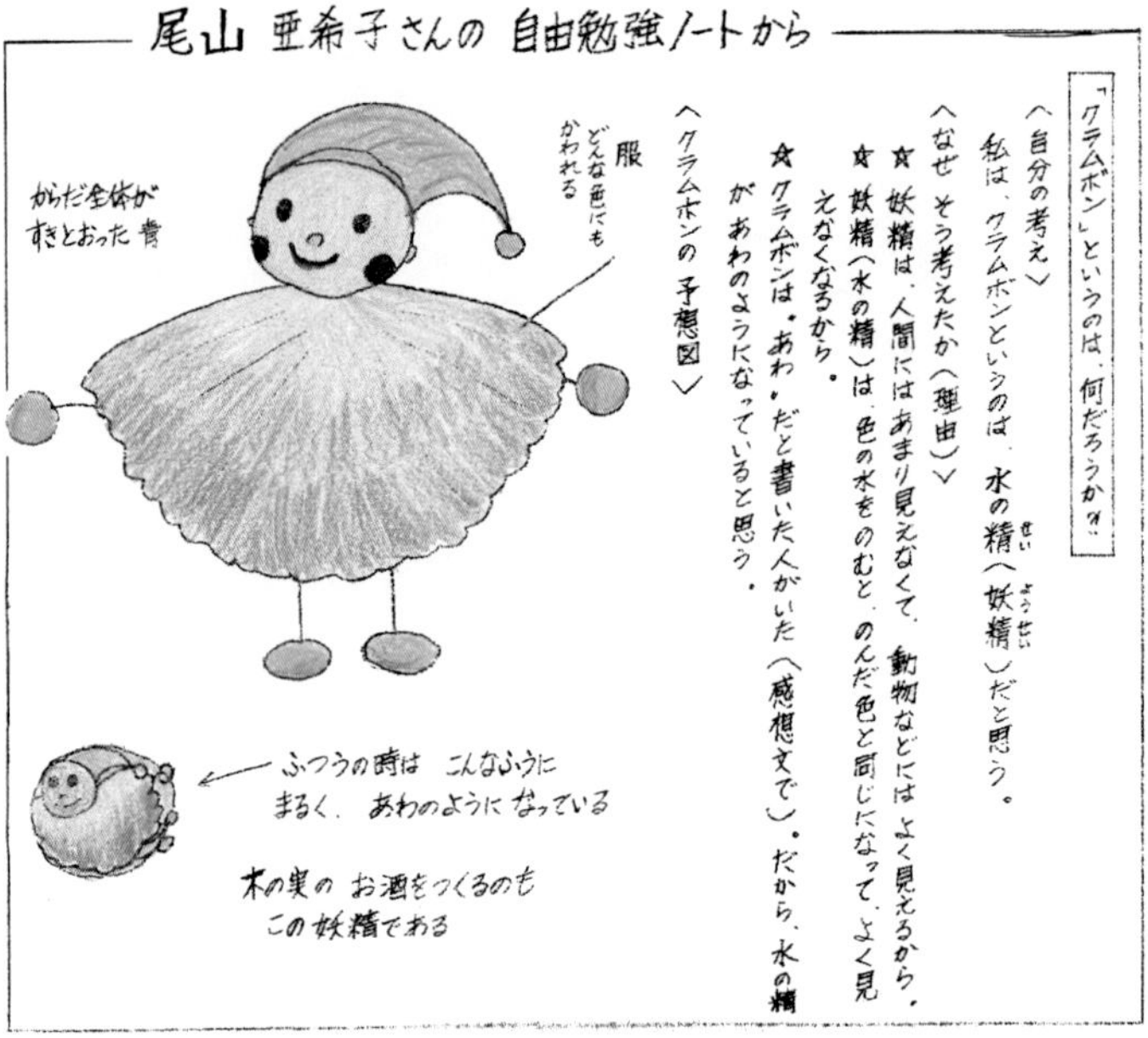

尾山 亜希子さんの 自由勉強ノートから
「クラムボン」というのは、何だろうか？
＜自分の考え＞
私は、クラムボンというのは、水の精《せい》（妖精《ようせい》）だと思う。
＜なぜそう考えたか（理由）＞
☆妖精は、人間にはあまり見えなくて、動物などにはよく見えるから。
☆妖精（水の精）は、色の水をのむと、のんだ色と同じになって、よく見えなくなるから。
☆クラムボンは、"あわ"だと書いた人がいた（感想文で）。だから、水の精があわのようになっていると思う。
＜クラムボンの予想図＞
服 どんな色にもかわれる
からだ全体がすきとおった
ふつうの時は こんなふうにまるく、あわのようになっている
木の実の お酒をつくるのも この妖精である

　次の日の朝、教室にある私の事務机に一冊の自由勉強ノートが置かれていた。尾山亜希子さんのものだ。（上に載せたもの）前日の授業での討論では、「動物にしか見えない水の精」という意見は亜希子さんだけの考えで、誰も討論の中で触れなかった。私も亜希子さんの考えを取り上げることをしなかった。亜希子さんは、家に帰って、自分の意見をノートにまとめたのだ。ノートの提出は、せっかく発表したのに、自分の意見が全く触れられなかったことへの抗議のつもりだったのかもしれない。私は、「しまったなあ」という気持ちでそれを見た（読んだ）。そして激しく後悔した。

　亜希子さんは、はっきりと、そしてイメージ豊

かに、「水の精」の理由を述べていた。「妖精（水の精）は、色の水をのむと、のんだ色と同じになって、よく見えなくなるから」と。さらに、授業での友だちの意見を受けて「水の精があわのようになっている」としている。また、文に添えられていた水の精の絵と解説にもうならされた。色のつけ方（すきとおった青）、普通の時はまるく、あわのようになっていること、十二月の場面に出てくる「木の実のお酒」も視野に入っていたこと、などである。

どうして昨日の授業で亜希子さんに意見を言ってもらわなかったんだろう、自分はなぜ取り上げなかったんだろう…。私は、学級通信に亜希子さんのノートを写して（絵はコピーして）載せ、クラスのみんなに亜希子さんの意見を紹介した。

子どもたちの意見を大切にしなければ…、小さな・少数の意見やつぶやきも拾えるようにならないと…、何でも言えるクラスにしたい、…この「事件」を体験して、そういう思いを強く持った。

別の年、やはり「やまなし」の授業で、「五月」と「十二月」で対比されているものを見つける課題を出した時には、実に様々な意見が子どもたちから出された。(次のページの資料参照)

多く出された意見の数だけが驚きだったわけではない。大人ではなかなか考えつかないような意見も出ている。「居すくまる」↕「おどるように」や、「こわいよ」↕「おいしそう」や、「日光の黄金」↕「月光のにじ」などである。物語の中に入り込むぐらい物語の世界に浸ると、子どもたちはこんなにもイメージを膨らませ、深く読むことができるのか、と感激した。

問⑩

「五月」と「十二月」には対比されているもの（言葉）がたくさんあります。書き出してみよう。

※対比《たいひ》…反対の意味で組になっているようなこと。

「五月」	「十二月」
○日光	○月光
○かわせみ	○やまなし
○昼	○夜
○クラムボン　（話題）	○やまなし
○ぶるぶるふるえている	○おどるようにして
○青光りのするまるでぎらぎらする鉄砲だまのようなもの	○黒い丸い大きなもの
○夢のように（月光）	○ラムネのびん（月光）
○底の白いあわ	○白いやわらかな丸石・小さなきりの形の水晶のつぶ・金雲母のかけら
○降ってきました	○もかもか集まりました
○まっすぐなかげの棒（あわや小さなごみ）	○黒い三つのかげぼうし（かにたち）
○青白い	○冷たい
○水の底	○波の上
○青白い水	○青白いほのお
○かばの花	○金剛石
○明るい	○暗い
○居すくまる	○おどるように
○なめらかな天井	○天井の波は…青いほのおを上げて…
○クラムボン　（話題）	○あわ
○水の底	○天井
○日光の黄金	○月光のにじ
○上の方	○下の方
○白い岩	○黒く丸い大きなもの
○とがっている	○丸いもの
○春	○冬
○つうっと（魚）	○ぼかぼか（やまなし）
○ぽつぽつ五・六つぶ	○あわは大きい
○クラムボン	○イサド
○まっすぐなかげの棒	○ラムネのびんの月光
○こわいよ	○おいしそう

第三章の「現場教師の《学力》論」に載せた、「三　読みの物差しを獲得していくことで」の山根さんのこともぜひ参照してほしい。

ここで言いたいことは、国語の授業のやり方・あり方ではない。授業の中で子どもたちが見せる、柔軟性、多様性、独自性、…などの存在である。

国語だけでなく他の授業でも感じてきたことだが、私が「個性」ということについて感じてきたことについて述べたいと思う。

＊子どもたちは、自分の意見を言いたいと思っている。これは、《意見表明権》である。
＊子どもたちは、自分の考えを聴いてほしいと思っている。これは、《聴き取られる権利》である。
＊子どもたちは、話し合ったり討論したりしたいと思っているし、好きである。これは、《聴く権利》である。友だちの意見や考えを知りたいと思っているのである。
＊子どもたちは、深く考えられるようになりたいと思っている。これは、《賢くなる権利》である。

そのようなことを通して、子どもたちは、【変わり成長したい・自分を知りたい・自分を認めてほしい】と切に願っているのである。そして、そのプロセスで自己肯定感を育んでいくのだと思う。

こう考える時、改めて「個性」とは何か？を考えてみたい。それは、多くの人が抱いているような、何か他とは違うもの（違い・区別・優劣・上下…？）ではないはず。

私の感覚では、「個性」とは、他との《関係》の中でこそ、【分かる】・【発揮される】・【輝く】・【自覚されていく】ものだと感じている。そしてそれは、教師の知らないところでも（ところでこそ？）

常に息づいているものだと思う。

【個性を大切にする】ということについて教師ができることは、子ども（たち）の持っている、これらの権利を保障することだととらえてはどうだろうか。具体的には、授業の中で、クラスの話し合いの中で、何気ないおしゃべりの中で、自由な発言を保証すること、聴き取られる雰囲気をつくること、そして、お互いが尊重され認められる学級を子どもたちと共に創り出すこと、だと考える。

子どもの作文を「読む」ということ

「子ども理解」という時に私は、第四章の学級通信のところでも紹介しましたが、子どもの作文を読むということを自分なりに大事にしてきたつもりです。

下に載せたのは、『NEXT ONE』という二年生の学級通信です。生活科で割り箸でっぽうを作って、遊んで、みんなで楽しんだ時に書いた作文を載せた学級通信です。

そこに、ステファニーという子の作文が載っています。

「わりばしでっぽうを作った時、作り方はむずかしかったけど、かんせいしたら、先生たちとしょうぶして、一回も当たらなかったけど、家へ帰ってなおちゃんといっしょにやった時、1386点もとりました。なおちゃんは、2284点でした。わたしは、なおちゃんにまけたから、すごくくやしかったです。学校でなおちゃんとやった時は、一回しか当たらなかった。わりばしでっぽうは、すごく楽しかったです。」

2の1 学級通信　NEXT ONE《ネクスト　ワン》　12.19　NO.46

わりばしでっぽうを作って

小田 ゆうすけ

ぼくは、学校で わりばしでっぽうで あそびました。うちでもあそびました。
学校で、めい中ごっこをしました。3ぱつ 当てたんだけど、あとのは 全ぶ はずれてしまいました。
でも、もっと いい まとを見つけました。それは、黒ばんのよこのかかりの紙に当てて、まん中に当たったら 100点、よこだったら 50点、ぜんぜん だめだったら 0点です。とっても おもしろくって ずーっと やっていました。時間わりひょうにも当てて、時計にも当てていました。かべ　はねかえってくる ゴムが わからなくなって、友だちに もらいました。

たな田 よしまさ

ぼくは、わりばしでっぽうを はじめて知りました。それから、ざいりょうは 作ったけど、あとは先生に作ってもらって、帰る時に わりばしでっぽうを もってかえってから、家で ワインの はこと、牛にゅうパックで 弟と ぼくで、うち合いをしました。おもしろかったです。

ステファニー

わりばしでっぽうを作った時、作り方は むずかしかったけど、かんせいしたら、先生たちと しょうぶして、1回も 当たらなかったけど、家へ 帰って なおちゃんと いっしょに やった時、1386点、も とりました。なおちゃんは 2284点、でした。
わたしは なおちゃんに まけたから、すごく くやしかったです。学校で なおちゃんと やった時は、1回しか 当たらなかった。
わりばしでっぽうは、すごく 楽しかったです。

高原 友又

わたしは、こないだ わりばしでっぽうを作りました。作る時に、ステファニーに わからないところを聞いて、やっと 作れた時 わたしは とても うれしかったです。
そして さっそく とばしてみたら、よくとびました。体そうふくを まとにして やったら 当たりました。近くで やった時も当たり、遠くから やった時も 当たりました。
みんなで 1ぱつしょうぶでやったら、もうちょっとで 当たるところだったのに、はずれてしまいました。
先生が やった時、はずれてしまいました。
そして 先生が こう言いました。
「この ゴム、弱いな。」
こう先生が 言ったので、わたしの ゴムを あげました。そしたら、また 先生が 言いました。
「この ゴム、いいわ。」と 言って、2はつ目を うちました。先生が 2はつ目をうったので、わたしたちも うちました。そしたら こんどは ぜんぜん はずれました。
学どうで また やった時、えんぴつを 立てて、まとにして やりました。3本当たりました。その時 思いました。（こんなの だれが 考えたんだろう。わたしだったら、こんなの 思いつかないのになあ。）こう思ったんです。
そして うちでも 作りました。

白石 しょう

ぼくは、赤ざわくんから こつを 教えて もらった。だけど、赤ざわくんは 教えてくれる前に
「できる人と できない人が いるから。」と 言いました。
「こつは 教えたら だめ。」と 言ったから、だれにも 言ってない。ぼくは、家で 赤ざわくんの 言ったのを やったら、めい中力が すごく よかった。

作り方を友だちに教えたり 教えてもらったり 少しでもいいものを作ろうと一生けんめいになったり、本気でしょうぶしてくやしがったり……こういうみんなを見ていると、先生は うれしくなってしまいます。

これは、若い時の話ですが、私は手作り工作が好きで、そのことを一つの柱にした学級づくりの取り組みを、日生連の冬の研究集会でレポート発表したことがあります。その時に、この学級通信も資料としてつけ、こんなふうに子どもたちは工作を喜んでいました、と紹介しました。

その時に助言者であった、ある大学の先生が私の発表が終わった後に、「鬼頭さんは、このステファニーの作文を担任としてどう読みましたか？」そう私に尋ねました。私は何の事かよく分かりませんでした。たぶん、私はキョトンとしていたと思います。

その先生が言いました。

「あなたが担任として、このステファニーの作文で読むべきところは、『１３８６点』と『２２８４点』ではないか」と。

この時点でも、正直言って私はその先生が言っている意味が分かりませんでした。

皆さんはピンときたでしょうか？

この割り箸でっぽうを作った時、教室でも大きな段ボールや中ぐらいの大きさの箱やペットボトルなどを並べて、1点や5点・10点などの的を作って、３m離れたところからその的を狙って5発撃って、合計何点取れるかというようなゲームをして遊びました。

ステファニーは、家に帰ってからも、同級生のなおちゃんと一緒に、割り箸でっぽうの的当てをして遊んだわけです。

その先生が言いたかったことは、

わりばしでっぽうの的

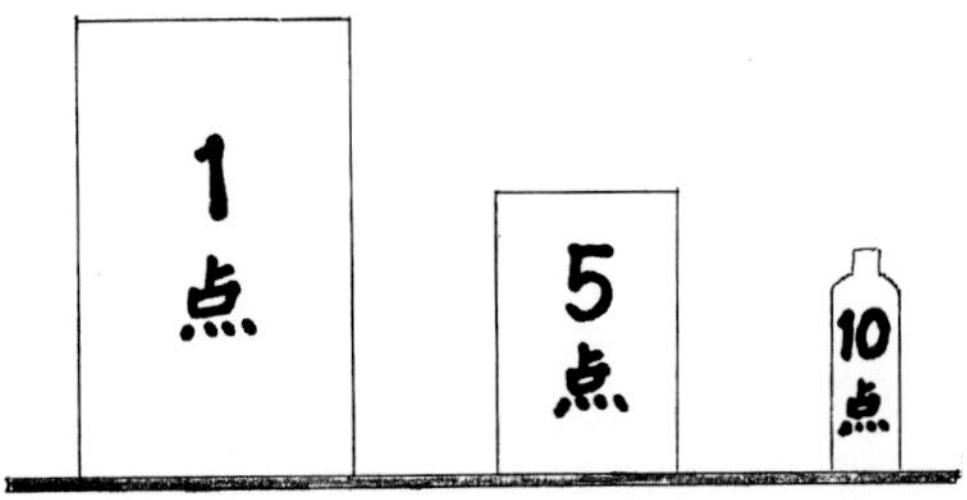

＊「割り箸でっぽうを家に帰った後も友だちと一緒にやって楽しんでいた」だけではなく、
＊1386点や2284点になるためには、どれだけの時間、二人は遊んでいたのだろうか？
（一桁までの数字になっているということは、1点の的から作っていた。100点の的もあっただろう。
でも、「1386点」や「2284点」になるためには…と想像してみてほしい）
＊どうやって数えて、記録していたんだろう？
＊そこを「読む」ことが、「楽しんでいた」事実の中身を読みとることではないか
＊そして、わざわざこのことを、先生が読む作文に書いたのは、どういう意味があるんだろう？
そういうようなことを担任は読んで、想像するべきだ、想像できないといけないんじゃないかとい
うことを話されました。
私自身は、作文を読む・子どもの書いたものを読むということは、例えばそういうことなのかとそ
の時に学びました。

作文の読み方というのはいろいろあるかもしれませんが、少なくても、子どもが書いたものを軽ん
じてはいけないと思いました。そして、少しでも子どもの作文を読むことができる教師になっていき
たいと思いました。

「マジック写真」

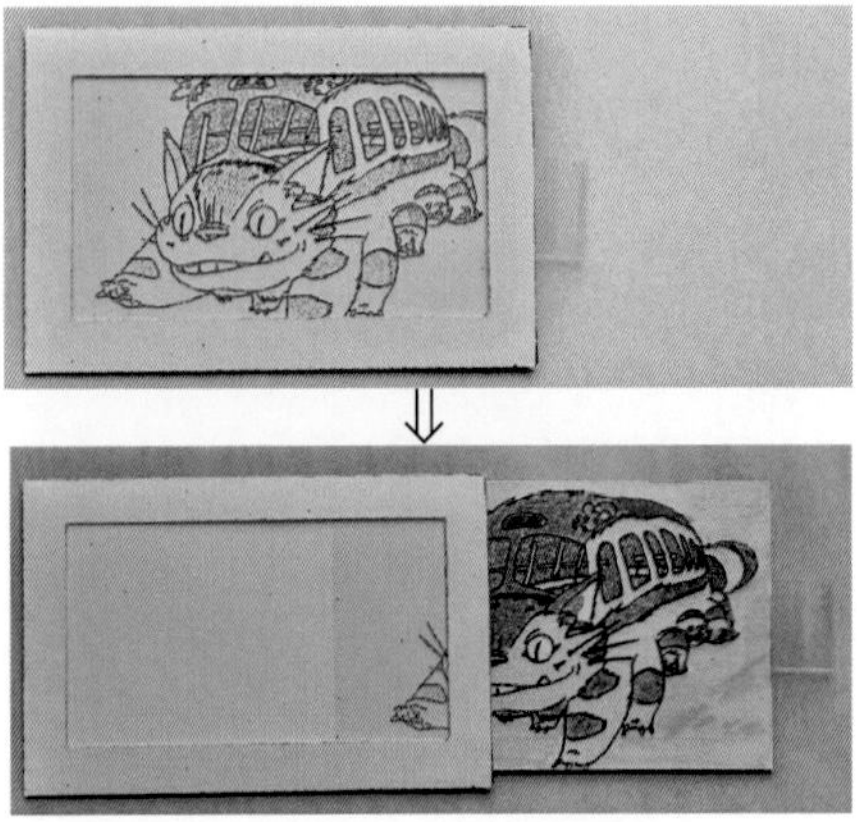

「絵合わせパズル」

「新聞紙フリスビー」

「色の出る CD ごま」

「とりひこうき」

「ふたごのネコ」

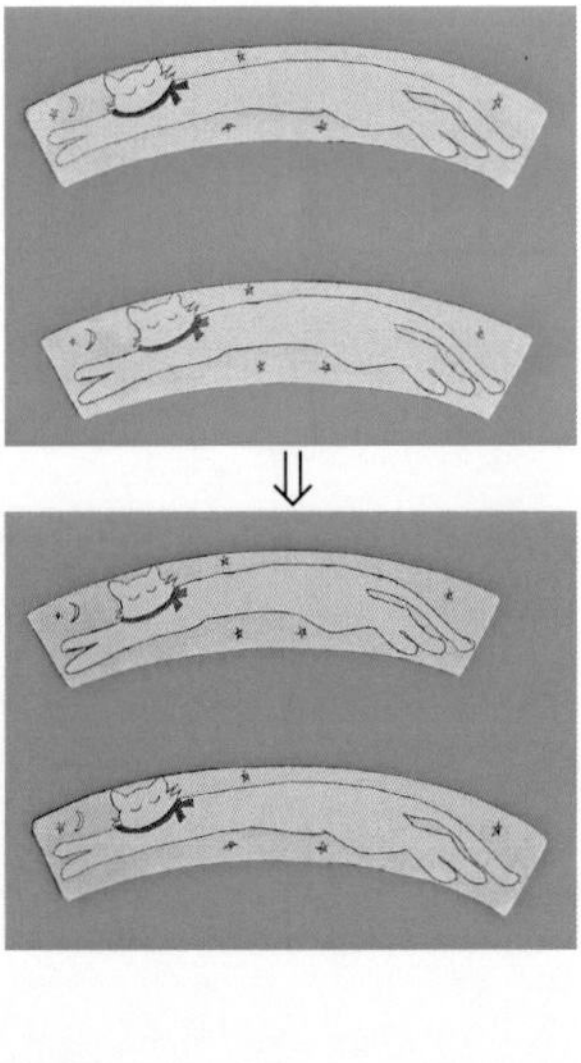

「たたきザル」

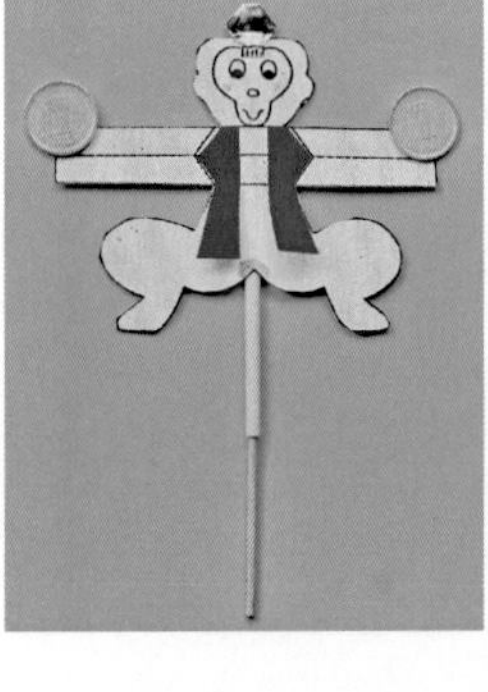

「恐竜の卵」

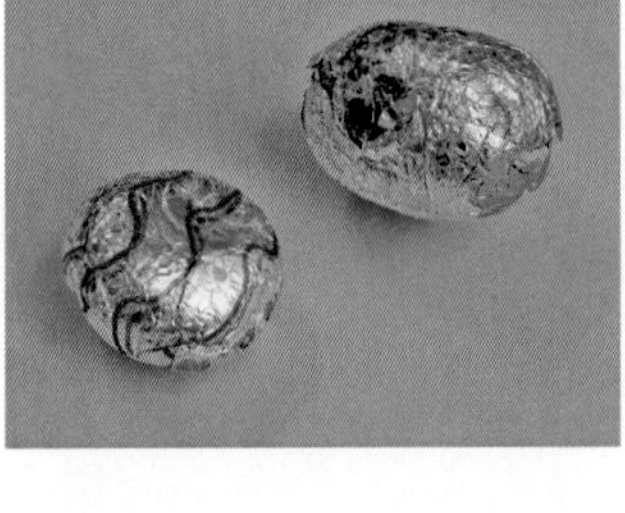

付録　子どもが喜ぶ手作りあそび工作 原版集

1　作ってみよう！ドングリ工作
2　ふしぎな紙
3　びっくりキューブ
4　絵合わせパズル（トトロ編）
5　たねひこうき
6　新聞紙フリスビー
7　色の出るＣＤごま
8　マジック写真
9　ふたごのネコ
10　恐竜の卵
11　びっくりへび
12　３枚羽根のブーメラン
13　とりひこうき
14　チョウの変身
15　変身ウルトラマン
16　アクロバット・ホース
17　何でも食べるタコくん
18　たたきザル
19　ガイコツ

※ここに載せた手作りあそび工作についての質問やご意見がありましたら、遠慮なくお寄せください。

パソコンメールアドレス　rmfjf738@yahoo.co.jp
鬼頭正和　宛て

作ってみよう！ ドングリ工作

秋。生活科で「秋をあそぼう！」というような活動があります。ドングリを拾ってきて、ドングリごまを作って遊んだりすると思います。ドングリを使った、動物づくりを紹介します。

A　ネズミ①

ドングリに、耳としてドングリの「ぼうし」をくっつけました。耳をつけるには、手芸用などで使用する「ホットボンド」（グルーガン）を使います。目は、水性ペンキで丸く塗り、乾いた後、油性の名前ペンで黒目をかきます。ひげも油性ペンでかきます。下の台は、木を薄く切ったものです。（東急ハンズで切った木片を売っています）

B　ネズミ②

先の「ネズミ①」に色をつけました。色は、「ぼうし」の耳をつけた後、ラッカースプレー（黒）で塗ります。乾いたら、水性ペンキで目とひげをかきます。

C　ネズミ③

「ネズミ②」の横向きです。

D　トナカイ

ドングリを少しずらして、くっつけます。一つは頭、一つは胴体です。「つの」は、ドングリの小さなぼうしがいくつも付いている枝です。4本の足も、ドングリの枝です。

E　キツネ

これも、ドングリ2つを少し角度をずらしてくっつけます。キツネの耳は、メロンの種です。しっぽは、ネコジャラシです。

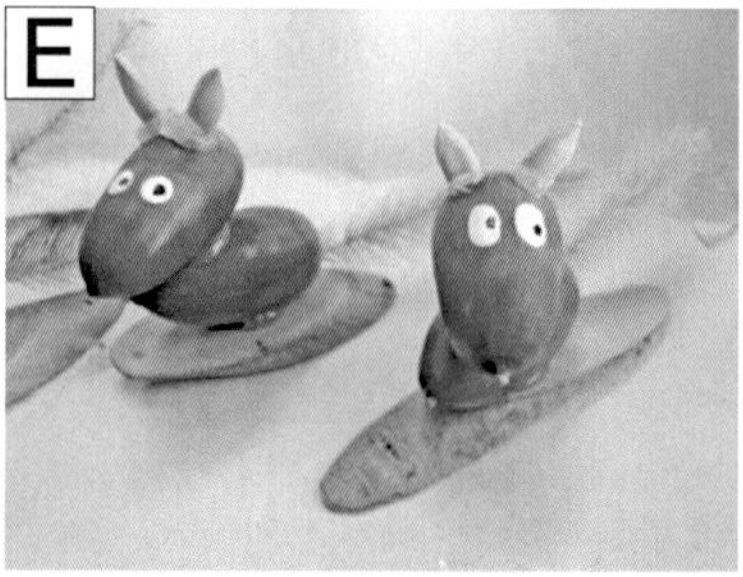

F　トーテムポール

ドングリを５つたてに積むようにつけます。一番上の頭にはドングリの「ぼうし」。２カ所についている「手」はドングリの枝です。５つの表情を変えると楽しいです。

G　どんぐりトトロ？

ドングリにメロンの種の耳を付けて、ラッカースプレーで着色します。白色のペンキで目とお腹を塗ります。乾いたら、目・鼻・お腹の模様をつけます。「まっくろくろすけ」は、大豆で作ってあります。

さあ、あなたも、いろいろ工夫して、子どもたちと一緒に、ドングリ工作を楽しんでみませんか？

「どんぐり トトロ」の作《つく》り方《かた》

■ 準備《じゅんび》するもの.

どんぐり . メロンの たね . グルーガン（ホットボンド）

白のペンキ . フェルトペン . ラッカー スプレー . 名前ペン

大豆《だいず》 . 台にする木 . 木工用ボンド . 白ボール紙

■ 作《つく》り方《かた》

① どんぐりの 下（おしり）に . 木工用ボンドをつけて . 立たせる.

（しばらく おいて かわかす）

どんぐり
白ボール紙

※ 白ボール紙に 立たせるのは、スプレーで 色をつける時に やりやすくするためです.

② どんぐりの 頭に . メロンの たね（耳《みみ》）をつけます.

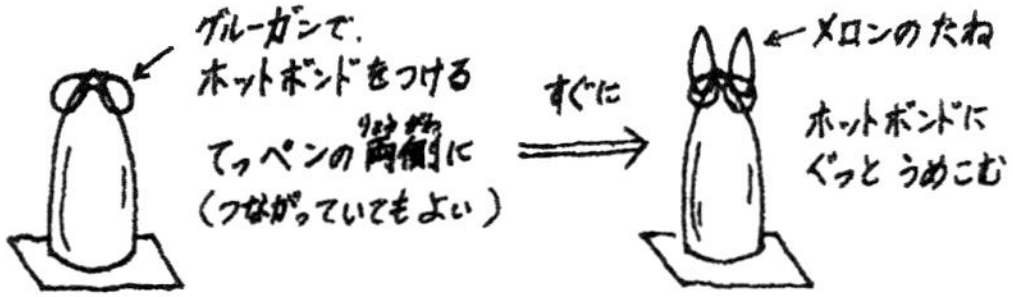

グルーガンで. ホットボンドをつける
てっペンの両側《りょうがわ》に
（つながっていてもよい）
すぐに
メロンのたね
ホットボンドに ぐっと うめこむ

③ 全体《ぜんたい》に ラッカー スプレーを ふきつけ . かわかす.

※ 何個か（20個ぐらい）を 箱のふたに ならべ . スプレーを 少し はなして ふきつける.

（近すぎると. うまく ぬれない）

④ 白ボール紙を 切る.（どんぐりから はみ出ている所《ところ》. 少し残ってよい）

⑤ フェルトペンで. 白のペンキを ぬります.

目
おなか

※ 目は、フェルトペンの先《さき》に 白ペンキをつけて. 1回だけ おすようにして. つける.

※ おなかは、たっぷりと 白ペンキをつけ. まるく形《かたち》を ととのえる.

⑥ 白いペンキが かわいたら、名前《なまえ》ペンで 目（黒《くろ》）と おなかの もようを かきます.（鼻も. かいてよい）

※ 目（黒）は、名前ペンの先を ちょんと おしつける ように つけるとよい.

※ おなかの もようは、⌒ を 3つ

⑦ 大豆《だいず》で "まっくろくろすけ" を 作《つく》る.

大豆を、黒のスプレーで ぬる
白いペンキで 目をかく
名前ペンで 目（黒）を かく

⑧ 木の台《だい》に、木工用《もっこうよう》ボンドで くっつけて、完成《かんせい》！

※ 耳が とれやすいので、気をつけましょう.

もし とれてしまったら、木工用ボンドで つけます. すぐに なおります.

（耳をなくさないように！）

【子どもが喜ぶ・楽しむ ものづくり】

鬼頭正和
（日生連愛知サークル）

「ふしぎな 紙」〜アレ？どうして こんなのが…〜

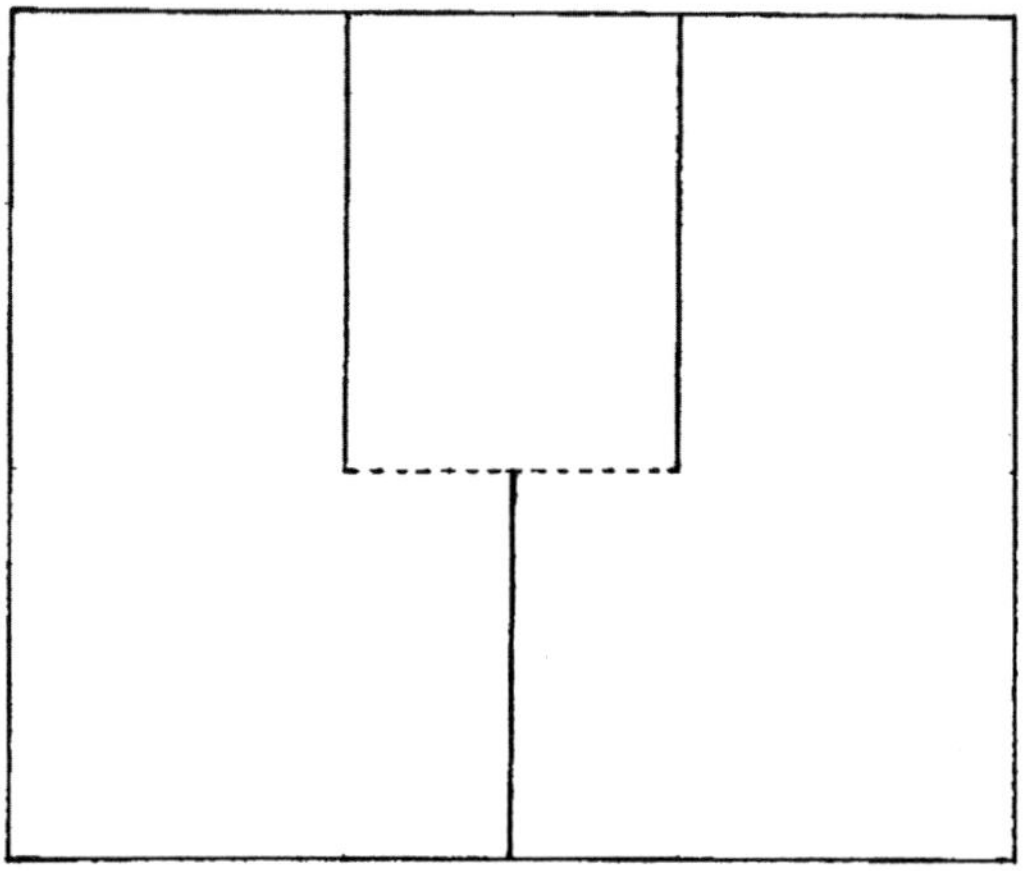

☆ 材料

1 画用紙に、上の原版を 印刷したもの
2 台紙にする 画用紙（12cm × 16cm ぐらい）（上の紙と色を変えるとよい）

☆ 道具　はさみ ・ のり ・ 定規

☆ 作り方
① 印刷した紙を切りとる。（実線で）
② 谷折り線に定規をあてて、強くなぞる。
（「折り線をつける」と言う）
※ これをすると、きれいに折ることができる
③ 真ん中の 小さい紙を立てる。
④ 右の紙を 180度 回転させる。
⑤ 台紙の中央に 貼る。

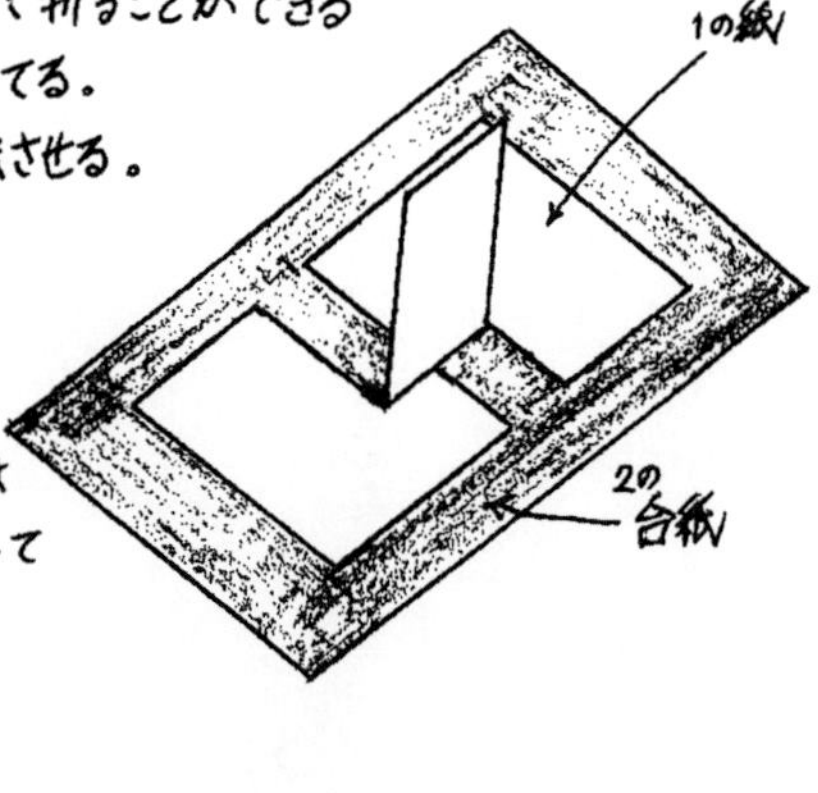

☆ 遊び方

右の絵のような"ありえない"紙ができますので、誰かに「さあ、この紙はどうなっているのでしょう？」などと言ってちょっぴり おどろいてもらいましょう。

【子どもが喜ぶ・楽しむ ものづくり】

鬼頭正和
（日生連愛知サークル）

「びっくりキューブ」

※出典『作ってふしぎ!? トリックアート工作』（あかね書房）

☆ 材料
画用紙に 右の型紙を 印刷したもの

——— 切《き》りとり線《せん》
- - - 谷《たに》折《お》り線《せん》

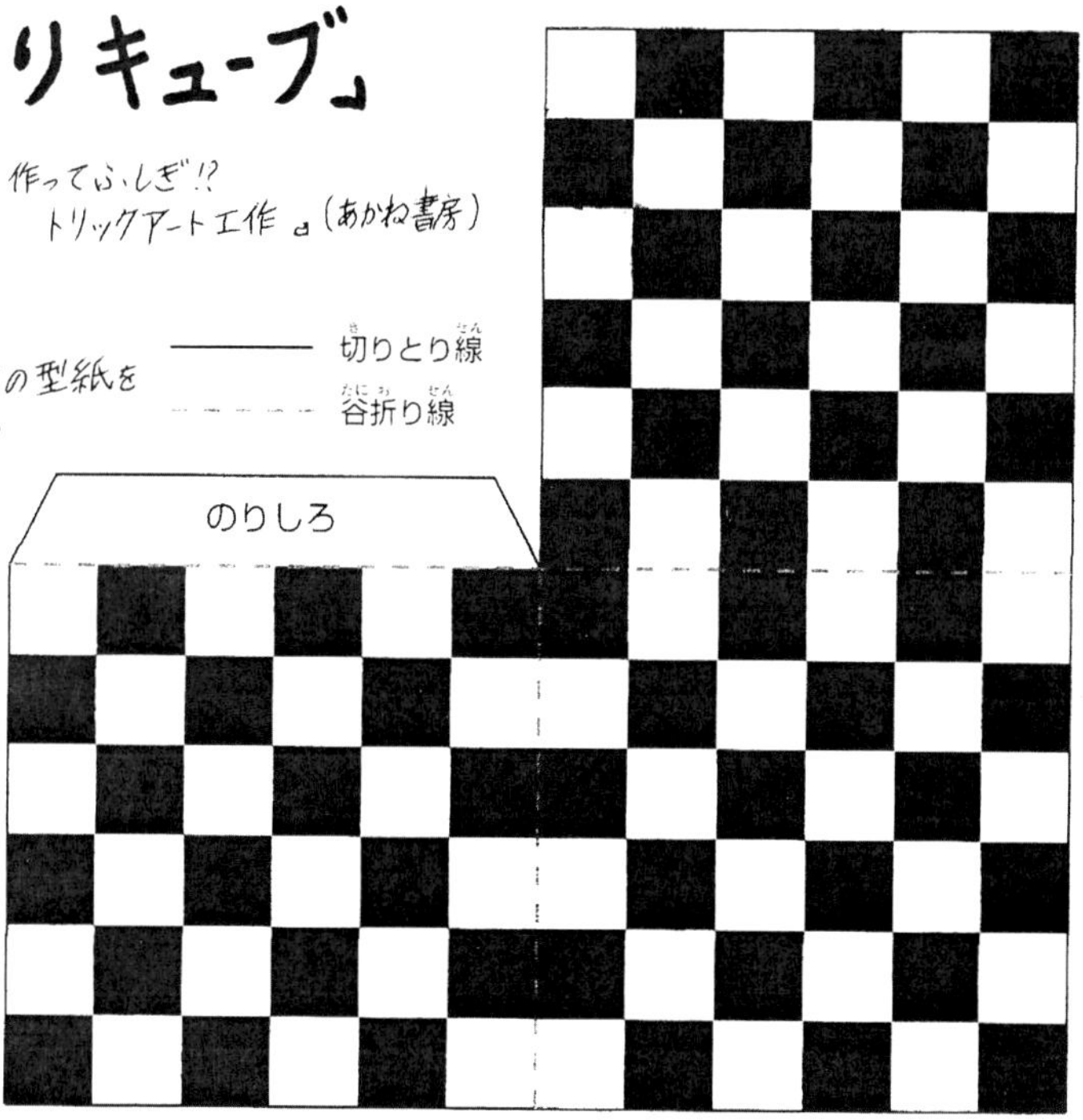
のりしろ

☆ 道具 ・はさみ ・のり ・定規

☆ 作り方
① 印刷した型紙を 切りとる。
② 谷折り線に定規をあてて 強くなぞる。
（「折り線をつける」と言う）
※これをすると、きれいに 折ることができる
③ 谷折り線で折る。
④ のりづけをして、組み立てる。

へこんでいた立方体が
ふくらんで、ゆらゆらと
ゆれるよ！

☆ 遊び方

左図のように持ち、片目で見る。
くぼんだ形が 凸凹が反対に見えます。
手を動かして、いろんな角度から見てみよう！
※ふくらんで見えない人もいます。そんな時は…
・ゆっくりと 片目をつぶる
・スマホのカメラで 見てみよう！

◆ 絵《え》合《あ》わせパズル 〜トトロ編《へん》〜 ◆

※ これを B4版に拡大して印刷

← ここで おって、はり合わせる(2)

外がわの線《せん》で切りとる(1)

あそびかた

※ うまくおって合《あ》わせると、6つの絵《え》ができます。さあ、できるかな?!

① ばあちゃん ② ねこバス ③ メイ ④ さつき ⑤ ないしょ話（さつきと お母さん） ⑥ トトロ

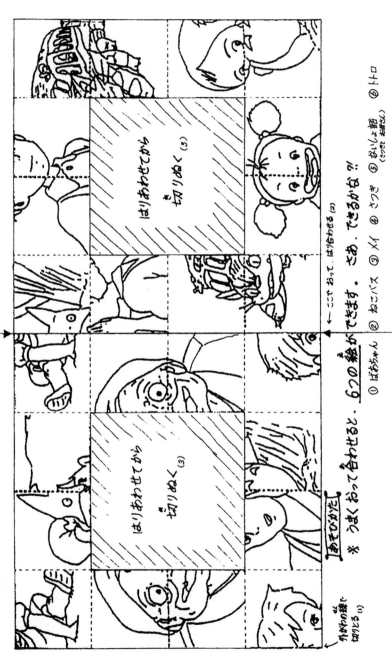

【子どもが喜ぶ・楽しむ ものづくり】

"絵合わせパズル"を作って遊ぼう！

鬼頭正和
（日生連愛知サークル）

① 別紙の「絵合わせパズル ～トトロ編～」を、B4判に拡大して印刷。
（ごく普通の ラフ上質紙でよい）

② 一番外側の線（長方形）で 切りとる。（線の真上を切ること！）

③ 真ん中の たて線で折って、ぴったりと はり合わせる。

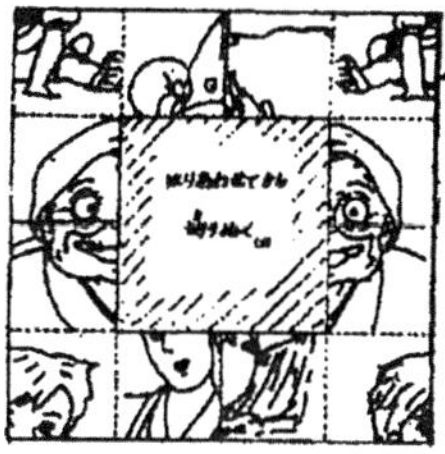

折り目（折り線をつけてから 折るとよい）
裏にも 絵がある

※ 表と裏の、たて・横の点線が
できるだけ 重なっているように はる
（少しぐらいのズレは、仕方ないが…）

④ 中央の 正方形 を、切りぬく。

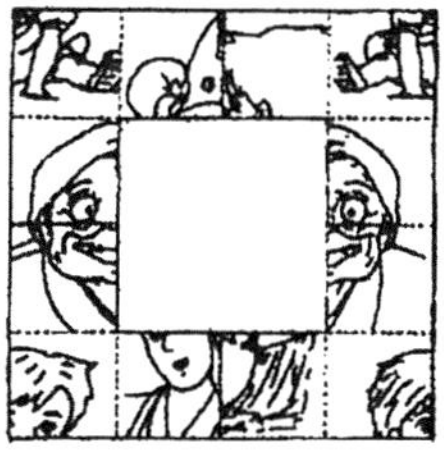

※ カッター または、ハサミで 切りぬく

⑤ すべての たて・横の点線を、ボールペンなどで なぞって、表側にも
裏側にも 折ることができるようにする。（これで、パズルは 完成！）

⑥ さあ、パズルに 挑戦してみよう！
うまく 折って 合わせると、6つの絵が できます。

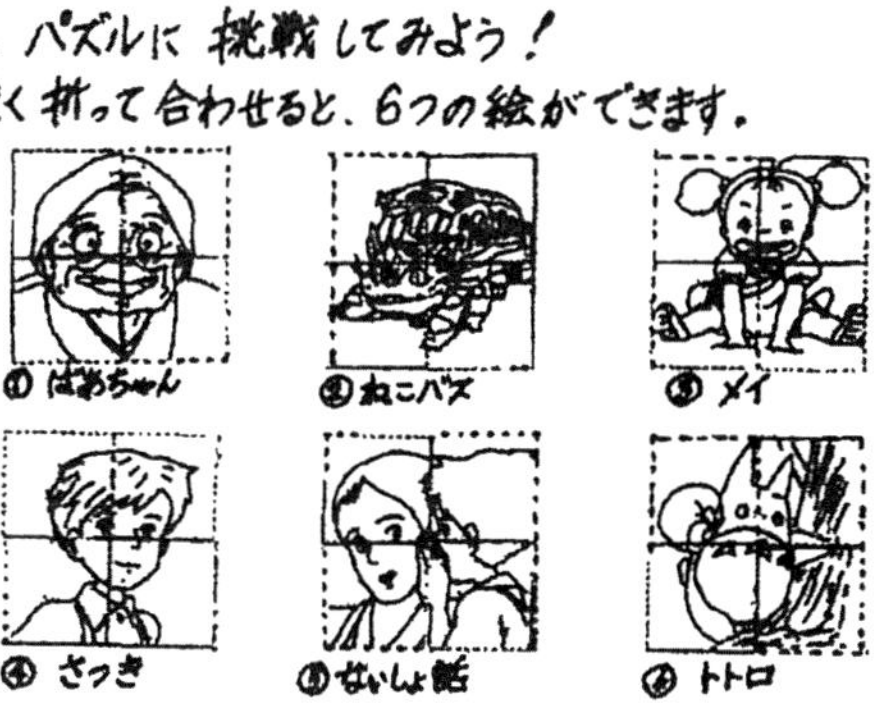

① ばあちゃん ② ねこバス ③ メイ
④ さつき ⑤ ないしょ話 ⑥ トトロ

さあ、できるかな?!

※ 色を きれいに ぬると、
自分だけの すてきな
パズルに なるよ！

【子どもが喜ぶ・楽しむ ものづくり】

「たねひこうき」（紙のグライダー）

鬼頭正和
（日生連 愛知サークル）

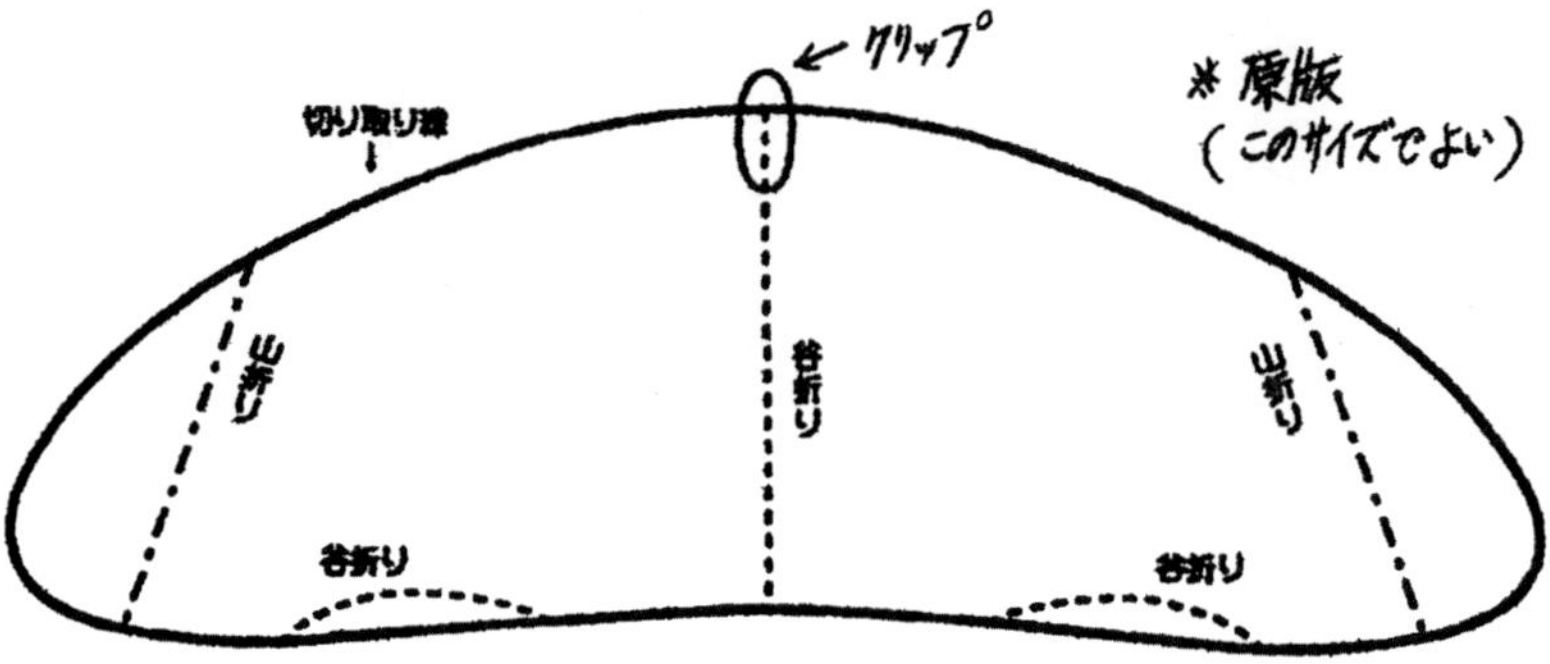
前
↑
クリップ
※原版
（このサイズでよい）
切り取り線
山折り
谷折り
山折り
谷折り
谷折り

※参考・出典『ものづくりハンドブック』（仮説社） 考案：近沢秀光

☆ 材料　・印刷した紙（コピー用紙など普通の紙でよい）
　　　　・クリップ（「小」サイズがよい）

☆ 道具　・はさみ　・定規

☆ 作り方

ここは残さないで切る

① 原版を印刷し、まわりの太い線で切りとる。

② 山折り2本，谷折り2本の折り線を、ボールペンで強くなぞる。（折りやすくなる）

③ 左右の山折り線のところで、下に折る。

④ 下の  の谷折り線のところを紙の下から持ち上げるようにななめに立てる。

⑤ クリップを差す。（$\frac{1}{3}$ぐらい上に出るように）

⑥ 
120°ぐらい

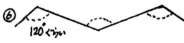

羽根の角度を調整して、でき上がり！

☆ 飛ばし方
・頭の上から はなすだけ。（投げない）
・左右の羽根の折り曲げる角度で、左右への曲がり方が変わってくる。

【子どもが喜ぶ・楽しむ ものづくり】

「新聞紙フリスビー」

鬼頭正和
（日生連愛知サークル）

☆材料　・新聞紙１枚　・ビニールテープ
　　　　・色画用紙　・セロテープ

☆道具　・はさみ

☆作り方

① 新聞紙を下の図のように、5回折ります。

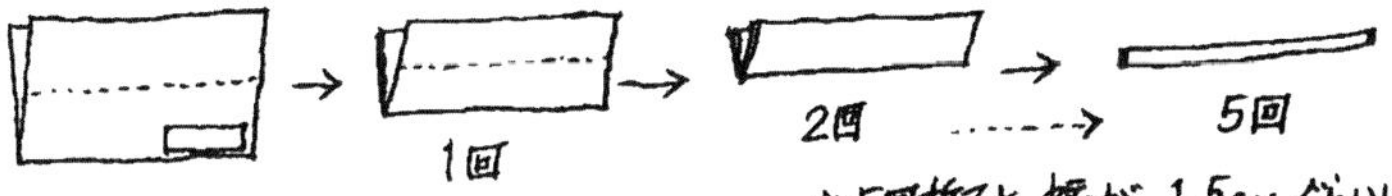

※5回折ると、幅が 1.5cm ぐらいになる

② 細い棒のようになった新聞紙の
5ヶ所ぐらいを、セロテープできつくとめる。

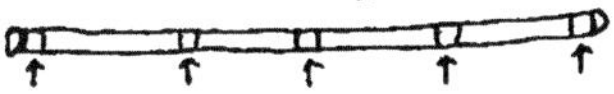

③ ビニールテープを、ななめに
ぐるぐると まいていく。（飾り・補強のため）

④ 丸い輪にして、ビニールテープでとめる。

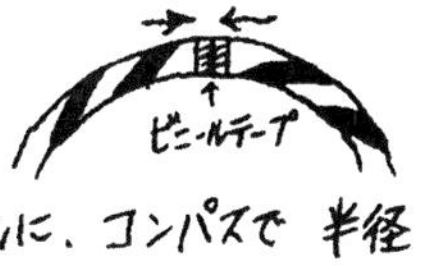

形のいい円にする。

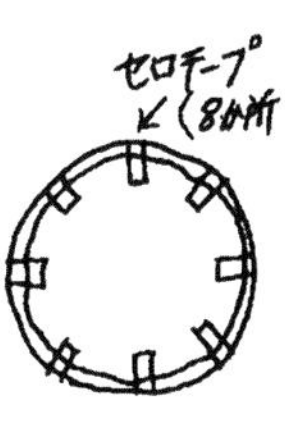

⑤ 色画用紙に、コンパスで 半径 8.8cmの円をかく。
その円を切りぬき、絵をかく。（自分の名前もかく）

⑥ その円を、セロテープで 新聞紙の輪に しっかりくっつける。
（輪の上に乗せて、くっつける）

⑦ でき上がり！

☆遊び方

・キャッチボールのように、キャッチ フリスビー？
・的をねらって 当てる（何点とれるかな？）
・誰が一番遠くまで飛ばせるかな？

※自分たちで作ったフリスビーで、楽しく いっぱい 遊べますよ！

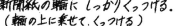

※ これを B4版に拡大して 印刷

アレレ…??

白黒《しろくろ》のもよう なのに

「色《いろ》のでるコマ」

名前《なまえ》

（　　　　　　　）

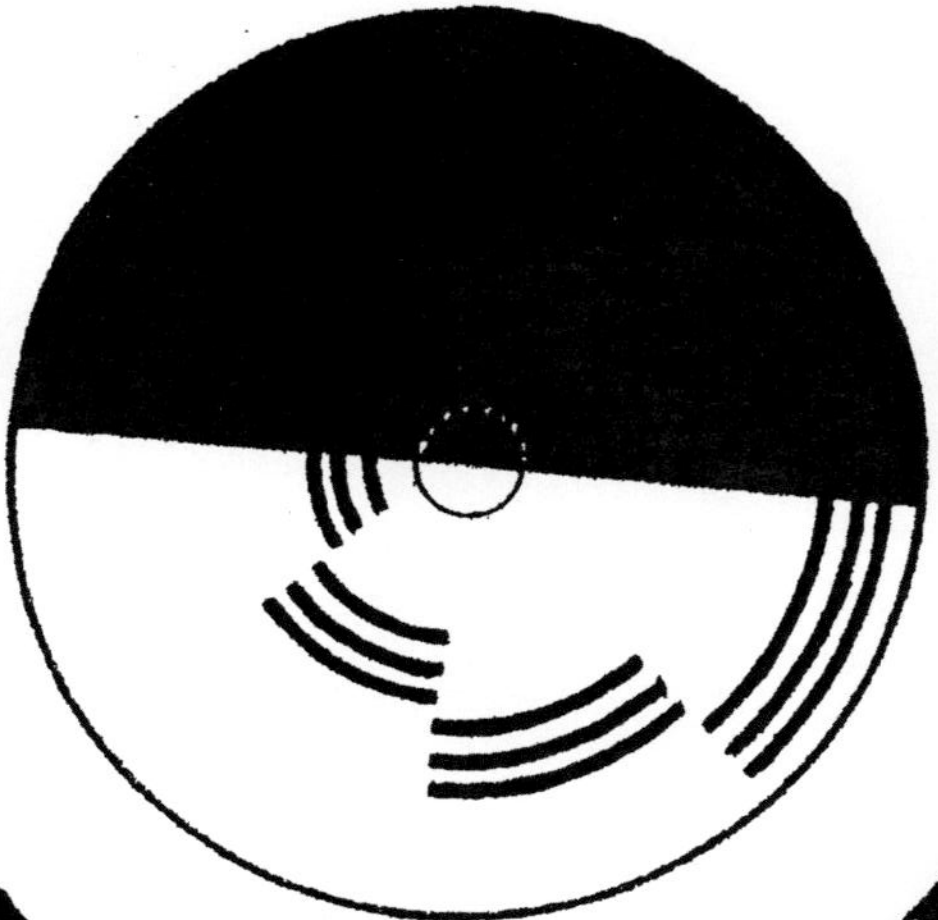

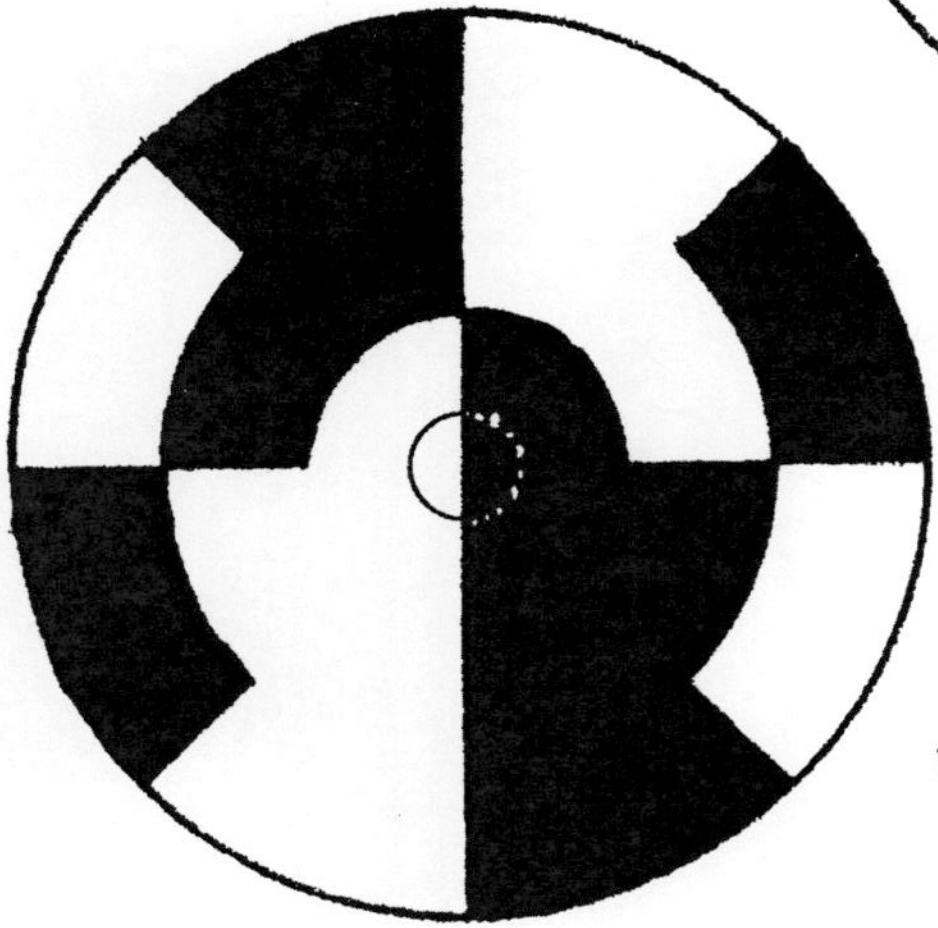

※ やってみたい 1つを
えらんで 切《き》る

【子どもが喜ぶ・楽しむ ものづくり】

「色の出るCD《シーディー》ごま」

鬼頭正和
（日生連 愛知サークル）

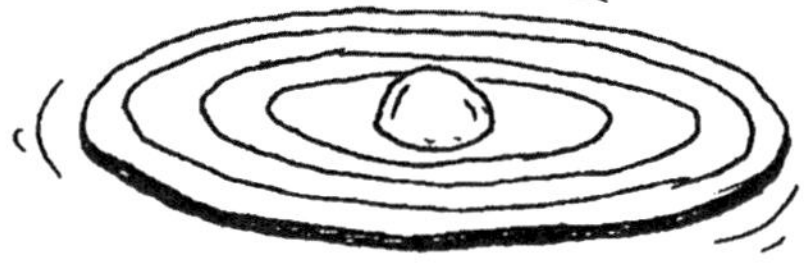

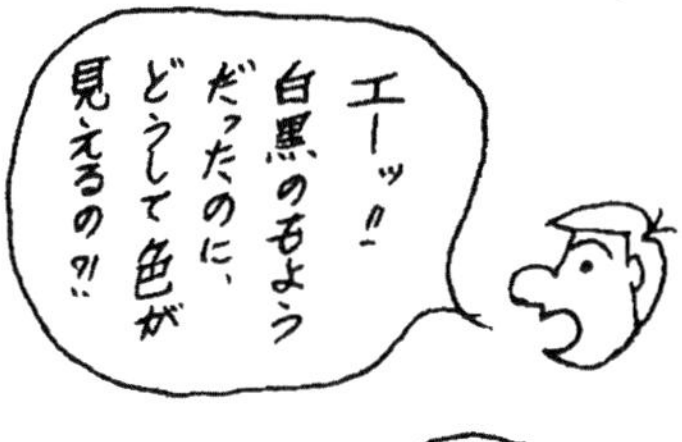
エーッ!!
白黒のもようだったのに、
どうして色が
見えるの?!

☆ 材料　・CD（使わなくなったもの）
　　　　・もようを印刷した紙（別紙）→ B4に拡大して使う
　　　　・ビー玉

☆ 道具　・はさみ　・ボンド　・セロテープ

☆ 作り方

① もようの紙を切る（円になる）
② 紙のまん中に丸い穴をあける（CDの穴ぐらい）
③ 紙をCDにはる（ボンドで）
④ CDにビー玉をさしこむ
⑤ ビー玉をセロテープで
　CDにとめる

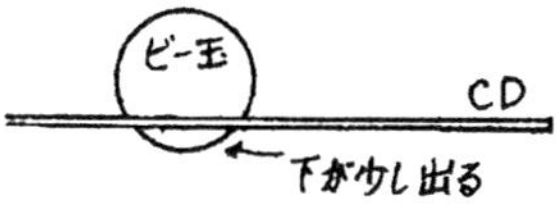
ビー玉
CD
下が少し出る

（ビー玉をCDの穴に押しこみながら、セロテープでとめる）

上

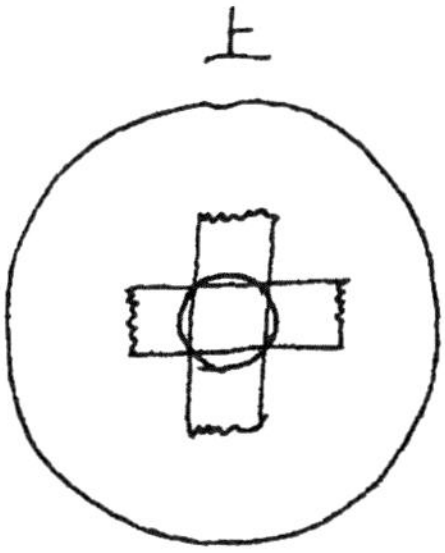

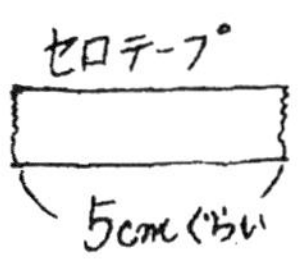
セロテープ
5cmぐらい

※ ビー玉の上から、
ビー玉をおさえつけるように
十字《じゅうじ》にとめる。

補足

※別紙のもようは、
ベンハムの円

※ビー玉をCDにつける
やり方は、他にもある

しっかりとめるには
・両面テープで
・ホットボンドで
・ビニールを細く切ったものをビー玉の下から十字につつみ、上へ出して
など

☆ 回してみよう!!
・平らな所で回してみよう
・白と黒のもようだったのに、色が見えるかな?

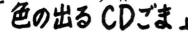

「マジック写真」原版　　※これを130%拡大して、画用紙に印刷する

A

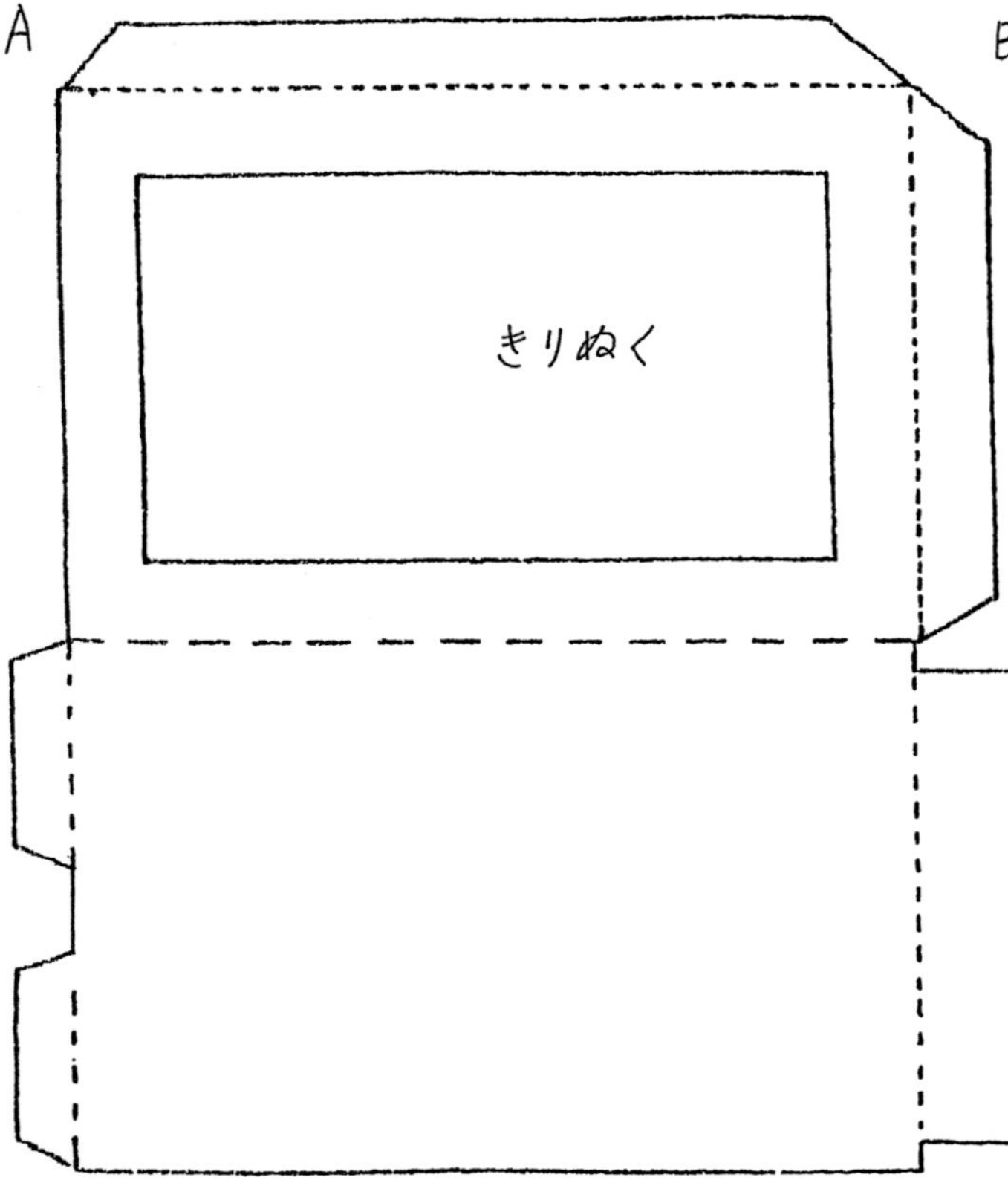

B　絵は何でもよい。同じ絵を透明シートにコピーして、スクリーンにする

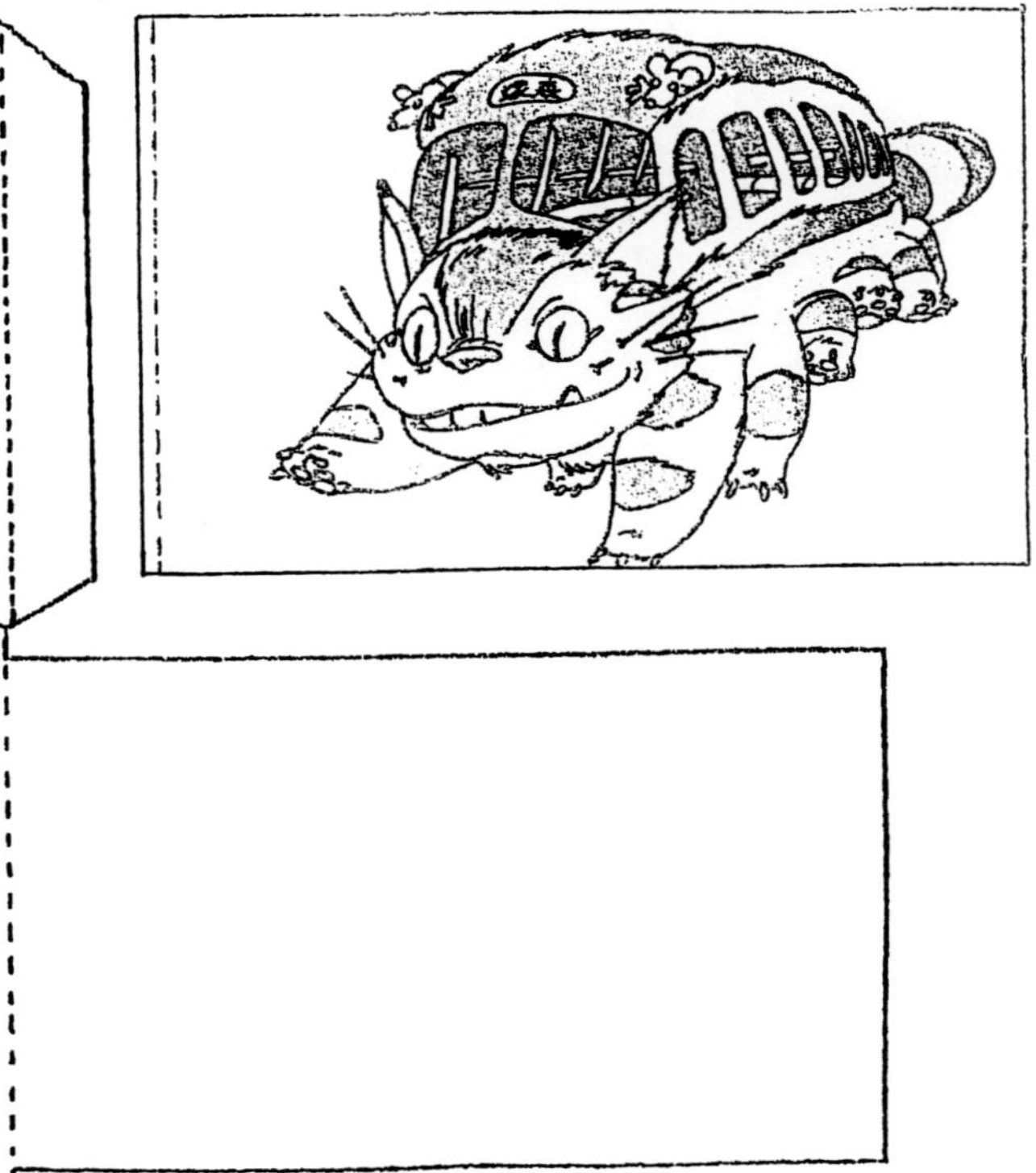

【子どもが喜ぶ・楽しむ ものづくり】

鬼頭正和
(日生連愛知サークル)

「マジック写真《しゃしん》」をつくろう!

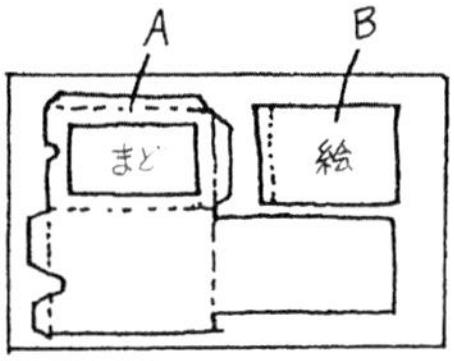

① まず、画用紙《がようし》の絵Bに、色《いろ》えんぴつで
色《いろ》をぬります。

② 色《いろ》がぬれたら、ハサミで AとBの外側《そとがわ》
の黒《くろ》い線《せん》の上《うえ》を切《き》って、AとBを切りとります。
(※点線《てんせん》のところは、切ってはダメ!)

③ 点線《てんせん》のところを、全部《ぜんぶ》ボールペンでなぞって、"折《お》り線《せん》"をつけます。

うちがわに おる

④ Aのまどのところを、カッターかハサミで 切《き》りぬいて、
右《みぎ》の図《ず》のように、点線《てんせん》のところを全部《ぜんぶ》内側《うちがわ》に(山折《やまお》り)
おります。

⑤ とうめいのスクリーンを、線《せん》のところで切《き》り、色《いろ》をぬった
Bの絵《え》とぴったり合《あ》わせます。(※ズレがないように!)
(※この時《とき》、絵《え》の左側《ひだりがわ》の点線《てんせん》をウラへおっておきます)
そして、スクリーンの絵《え》とBの絵《え》がズレないように
したまま、右《みぎ》の図《ず》のように、重ねた右側《みぎがわ》をセロ
テープでとめます。(※セロテープを下《した》にまきこむように)

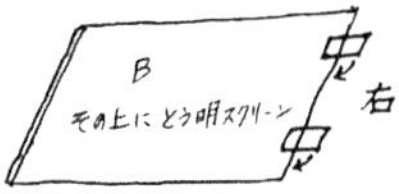

セロテープでかさねた
2まいをとめる

⑥

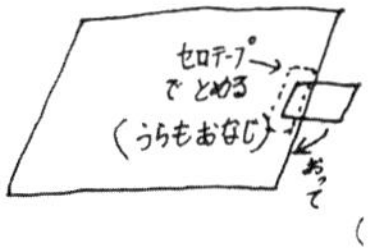

かさなった2まいに「とって」を
つけます。(引《ひ》き出《だ》しやすいように)

「とって」は、とうめいスクリーンの切れはしを使《つか》います。
(2つにおったもので、2まいをはさむようにしてとめる)

⑦ Aの、中《なか》におりこんだ㋐のところを、スクリーンと絵《え》の
間《あいだ》にはさみこみます。

(おくまでさんこんで)

⑧ はさみこんだスクリーンと紙《かみ》をストッパーの上《うえ》におき、
まどのところを上にかぶせて組《く》み立《た》てます。

⑨ さいごに、うらがえして、のりしろのところを、セロテープ
でとめれば、でき上《あ》がり!

つまみ(とって)のところをひっぱって、いろんな人をおどろかせよう!
(※ひきだすのは、絵《え》の$\frac{3}{4}$ぐらいまで。ぜんぶひきだすと、バレてしまうよ!)

【子どもが喜ぶ・楽しむ ものづくり】

「ふたごの ネコ」

鬼頭正和
（日生連 愛知サークル）

ー紙なのに、なぜか大きくなる？ー

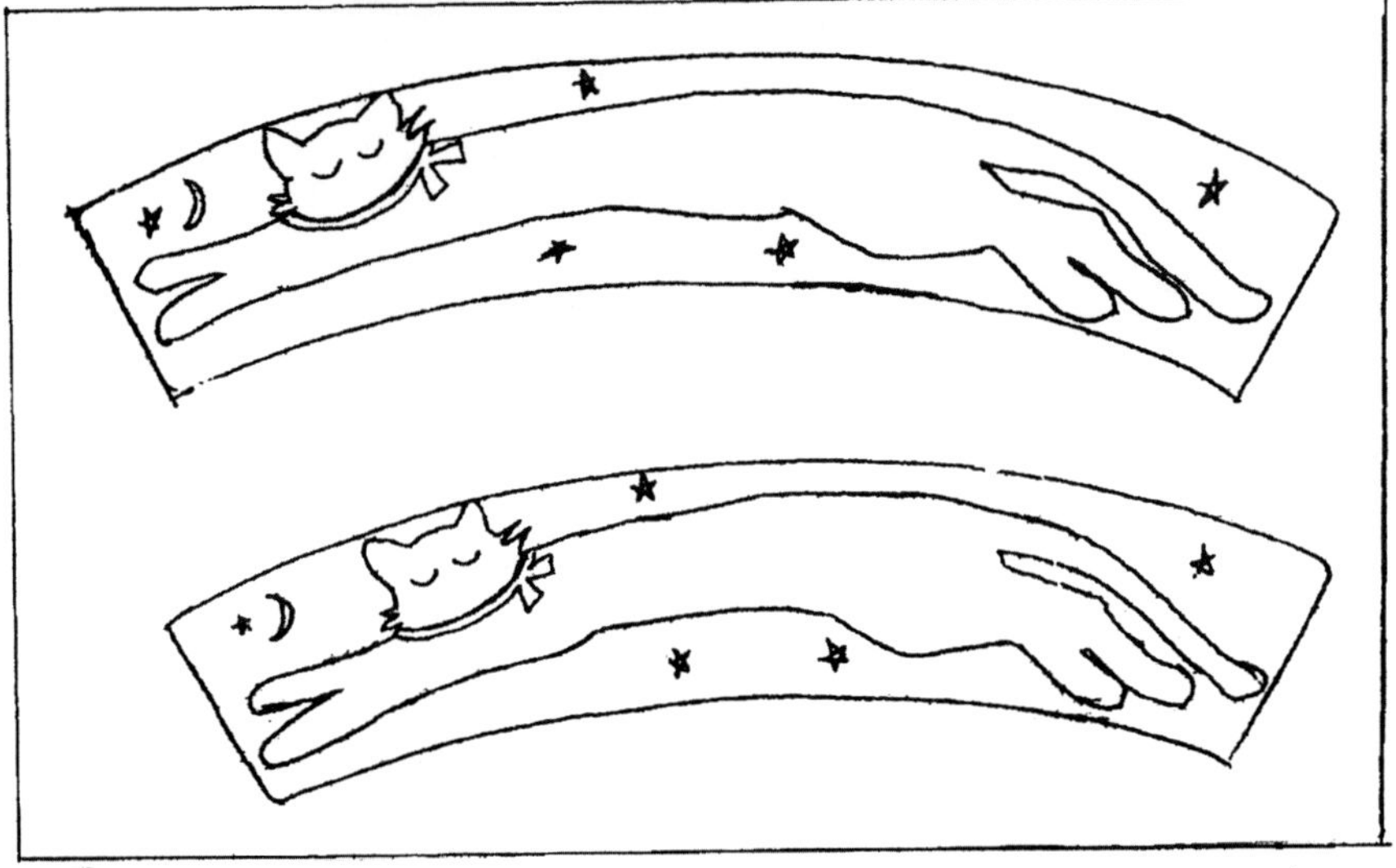

☆材料　画用紙　　☆道具　・はさみ　・カラーペン　・マジックシート

☆作り方

① 上の絵（原版）を、拡大して、画用紙に印刷する。

② 絵の上のネコの首のリボンを赤，下のネコの首のリボンを青でぬる。

③ その他のところも、好みの色でぬる。

④ 絵の の線のところを切って、2つの にする。（でき上がり！）
（紙の裏に、マグネット粘着シートをはるといい）

☆見せ方

① 赤いリボンのネコを上に、少し離して、下に青いリボンのネコを置く。
（黒板などに、2つを上下にはるといい）

②「赤いリボンのネコは、ずっと前から（もっと大きくなりたい！）と思っていました。」…
など、適当な(!?)お話をしながら、赤いリボンのネコの絵（紙）を手にとり、
絵（紙）を両手で伸ばすふり（演技？）をする。

③ 赤いリボンのネコの絵（紙）を、青いリボンのネコの絵（紙）の少し下に置く。

アレ?! 赤いリボンのネコが大きくなった！

【子どもが喜ぶ・楽しむ ものづくり】

鬼頭正和
（日生連愛知サークル）

「恐竜の卵」

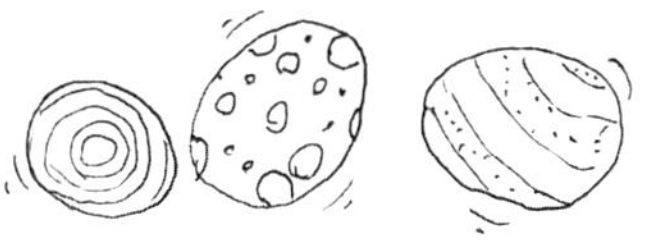

☆ 用意するもの

アルミホイル（1つ分は、8×15cmくらい）
※ 1箱 25cm×8mのものを使うとよい（1箱で 約160個分）

ビー玉（1つに1個）

タッパー ※ 100均で 3つセットで売っているくらいのものでいい。

マジックインキ（油性ペン） ※ 色つけに使う

◪ 作り方

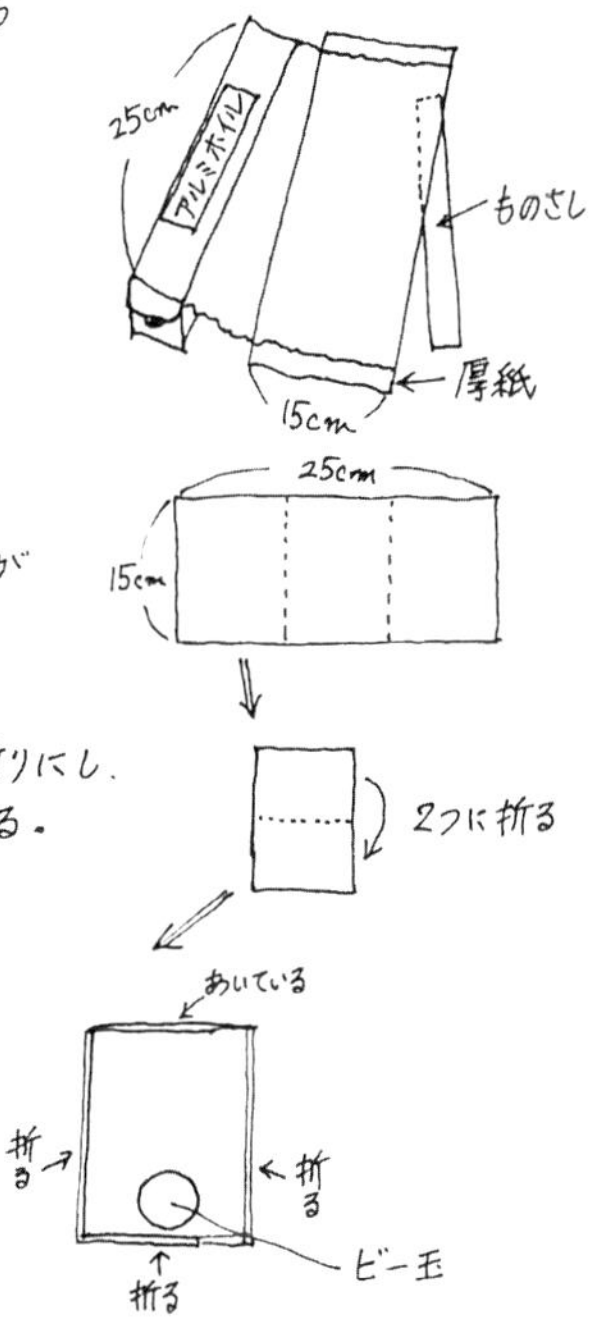

① アルミホイルを切る

《たくさん切る場合》

・15cm幅の厚紙（ボール紙など）に3回ぐらい まきつける

・プラスチック ものさしを カッターのように使って 切る

・これで 25cm×15cmの アルミホイルが何枚か できる

・それを、3等分に切る

② 1つ分の アルミホイル（8cm×15cm）を 2つ折りにし、その 3辺を細く（3mmほど）折って、袋をつくる。
※ 二重に折ると、じょうぶ!!

③ マジックインキで 色をつける
※ 自由に!! 恐竜の卵らしく!!

④ ビー玉を1つ 入れる。

⑤ あいていた口のところを 細く折って とじる。
※ 二重に折ると、じょうぶ!!

⑥ これを タッパーに入れて ふたをしたら、ひたすら ふる!!（50～100回?）

☆ 遊び方

タッパーの ふたの上に乗せて、動かしてみよう!

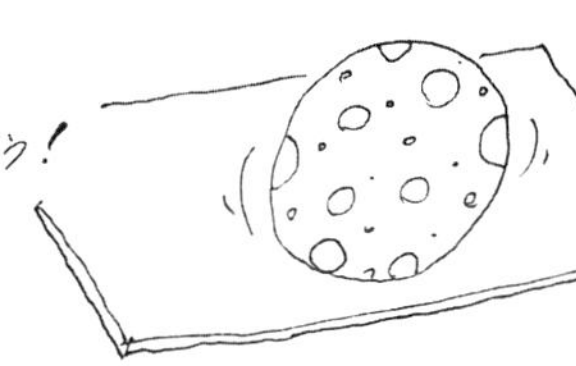

"今にも恐竜が生まれてきそう!"

出典『ものづくりハンドブック 9』（仮説社）

⑦ 残りの 牛乳パック 1本で 箱を作る。下の図のように、たてに 2等分する。
そのうちの 1つを、14.5cm ほどの長さに切り、図のように 切りおとす。(ふたになる)

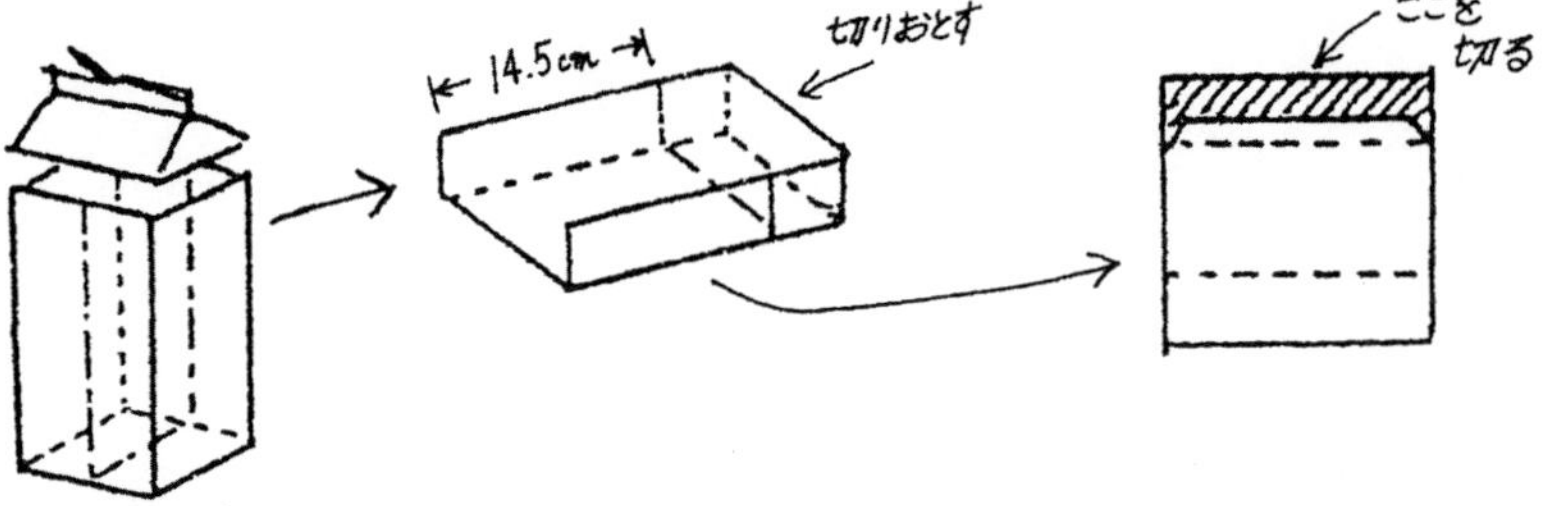
14.5cm
切りおとす
ここを切る

⑧ のこりの 1つで 底《そこ》を作る。下の図のように、⑦でできた ふたを 中に きちんと
はめこみ、切りこみを入れ、折り目をつける。

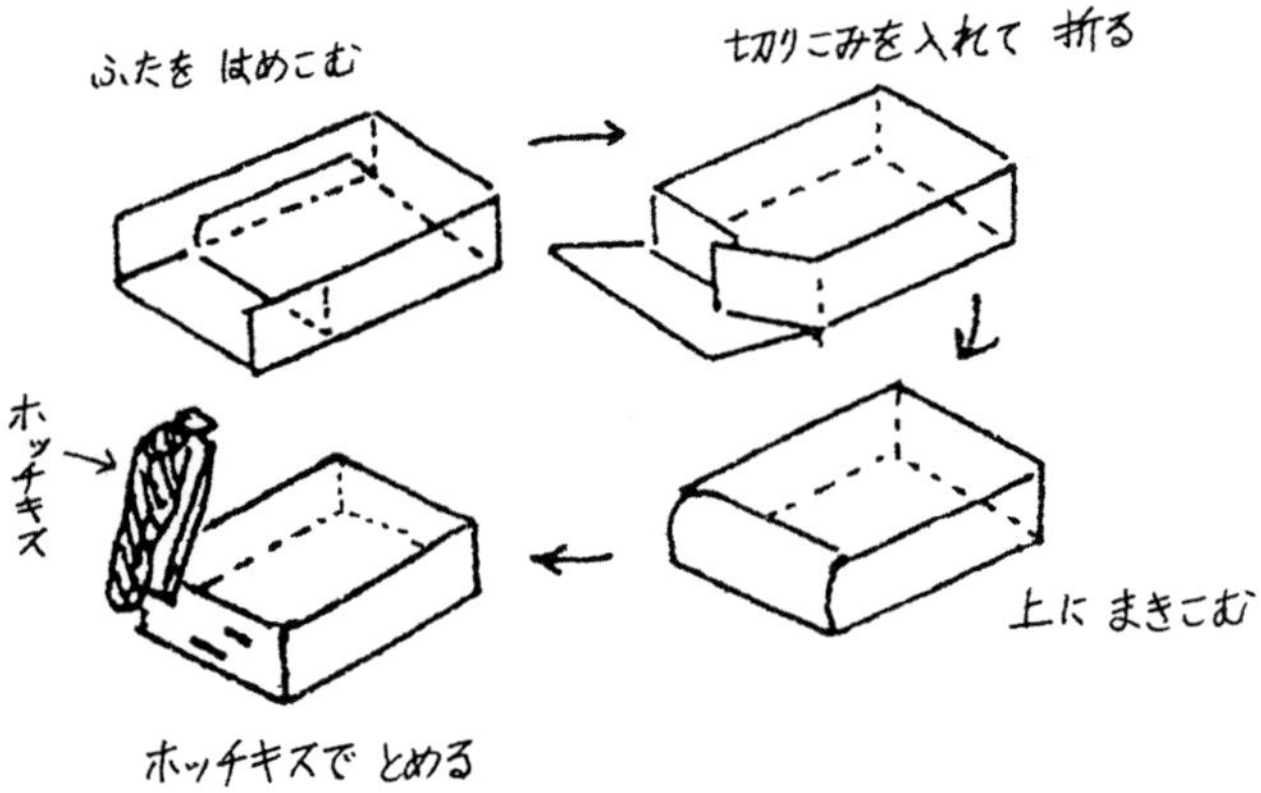
ふたを はめこむ
切りこみを入れて 折る
上に まきこむ
ホッチキス
ホッチキスで とめる

⑨ ⑧に ふたを とりつければ、箱が 完成!
(ホッチキスで とめれば よい)
※ この箱は、ほかの おかしの箱 などを 代用してもよい。

さあ、だれかを おどろかせて みよう!
(ただし、心臓の 弱い人には やらないように)

【子どもが喜ぶ・楽しむ ものづくり】

「びっくり へび」

鬼頭正和（日生連愛知サークル）
出典『科学あそび だいすき 第2集』（連合出版）

◆ 用意するもの

・牛乳パック（1リットル） 4本　・輪ゴム 8本　・赤いリボンか紙（2cm幅ぐらい．20cmぐらい）

・セロハンテープ　・はさみ　・油性マジック　・ホッチキス

◆ 作り方

① 牛乳パック3本の口《くち》の部分《ぶぶん》と底《そこ》を切りおとし、そのうちの2本は 4等分に1本は 3等分に 輪切りする。

（3等分　1つが 約 4.8cmの幅
4等分　1つが 約 6.4cmの幅）

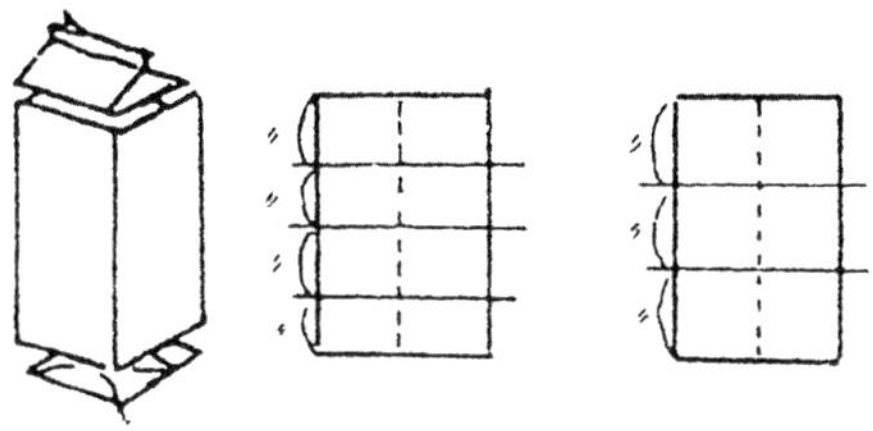

② 4等分した 8個の 中央の上下に 7mm ほどの 切りこみを入れて、輪ゴムをかける。

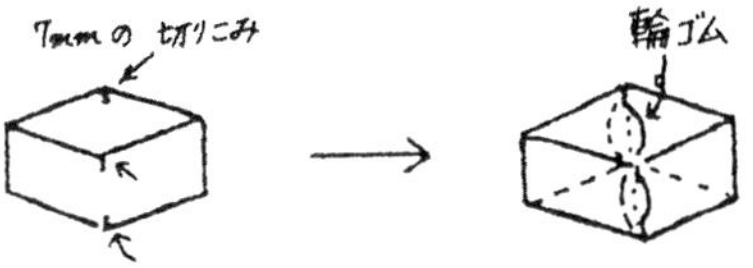

③ この8個を、下の図のように、セロハンテープで 表とうらの両面を はり合わせて つなぐ。（胴体《どうたい》になる）

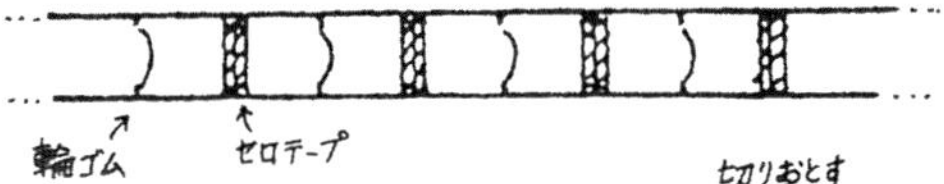

④ 3等分したものから 頭をつくり、③で できた胴体に セロハンテープで はる。（表とうらの両面をはる）

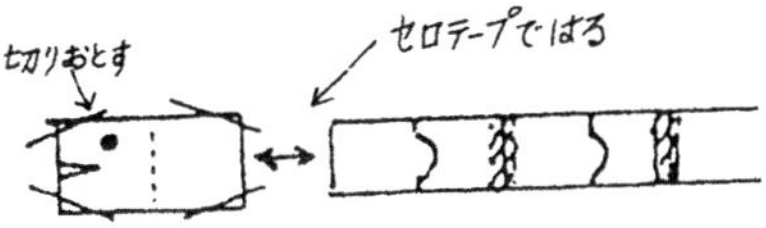

⑤ 赤いリボンか紙で へびの舌《した》を作り、頭の内側に さしこみ、セロハンテープではる。

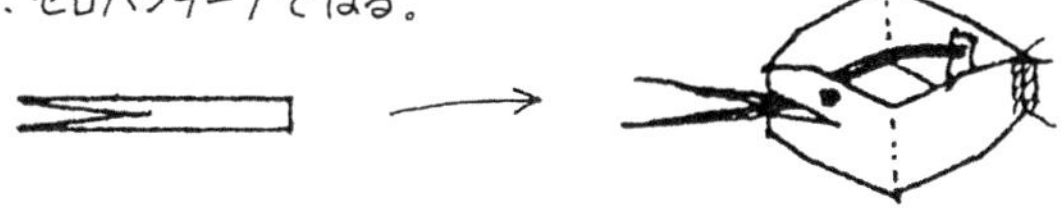

⑥ マジックなどで 胴体に もようをつけても よい。

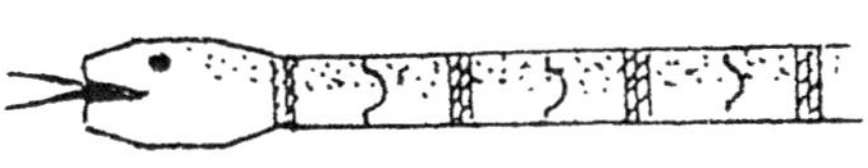

完成！

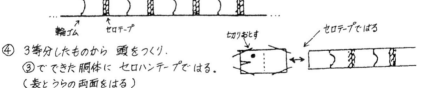

【子どもが喜ぶ・楽しむ　ものづくり】

鬼頭正和（日生連愛知サークル）
出典　佐藤成哉『身近な素材を使った　おもちゃづくり』（大日本図書）

「3枚羽根のブーメラン」

材料《ざいりょう》；　厚紙《あつがみ》　Aカード　＃350
　　13.5cm × 2.5cm　を3枚

※ 歯みがきの箱など厚紙を利用できる

道具《どうぐ》；　はさみ．ホッチキス．定規《じょうぎ》．セロテープ

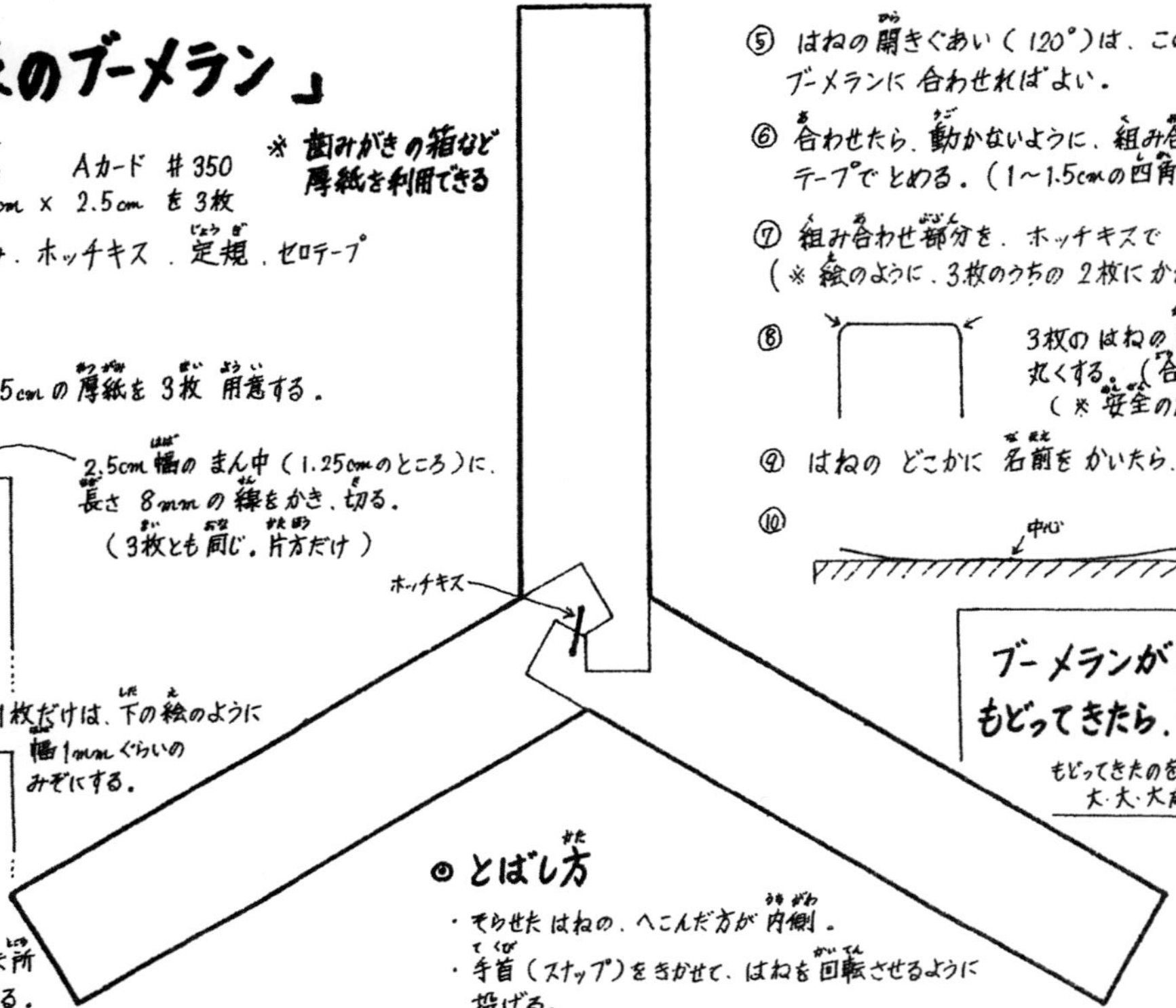

◎ 作り方

① 13.5cm × 2.5cm の厚紙《あつがみ》を 3枚《まい》 用意《ようい》する．

② 2.5cm 幅《はば》の まん中（1.25cmのところ）に．長《なが》さ 8mm の 線《せん》をかき．切《き》る．
（3枚《まい》とも同《おな》じ．片方《かたほう》だけ）

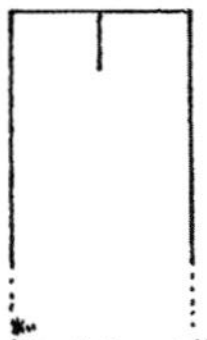

③ 3枚《まい》のうちの 1枚だけは．下《した》の絵《え》のように 幅《はば》1mm ぐらいの みぞにする．

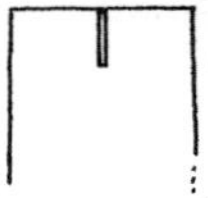

④ 3枚《まい》の 切《き》った所《とこ》を組《く》み合《あ》わせる．
（幅《はば》1mm の所《とこ》へ．残《のこ》りの 2枚《まい》をさしこみ．そのあと．120°に 開《ひら》く．）

⑤ はねの開《ひら》きぐあい（120°）は．この紙《かみ》の 実物大《じつぶつだい》の ブーメランに 合わせればよい．（B4版に 拡大して）

⑥ 合《あ》わせたら．動《うご》かないように．組《く》み合《あ》わせ 部分《ぶぶん》を セロテープで とめる．（1〜1.5cmの四角のテープで）

⑦ 組《く》み合《あ》わせ部分《ぶぶん》を．ホッチキスで 1回《かい》 とめる．
（※ 絵のように．3枚のうちの 2枚に かかっているようにとめる）

⑧ 3枚の はねの角《かど》を．はさみで切《き》って 丸くする．（合計《ごうけい》 6ヶ所）
（※ 安全のため）

⑨ はねの どこかに 名前《なまえ》を かいたら．完成《かんせい》！

⑩

中心
はねを ほんの少し 内側に そらせる！

ブーメランが 自分《じぶん》の所《ところ》に もどってきたら．大成功《だいせいこう》!!

もどってきたのを．自分で キャッチできたら 大・大・大成功!!

◎ とばし方《かた》

・そらせた はねの．へこんだ方が 内側《うちがわ》．
・手首《てくび》（スナップ）をきかせて．はねを 回転《かいてん》させるように 投げる．
・はねは．まっすぐ 立《た》てるか．少《すこ》し 外側《そとがわ》に かたむけて 投《な》げる．
・上《うえ》に 投《な》げない！ 床《ゆか》に 平行《へいこう》に（肩《かた》の高さに） 投げる．

※ まわりに 人がいない ことを たしかめて！
※ 広《ひろ》い 場所《ばしょ》で！
※ はねを 折りまげないように しよう！

【子どもが喜ぶ・楽しむ ものづくり】

鬼頭正和
（日生連愛知サークル）

「とりひこうき」

☆ 材料 下の原版をB5版に印刷した画用紙
☆ 道具 はさみ・ホッチキス・定規・ボールペン

うまく作ると、くるっと
回って、ブーメランのように
自分のところにもどってくるよ！
かわいいよ！

※おり線のぜんぶを、ものさしとボールペン（えんぴつ）ですじをつけること！

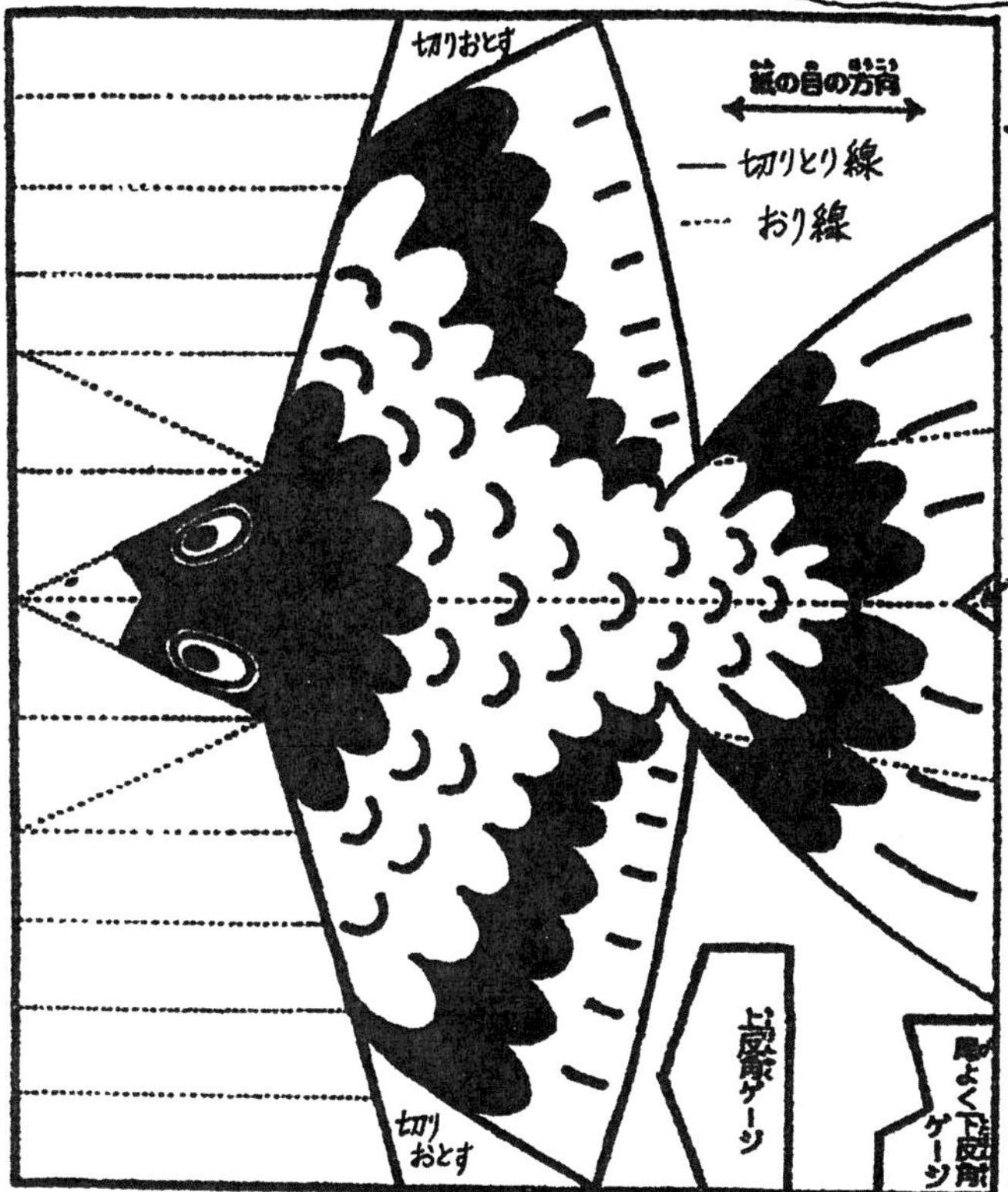
切りおとす
紙の目の方向《ほうこう》
— 切りとり線
…… おり線
三角キリトル
上反角《じょうはんかく》ゲージ
尾よく下反角ゲージ
切り
おとす

☆ まずさいしょに
← この外側の線で切る
（長方形になる）
（たて 16cm
よこ 13.5cm
ぐらい）

飛ばし方が
むずかしいけど、
練習してね！

☆ 飛《と》ばし方
・下のホッチキスでとめたところを持って
・右ななめ前方45°に投げる
・床と並行に
（上に投げない）
もどってこない時、
☆ 羽根の調整
ひこうきの後ろから見て、
・左のはねを下げると、よく回転する！
・右のはねを下げると、上に上がる！

後ろから見て、

左
右

《作《つく》り方《かた》》

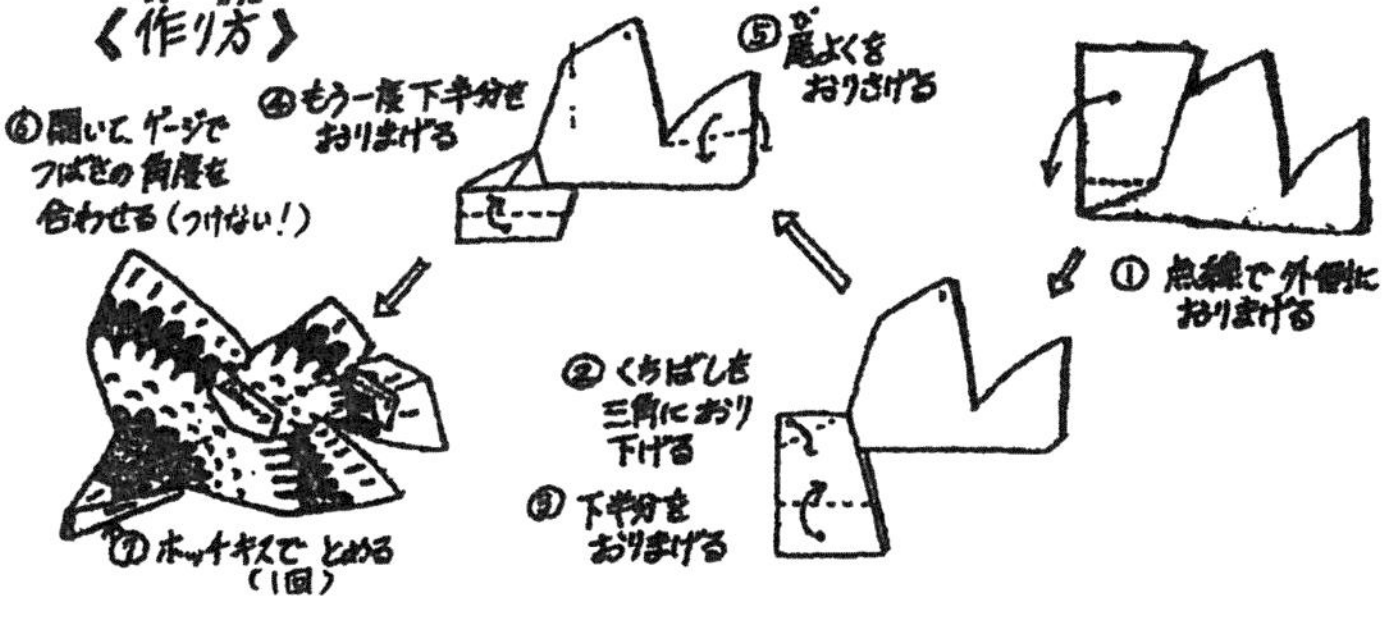
① 点線で外側におりまげる
② くちばしを三角におり下げる
③ 下半分をおりまげる
④ もう一度下半分をおりまげる
⑤ 尾《び》よくをおりさげる
⑥ 開いて、ゲージでつばさの角度を合わせる（つけない！）
⑦ ホッチキスでとめる（1回）

「おもしろいヨ」「やってみよう」

4コマの絵が一枚の絵で の巻

鬼頭正和（愛知・春日井市立篠原小学校）

紙工作です。左の図のように、一枚の紙が4つの絵に変化します。ちょっと不思議です。私は、3年の理科の昆虫の学習の「まとめ」？として、作りました。しかし、その他にも、4コマ漫画にも、物語の「起承転結」にも、四季のまとめにも、「進化するポケモン」にも、どんなものでも作れると思います。

好きなようにアレンジしてください。

次頁のⒶⒷが原版です。Ⓐは、画用紙に200％拡大して印刷してください。Ⓑは、普通紙に同じく200％拡大して印刷してください。

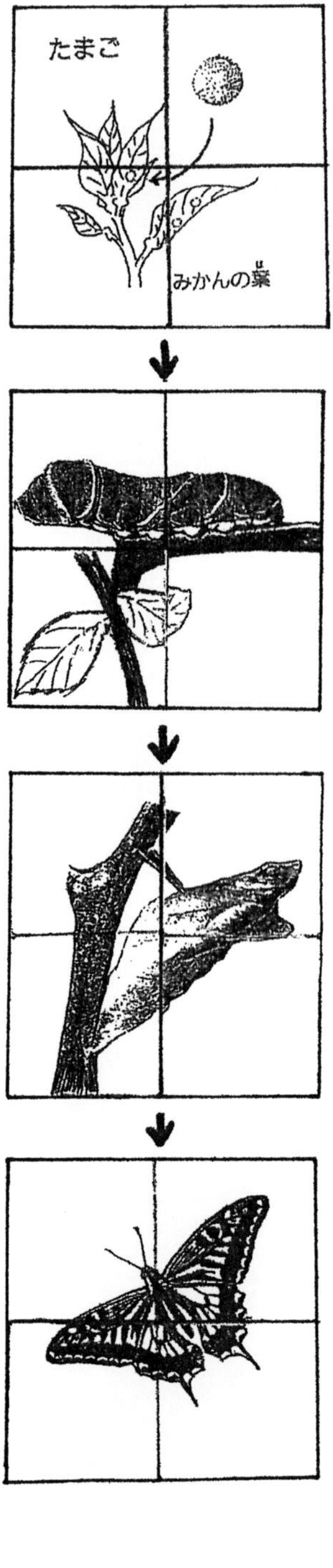

【折り方】

全ての折り線をボールペンでなぞる。①〜④の順に折っていく。

最後に、「のり」の所に糊をつけて、内側に糊付け。

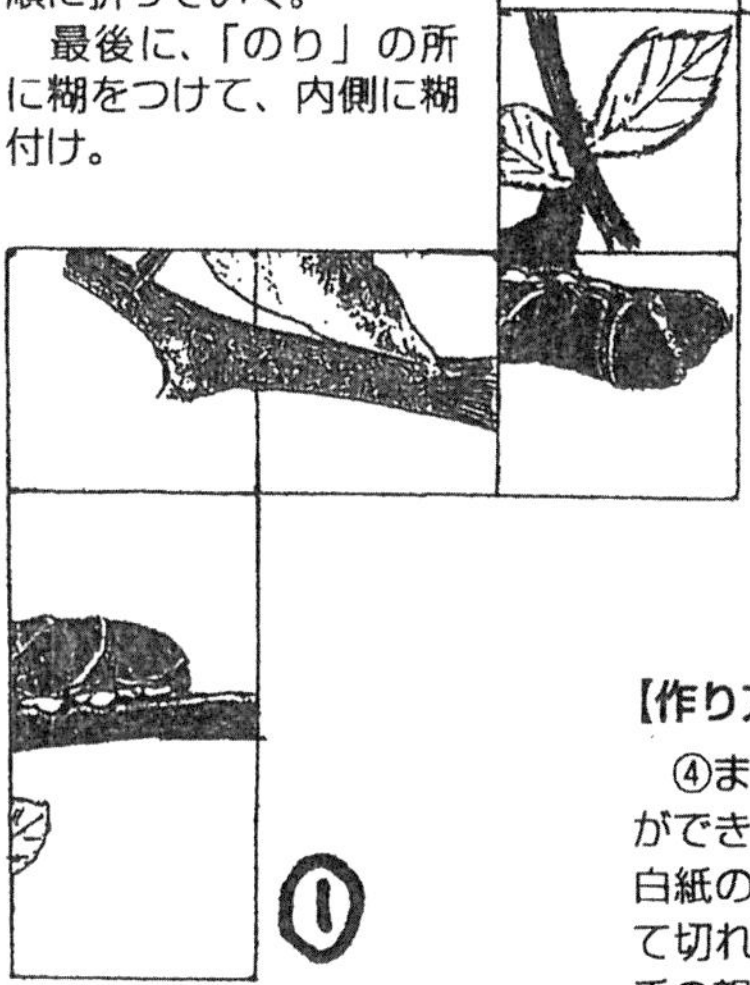

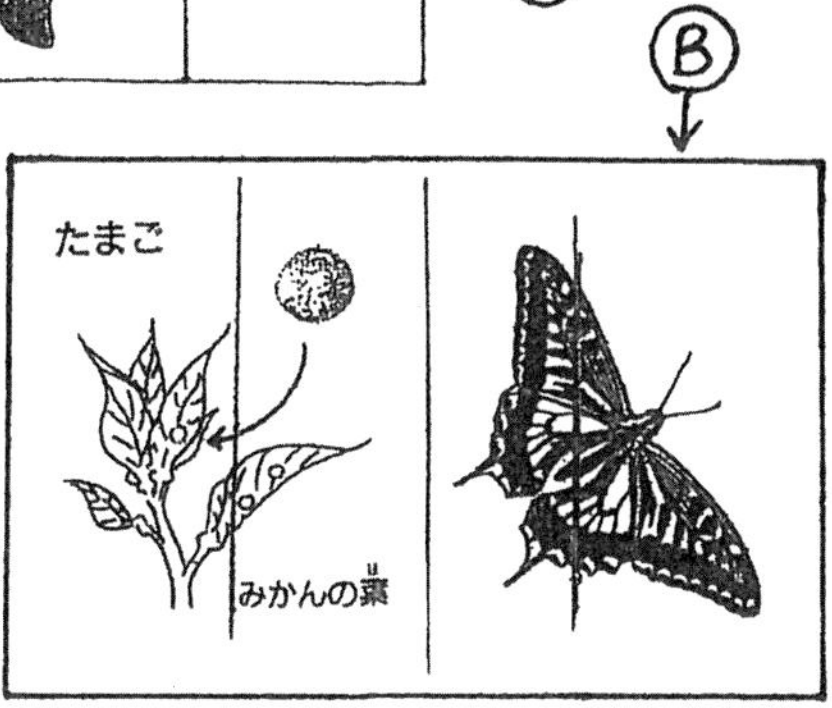

【作り方】

④まで折って、糊付けし、ひっくり返すと、裏に「さなぎ」ができています。切れている真ん中を両手の親指で開くと、白紙の面が出ます。そこに、原版Ⓑの「蝶」を２つに切って切れ目の両側に貼ります。また、切れている真ん中を両手の親指で開くと、また白紙の面が出てきます。そこに、「たまご」の絵を２つに切って切れ目の両側に貼ります。あとは、色をぬれば出来上がりです。

さあ、うまく４コマの絵が出てくるようになったでしょうか？ 原版の絵を変えれば、いろいろなものができます。また、白紙の原版を子どもたちに渡して、作ってから４コマの絵を工夫させてみると面白いと思います。

質問・問い合わせは、鬼頭正和 rmfjf738@yahoo.co.jp まで、お気軽にどうぞ。

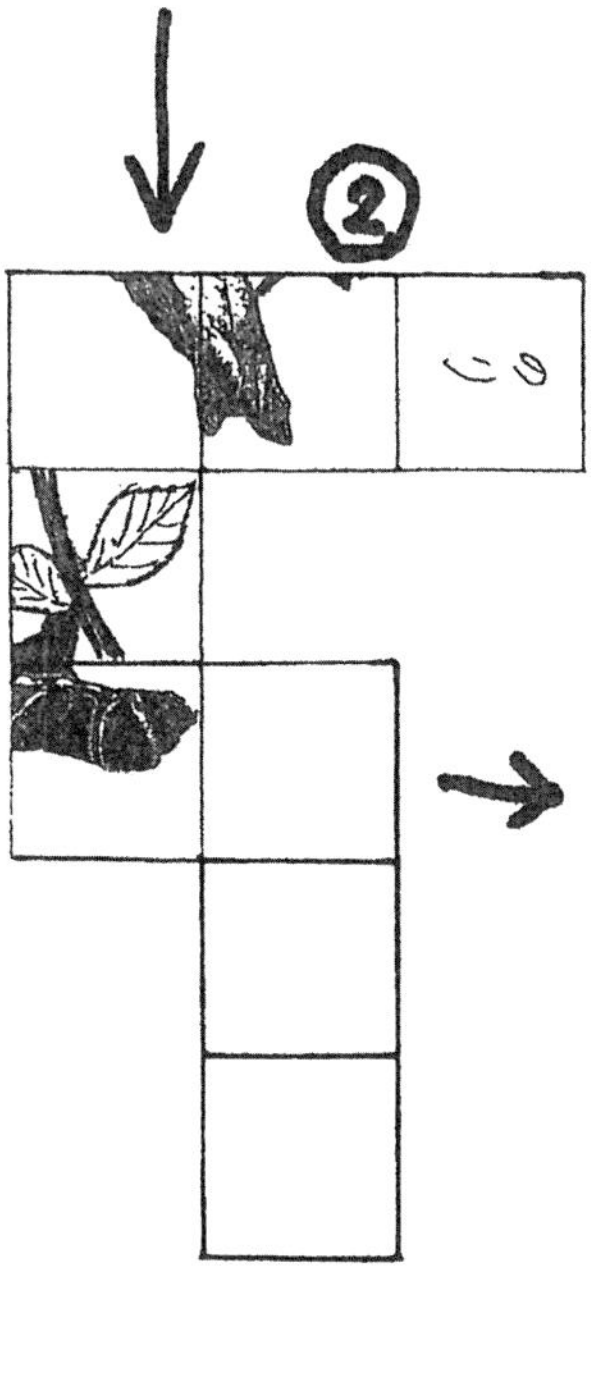

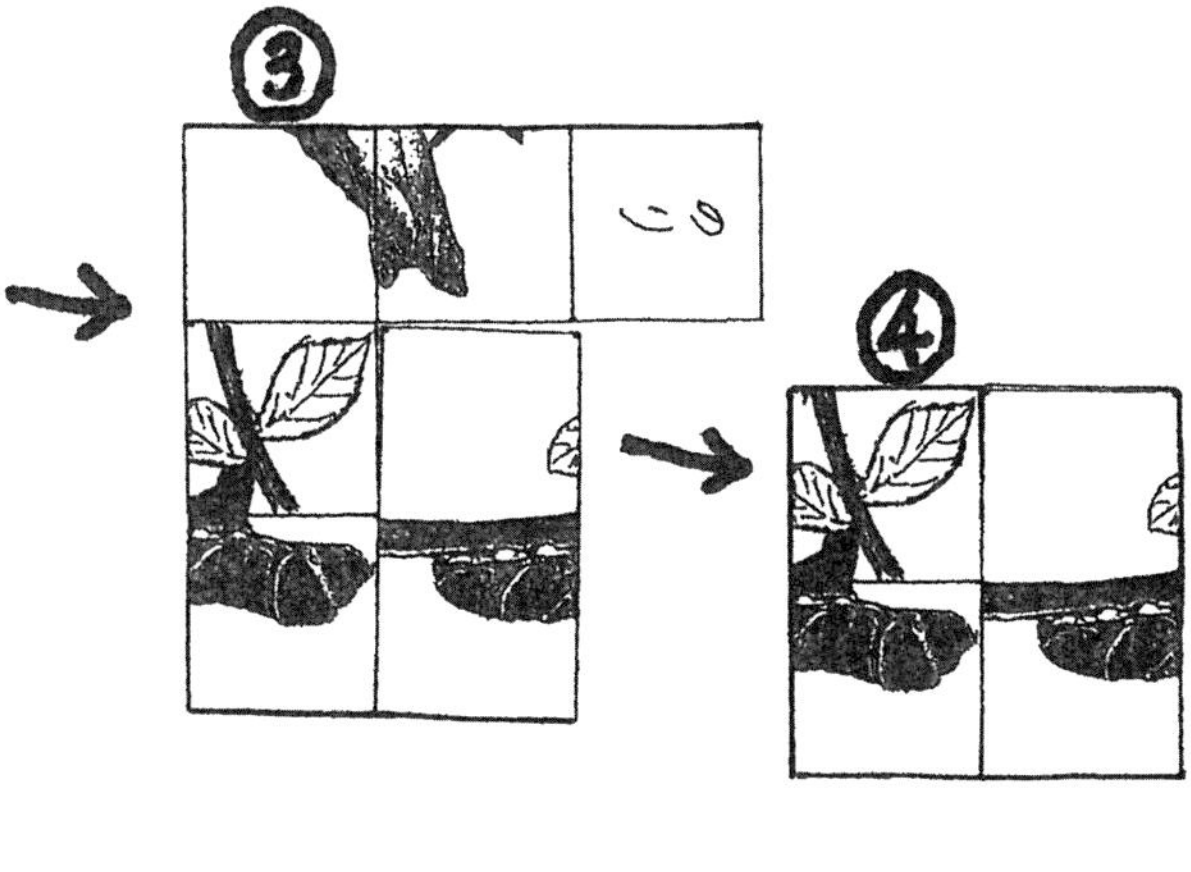

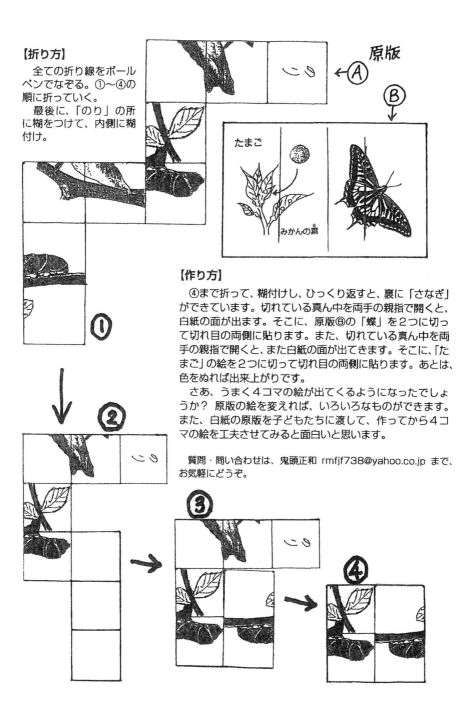

⑤ 図Aのような状態で 街の絵の のりしろに スティックのりをつけ、
街の絵を 箱のように 組み立てる
・この時、「隊員」が前，「ウルトラマン」が 後ろに なるように
・きちんとした きれいな箱に ならなくてもよい（ズレていて OK）

☆ 遊び方

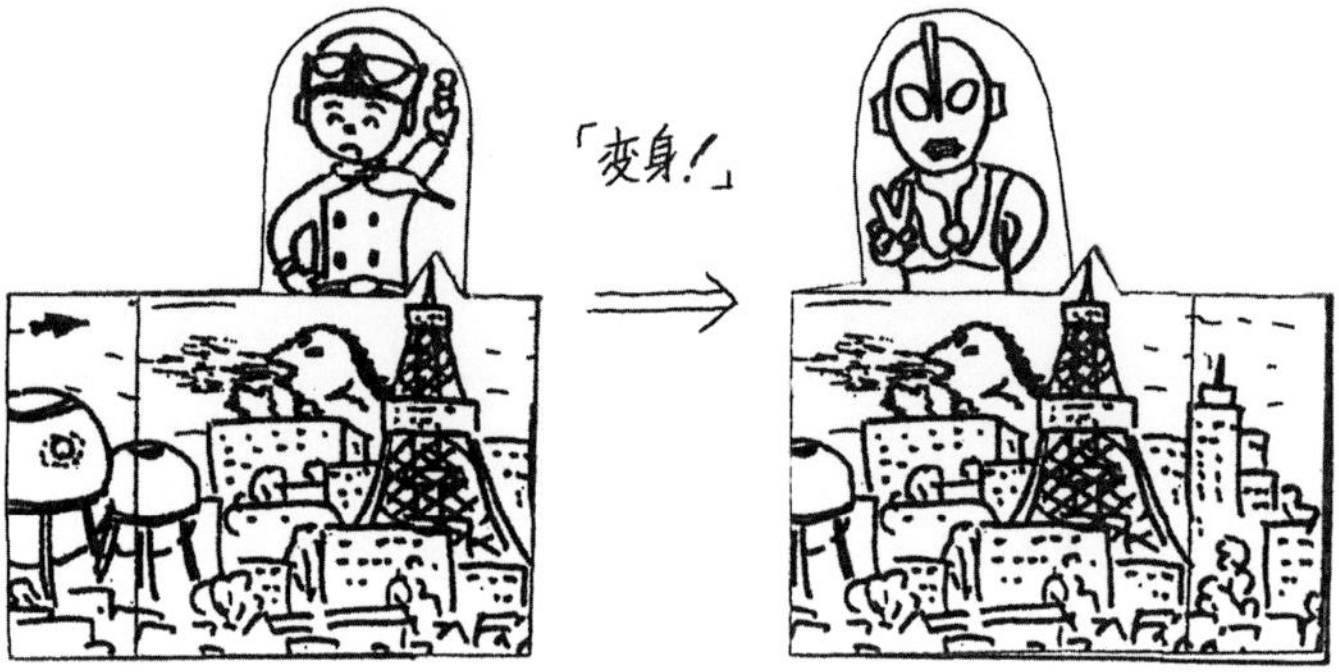

①「隊員」を上に出しておいて、
②「大変だあ! 街《まち》に 怪獣《かいじゅう》が 出た!」「誰か助けて!」
（ここは、自分で話をつくっていいです）
③「変身!」と 大きな声で 言いながら、
④ 街の箱の両を 両手の 親指と 人さし指で おさえて、
2つの絵（「隊員」と「ウルトラマン」）を すばやく入れかえる
（できるだけ、すばやく入れかえると、見ている人は おどろくよ）

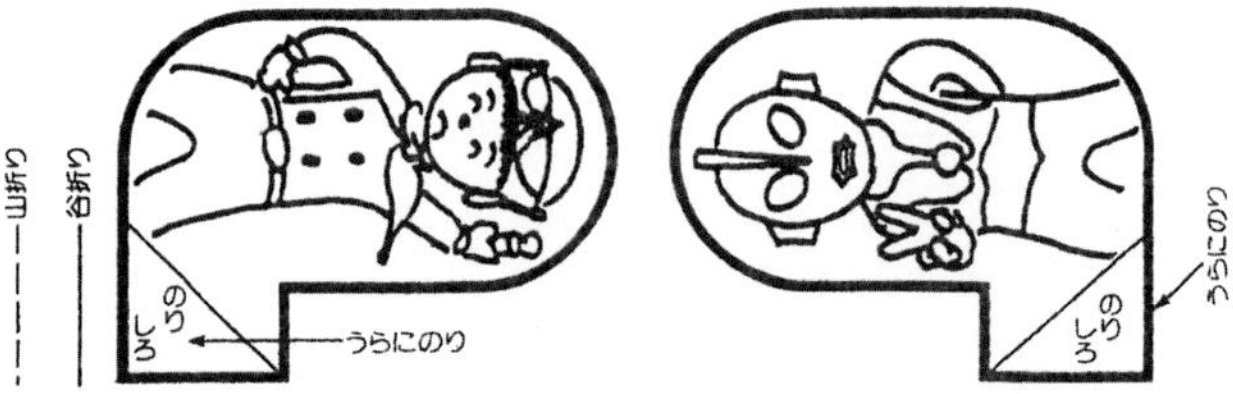

原版
（これを 210% 拡大して 印刷）

【子どもが喜ぶ・楽しむ ものづくり】

「変身ウルトラマン」

鬼頭正和
（日生連 愛知サークル）

☆ 材料 画用紙に印刷した原版（横が 20cmぐらいになるように拡大）（← 街の絵の）

☆ 道具 ・はさみ ・スティックのり ・色鉛筆 ・定規 ・ボールペン

☆ 作り方
① 画用紙の原版の外側を切る（3つになる）外側の線が消えるぐらいに切る
② 定規とボールペンで 折り線をなぞる（折りやすくなる）
　街の絵の4本，「隊員」と「ウルトラマン」の のりしろのななめの線
③ 絵（3つとも）に色をぬる
④ 下の図 Aのように「隊員」と「ウルトラマン」をはる（ぴったりと!!）
　・三角の のりしろに スティックのりをつけ、（三角のはしまで しっかりとつける）
　・街の絵のうらに はる
　・この時、上の線が 重なるようにはること（これが うまくいく コツ）
　・両方とも、2本の折り線の間に はること

図A

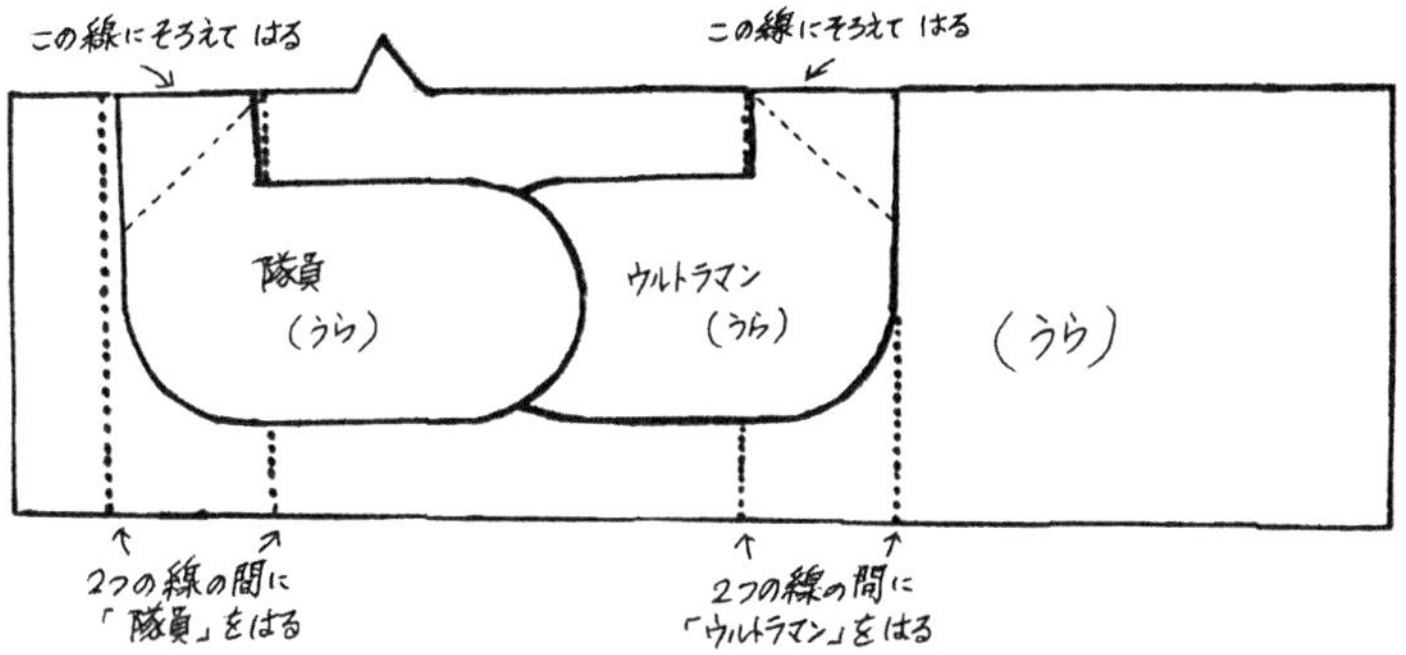
この線にそろえて はる
この線にそろえて はる
隊員
（うら）
ウルトラマン
（うら）
（うら）
2つの線の間に
「隊員」をはる
2つの線の間に
「ウルトラマン」をはる

図B

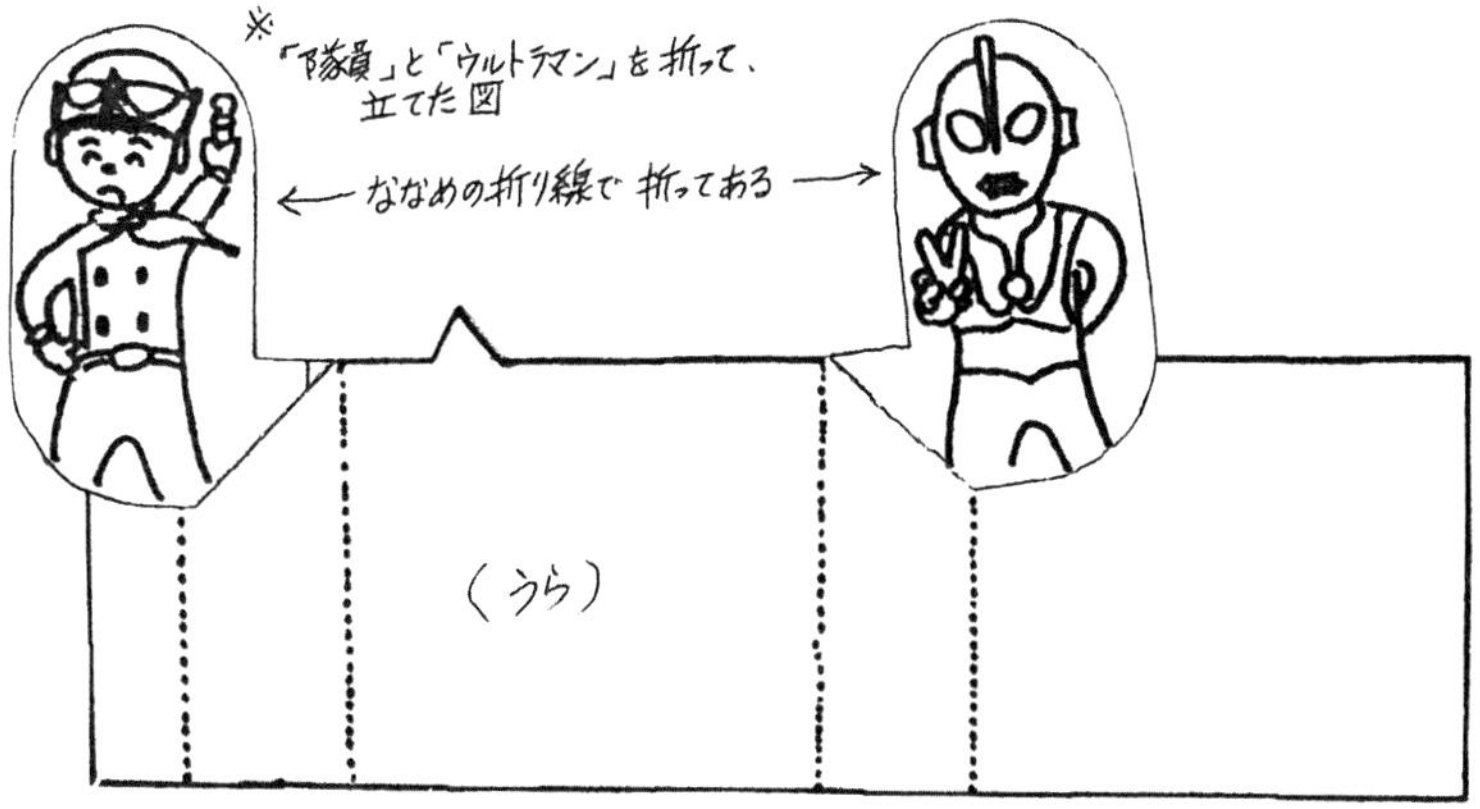
※「隊員」と「ウルトラマン」を折って、立てた図
← ななめの折り線で 折ってある →
（うら）

【子どもが喜ぶ・楽しむものづくり】
「アクロバット・ホース」

鬼頭正和（日生連愛知サークル）

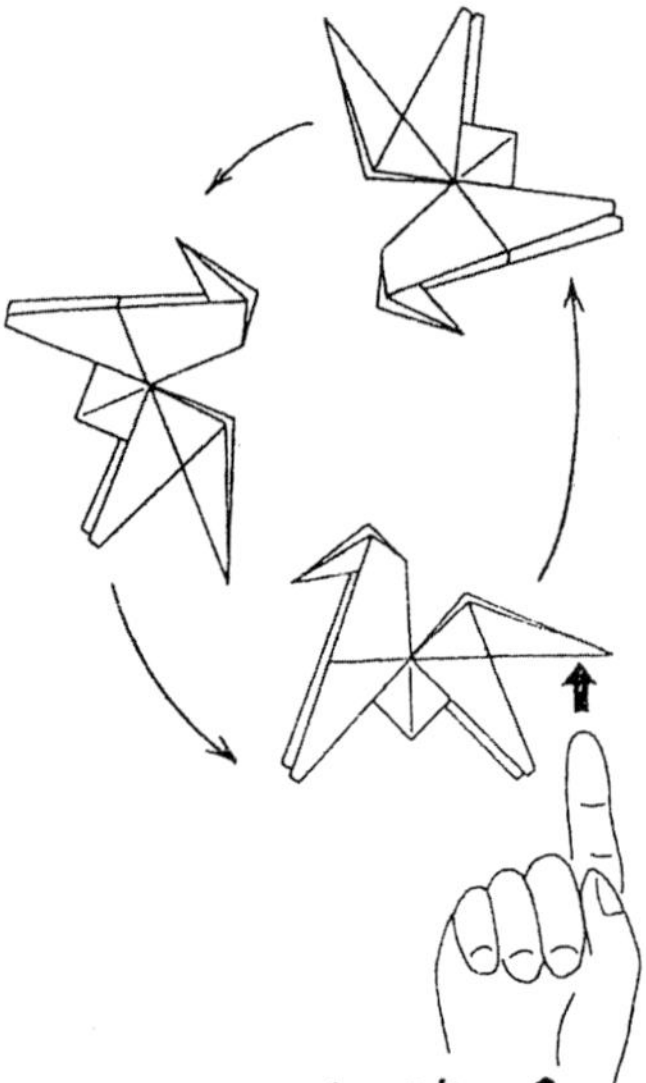

☆ あそび方

しっぽを指先ではね上げるようにすると、クルリ、と1回転して、また4本足で立ちます。

- ◎ 何回連続で成功するかな?!
- ◎ 2回転もできるかな?!

☆ 材料　折り紙

☆ 作り方（折り方）

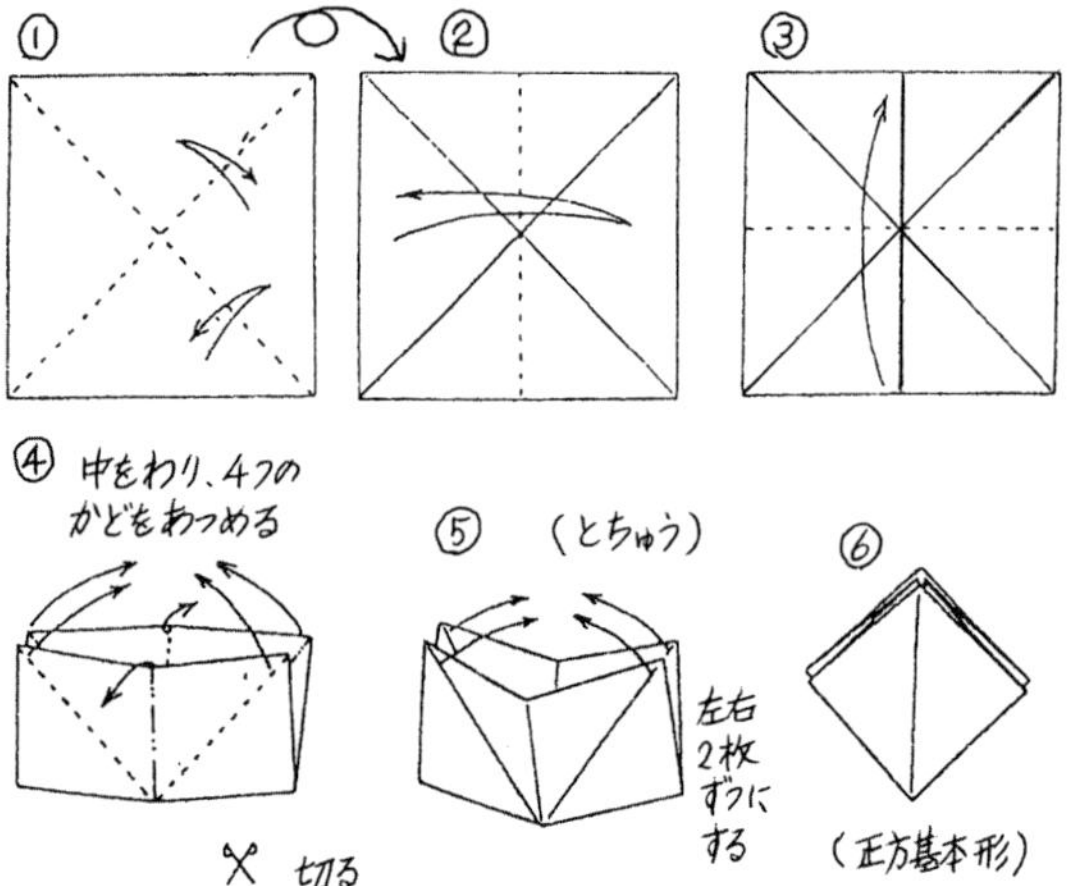
①
②
③
④ 中をわり、4つの かどをあつめる
⑤ （とちゅう）
左右 2枚 ずつに する
⑥
（正方基本形）

クルリ、と1回転！
成功すると
キモチ イイー！

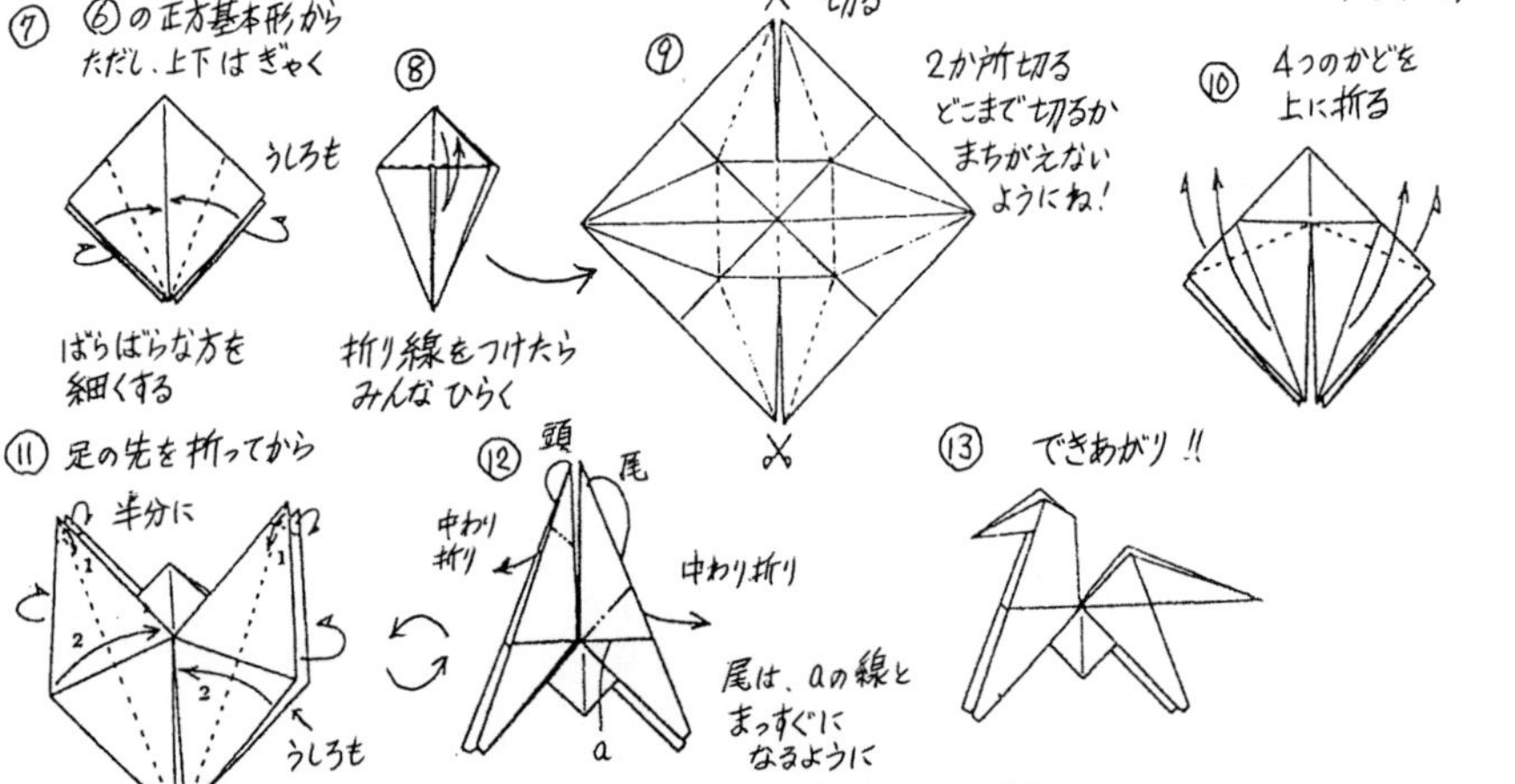
⑦ ⑥の正方基本形から ただし、上下はぎゃく
うしろも
ばらばらな方を 細くする
⑧
折り線をつけたら みんな ひらく
⑨
切る
2か所切る どこまで切るか まちがえない ようにね！
⑩ 4つのかどを 上に折る
⑪ 足の先を折ってから
半分に
1
2
うしろも
⑫
頭
尾
中わり 折り
中わり折り
尾は、aの線と まっすぐに なるように
a
⑬ できあがり!!

出典　菅原道彦『手づくりおもちゃ大図鑑』（大月書店）

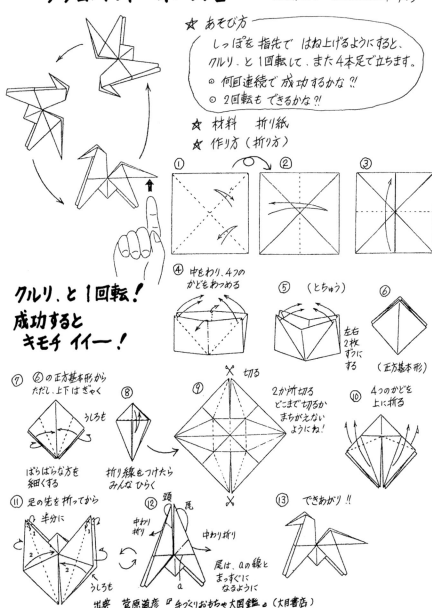

【子どもが喜ぶ・楽しむ ものづくり】

「何《なん》でも食《た》べるタコくん」

鬼頭正和
（日生連 愛知サークル）

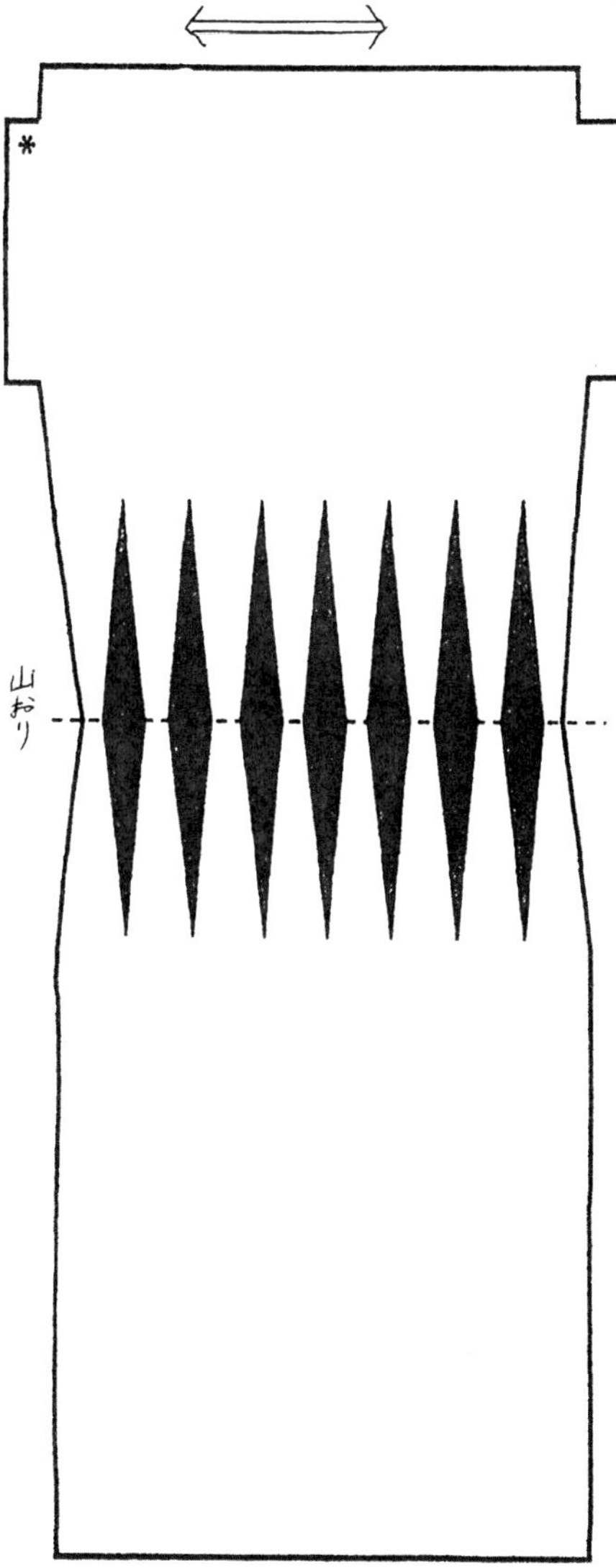

☆ 材料

・印刷した厚紙
（厚目の画用紙か
表面がつるつるの
工作用紙）

☆ 道具

・はさみ
・スティック のり
・マジックペン

☆ 作り方

① 左の原版を、２倍に拡大して、厚紙に印刷

② まわりの線で切りとる

③ 中央の点線で 山折り

④ 折って重ねたまま、真ん中の ▲ ← 3角 7つを切りとる

⑤ 図の上の ⟺ の方向に

重ねたまま → まるめて、のりしろに のりをぬり、＊ と ＊ をはる
（とれないように しっかり）

⑥ マジックで タコの顔をかく
（でき上がり！）

☆ 遊び方

・下の顔の部方の紙をおさえて、上の紙を上下させると、タコの足が開いたりとじたりする

・スティックのりの ふたなどをタコに食べさせましょう!!

出典　みんなの会 編『新 ゲーム・手づくりあそび セレクト100』（講談社）

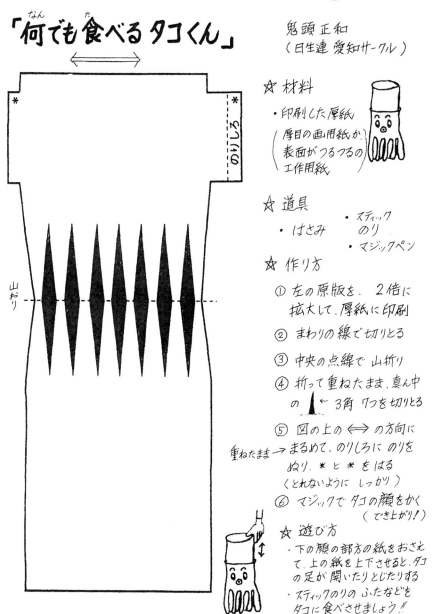

【子どもが喜ぶ・楽しむ ものづくり】

鬼頭正和
（日生連 愛知サークル）

出典『ものづくりハンドブック３』（仮説社）

「たたきザル」

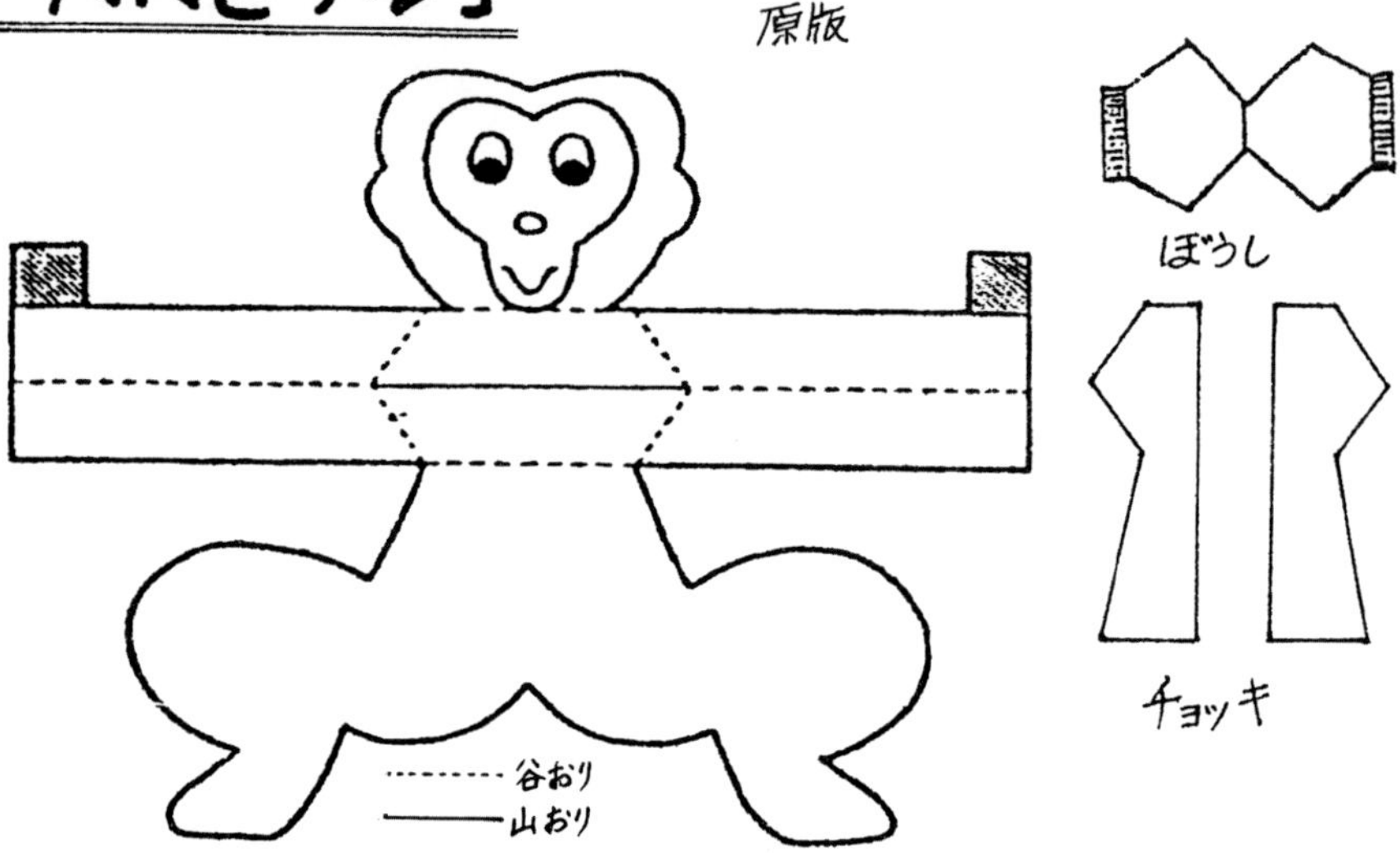

☆ 材料　・原版を画用紙に印刷したもの　・ストロー（半分）　・竹串《ぐし》 1本
・1円玉 2こ　・セロテープ　・ビニールテープ　・赤い色紙

☆ 作り方

① 「たたきザル」が印刷してある画用紙を切りぬく。

② ものさしと ボールペンをつかって、折り線を強くなぞる。（折りやすくなる）

③ 谷おりと 山おりをまちがえないように 折る。（むねのところが前に出るように）

④ ストローを半分に切る（1人分は半分） 竹串《ぐし》の先を切りおとす（安全のため）

⑤ ストローを 背中（うら）に はる。（折り目ぎりぎりに ビニールテープをはる）

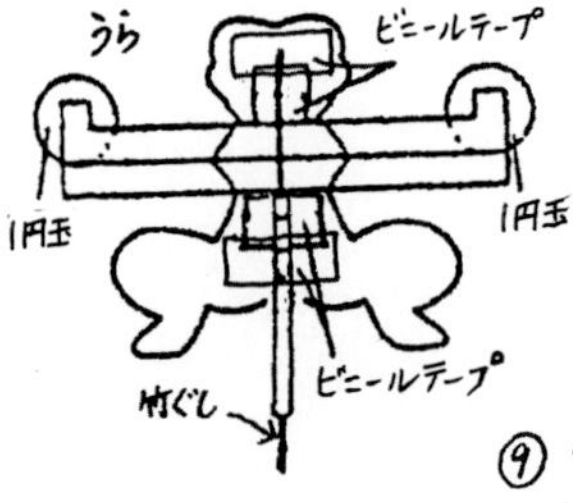

⑥ ストローに 竹ぐしをとおし、先を頭にはる。
（折り目ぎりぎりに ビニールテープをはる）

⑦ うでの先に 1円玉を セロテープではる。
（1円玉は表がわに、セロテープは うらから はる）

⑧ 原版にある型紙に合わせて、ぼうし・チョッキを赤い色紙にうつしとり、切りとり、サルに はる。

⑨ でき上がり！ ストローをおさえながら、竹ぐしを下に引っぱって みましょう。1円玉のシンバルを たたくかな？

【子どもが喜ぶ・楽しむ ものづくり】

何が できるかな?!

日生連愛知サークル 鬼頭正和

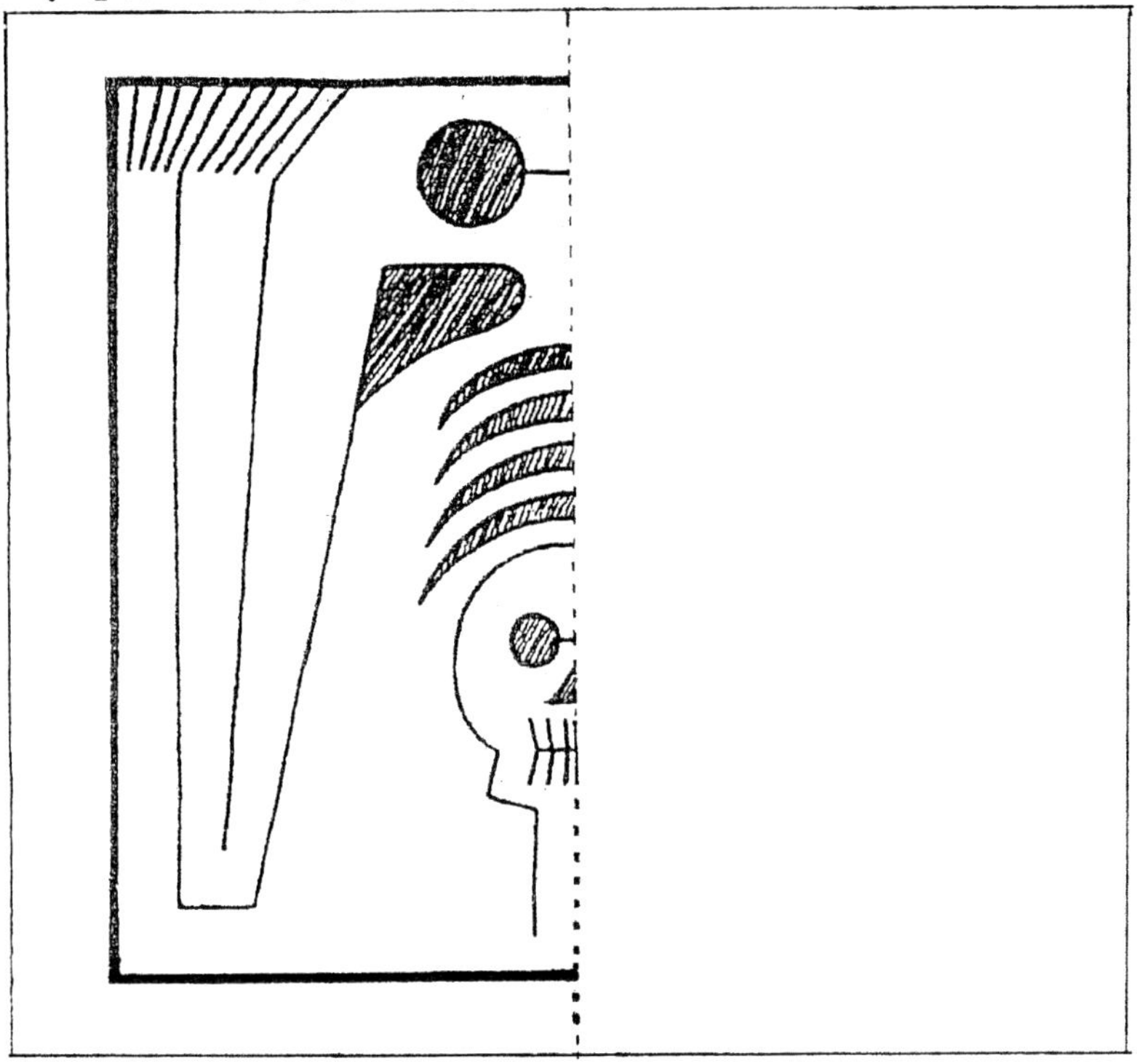

① この上の絵を B5版に拡大して、画用紙に印刷する。

② 真ん中の点線で 2つに折る。(山折り)

③ 折ったまま(2枚の画用紙を重ねたまま)、実線を切る。
黒くぬってあるところは、切りぬいてしまう。

④ 開いてみると…、さて、何が できているかな?!

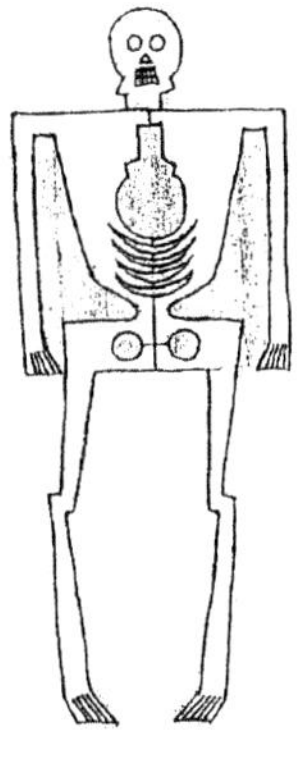

※"線対称"の学習の後の息ぬきや、
「お化け屋敷」の飾り…などに ピッタリ!

出典『ものづくりハンドブック4』(仮説社)

〈この本を読んでくださる方に〉

どこから読み始めても、実践の王道に至る

竹沢　清（日本生活教育連盟　愛知サークル）

眼をひらかれた、二つの出来事

私は、鬼頭さんと四〇年以上サークルでの親交がある。

その鬼頭さんから、実践にかかわる事実・事柄を紹介されて、今でも強く印象に残っている出来事が二つある。

一つは、ずっと以前のこと。ある市販の雑誌を示された。「障害児が靴のかかとを踏むので、かかとにビール瓶の王冠を取り付けたら踏まなくなった」との〝実践〟が載っていた。

「できる」ことを、前面に押し出し、全国的にも知られた研究団体の人が書いたものだった。

私は、長い間、障害児にかかわり、「できる」ことだけでなく、人間として豊かになることを同時に追求してきた。その私にとって、衝撃的な〝実践〟だった。

痛いから踏まないだけ―非人道的な働きかけが、堂々と、「論文」と称して載っていることに驚いたのだった。

二つ目はしばらく前のこと。

「語先後礼」ということばを教えてもらった。春日井市の学校では、挨拶を「ことばを先に言い、

動作は後に」させる、という（かすがいスタンダード）。言葉と動作をいっしょにすると、くぐもって聞こえないからのようだ。

だが、本来、挨拶とは気持ちの表れではないか。親しくなければ、目礼だってあるだろう、懐かしい人に久しぶりに会えばハグだってありうるだろう。

それを一律に、「形として教える」ことにどんな意味があるのか。くぐもるのを心配するのなら、声がしっかり届くようにするのが指導ではないか。

私が、この本・鬼頭実践の紹介にあたり、前置きに近いことを、長々と述べたのには意味がある。鬼頭さんは、視野の広さと、実践に対する感性のシャープさがある、と言いたいがためだ。

いやそれだけではない。多くの実践記録や論文にも目を通し、自分のアンテナで感じ取っていることを、「今の現場での焦眉の課題として」、「言語化して」提起してくれていることが貴重だ。

「靴のかかと」のとき、鬼頭さんは、障害児とかかわっていたわけではない。にもかかわらず、ここでの問題性を見過ごすことなく私に教えてくれた。

そこからは、「能力の発達と人格の形成を統一的に」という、教育の普遍的な課題が浮かび上がってくる。

また、「スタンダード」では、決まっていることを〝こなす〟だけでは、教師が育たない。子どもの実態に即して、どのような教育内容がふさわしいか、試行錯誤の中で、教師が実践主体になっていく――そうした提起をしてくれている。

取り組みが関連性を持っている

鬼頭さんの実践は、サークルでの例会で時折聞いてきた。しかし、今回まとめて読み通すことで、改めて鬼頭さんの実践が、幅広く、個々の取り組みが、関連性を持っていることに気づかされた。それは、この本の読み方にもつながる。

まずは、第一章を読んでみてほしい。「学校に行きたくない」みゆきさん・「何でも拒否する」昌夫くんをどうとらえ、どう働きかけていったか。

「問題行動」を直接なくすのではなく、「問題行動」の中に潜む、その子の本当の願いを読み解く——それが私たちの専門性の根幹。子ども理解から出発する鬼頭実践の原型が、ここに鮮やかに示されている。

そして、この章のあとは、読み手の問題意識・関心に基づいて、どの章に進んでもらってもいい。授業は言うまでもなく、学級づくり、児童会、行事など、長年交わりのあった私も知らない実践が展開されている。

ここで大事なことは、それぞれの実践がばらばらに進められているのではなく、全体の活動を通して、「子どもの人格形成に収れんされていく」ことをめざしていることだ。

いわば、どこから読み始めても、子どもの人格形成、という実践の王道につながっていくと言っていいだろう。

教師が実践主体になるために

この本は、言うまでもなく、実践の手がかり・ヒントとして、十分活用できる。だが、それだけでなく、実践の展開過程を知ることで、鬼頭さんが、どのようにして実践主体になってきたのかも読み取れる。それは、教師経験の浅い人にとって大いに参考になり、そうした受け止めは、鬼頭さん自身が願っていることでもある。

鬼頭実践を成り立たせているもの、を私なりに述べればこうなるだろうか。

・目の前の「困難を抱える」子どもの願いを〝深く〟読み解く。
・幅広く実践記録や論文に目を通し、サークルや研究会で、他者から、誠実に学ぶ。
・それらをもとに、その子の願いにふさわしい文化・教材・集団と出会わせる。

この本の中に、学級通信や手作りあそび工作が資料のように載っている。しかし、単なる資料集ではない。実践の中で、有効に活かされているものだ。

第一章のみゆきさん、ともすれば一時間が終了すると、家に帰ってしまいそう。そんなみゆきさんだから、〝時間割を無視し〟、手作りあそび工作の「どんぐりトトロ」などを持ち込む。みゆきさんは歓声をあげ、二時間目まで残るようになった—。

手作りあそび工作そのものを教えるのではない。その子が「内面から求めるものとして」、手作りあそび工作と「出会わせる」のだ。

なお、ここで鬼頭さんが自分のことを不器用、と言っていることに、私たちは励ましを受ける。私たち教師は、何でも器用にこなす存在でなくていい。鬼頭さんは、目の前の子が、楽しみにし、求めているから、書物・サークル・組合の学習会などで、他者から、一つ一つ学び、身に着けてきた―。私たちの専門性は、そのようにしてふくらませていけばいいのだ、と。

学級通信もまた、鬼頭実践に欠くことができない位置を占める。

子どもたちの言動を、すくいあげるようにして意味づけ、記して、子どもたちに返していく。それが、学級集団づくりに生かされる。書き言葉であるから、繰り返し読まれて、子どもたちの心に残っていく。

そして、その通信は、親や同僚に渡ることで、大人が、この子らを「変革の可能性においてとらえる」眼を共有し、ゆたかにしていく。

実践者鬼頭さんの真の姿を知る

鬼頭さんは、長く、日生連愛知サークルの事務局長として、月例会の運営や、(七、八年に一度の)全国集会の裏方として、実務的に担ってきた。

その鬼頭さんが、この度、これまでの実践をまとめて出版することは、、実践者鬼頭さんの真の姿を皆さんに知っていただくいい機会になる。多くの方々の手に渡ることで、実践の方向性と手だてへの見通しにつながるとうれしい。長く、ともに実践研究を進めてきた者として、出版を心から喜び合いたい。

初出一覧

＊学校に行きたくない！　みゆきさんとの一学期　『生活教育』二〇一二年六月号

＊生きづらさを抱えている昌夫君に寄り添って　地域民教全国交流集会二〇一七年愛知集会での報告

＊児童会活動・はじめの一歩　『生活教育』一九九六年一〇月号

＊子どもたちが輝く卒業式をめざして

編集 山田正敏『東海発教育子育てシリーズ2学び・生きる喜びを育む』　一九九七年　あゆみ出版

＊現場教師の『学力』論～楽しさを基本的な視点として～　『生活教育』二〇〇五年一一月号

＊「スタンダード」の問題と教育実践のあり方　『生活教育』二〇一六年一〇月号

＊応答のある授業をしたたかに　『生活教育』二〇一九年一月号

＊私の楽しみ　手作り工作　『生活教育』二〇一七年九月号

＊子どもが喜ぶ手作りあそび工作　原版集　愛知民教連ニュースなどに掲載

・作ってみよう！ドングリ工作　『生活教育』二〇一一年九月号

・チョウの変身　『生活教育』二〇一二年一月号

あとがき

私は、反省することが多い教師人生を送ってきました。もちろん、いい思い出もたくさんありますが、自分の性格だろうか、反省することの方がずっと多いのです。そんな時、私が時折読み返す詩があります。以下に載せる江口季好さんの詩「わたしの学力」です。

わたしの学力

「ちやにあひました。おちました。」

わたしは一読して、

「五時のチャイムがなったのに外で遊んでいました。お母さんにおこられました。」

と理解しなければならなかった。


「23とそいました。あばやでそれいくとそいました。」

これは、

「二年生の子は三年生の子とあそびました。ぼくがアンパイヤーになって、ストライクと言ってあそびました。」

と読まねばならなかった。

「きのおとさんちどとらっこみばななかわいれました。とんぼれす。」

これは、

「きのうお父さんに千鳥町のおもちゃやさんで、ごみトラックを買ってもらいました。うちに帰って、バナナを食べて、皮を入れて走らせました。ごみトラックは、夕やけ小やけの赤とんぼのオルゴールをならして走りました。」

と読まねばならなかった。

「なめくじ
だんごむし」

これは、

「あさ、ほうれん草にけずりぶしをかけて、しょうゆをかけた。けずりぶしが、なめくじみたいにうごいた。だんご虫みたいにうごいた。」

と読まねばならなかった。


源氏物語より、外国語よりはるかに難解な文を読みとる力、これが、わたしが習得すべき教育学と国語学の学力であった。

江口季好『チューリップのうた』(百合出版)

この詩を読みながら、節目節目で、「わたしが習得すべき教育学と国語学の学力」とは具体的に何かを考えてきました。うつ向きがちになる自分を、背骨のように支えてくれた詩です。

この本を作るにあたって、自分が行ってきた様々な実践を振り返ることができました。ページ数の関係や整理されていないなどの理由で掲載することができなかったものがいろいろあります。「歴史学習をどう考え、どう進めたか」「ジグザグな歩みの『総合学習』―四年「自分のまわりの環境を見つめよう」の実践―」「五年総合学習『地球温暖化について調べ、考えよう』の授業記録」『ごんぎつね』や『ずうっと、ずっと大すきだよ』など「国語の授業記録」「教材・教具と子ども理解」「先生を《相対化》していく一年生の成長」「職場の《教育的合意》づくりの取り組み」…などです。改めて自分の力量不足を痛感しました。

しかし一方で、自らの教員生活は、幸せであったことも改めて感じました。たくさんの子どもたちに出会えたこと、いろいろな仲間に教えてもらい助けてもらってきたこと、現職ではなくなった後の今も教育に関われていること、自分として信念を曲げることなく歩んでこられたこと、…などです。

竹沢清さんに無理を承知でお願いして、この本の「解説」を書いていただきました。本当に幸せに感じています。さらに、その中で私の実践を読み解き、意義づけていただけたことは、自分がやってきたことに誇りが持てるような気がして嬉しく思いました。改めてお礼を申し上げます。

また、表紙の絵を三輪嘉昭さん（一宮市の元小学校教師）に描いていただきました。私は三輪さんが描く子どもの絵が大好きで、学級通信の挿絵カットにもたくさん使わせてもらってきました。今回、図々しくも表紙の絵を依頼したところ、快く引き受けていただき、素敵な絵を描いていただきました。感謝の気持ちでいっぱいです。

最後に、本製作について様々な点でアドバイスをいただきお世話になった、ほっとブックス新栄やエープリントの皆さまに心から感謝申し上げたいと思います。

この本が、若い教師の皆さんや学生の皆さん、子育てに奮闘してみえる保護者の皆さんが教育について考えるときの参考に少しでもなることを願ってやみません。

二〇二一年三月　コロナ禍の中で

鬼頭　正和

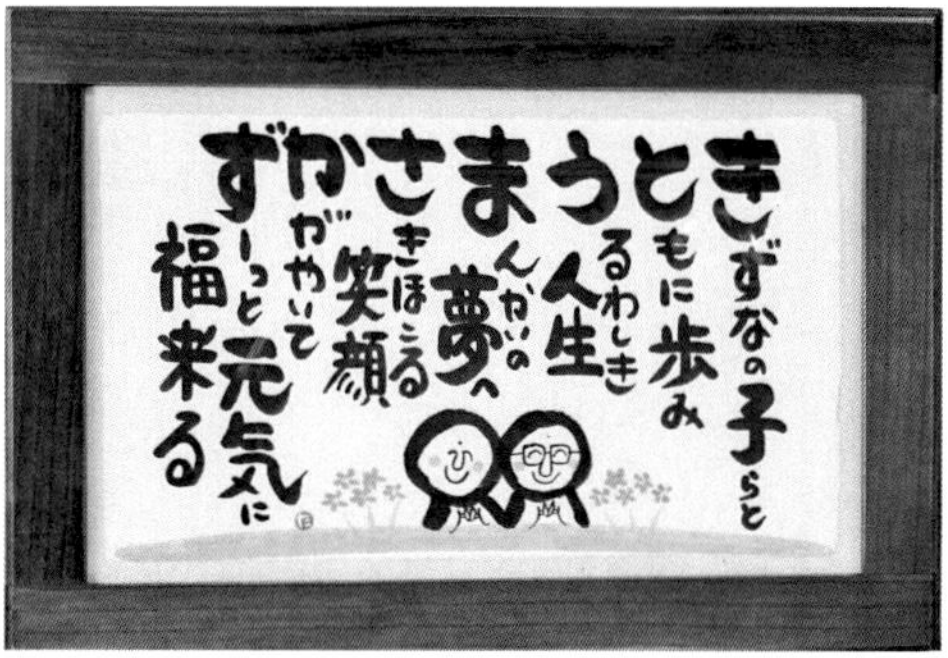

退職の際に昭和 63 年度卒業の
教え子から贈ってもらった色紙

鬼頭正和

著者略歴

一九五二年生まれ。
金沢大学法文学部史学科卒　国史研究室
愛知県春日井市で三六年間小学校教員。
退職後、愛知県内の大学で、非常勤講師。
現在は、愛知県立大学で非常勤講師を務めている。
日本生活教育連盟（日生連）会員で全国委員。
教育科学研究会（教科研）会員。
あいち県民教育研究所（あいち民研）研究部長。

つなげる・つながる ― 子ども理解と教育実践 ―

2021年3月28日　初版

著　者　鬼頭　正和

発　行　ほっとブックス新栄
〒461-0004　名古屋市東区葵1丁目22-26
Tel:052-936-7551　Fax:052-936-7553
http://hotbooks.kyodo.ne/jp/

印刷・製本　エープリント

ISBN978-4-903036-39-7　C0037　¥1500E